东南亚经济与贸易概论

杨建基　编著

中国商务出版社
·北京·

图书在版编目（CIP）数据

东南亚经济与贸易概论／杨建基编著. -- 北京：
中国商务出版社，2024.10. -- ISBN 978-7-5103-5233
-1

Ⅰ. F133；F753.306

中国国家版本馆 CIP 数据核字第 2024Z0F074 号

东南亚经济与贸易概论

DONGNANYA JINGJI YU MAOYI GAILUN

杨建基　编著

出版发行：中国商务出版社有限公司

地　　址：北京市东城区安定门外大街东后巷 28 号　邮　　编：100710

网　　址：http://www.cctpress.com

联系电话：010—64515150（发行部）　　010—64212247（总编室）
　　　　　010—64515164（事业部）　　010—64248236（印制部）

责任编辑：云　天

排　　版：北京天逸合文化有限公司

印　　刷：宝蕾元仁浩（天津）印刷有限公司

开　　本：787 毫米×1092 毫米　1/16

印　　张：18　　　　　　　　　　　　字　　数：364 千字

版　　次：2024 年 10 月第 1 版　　　　印　　次：2024 年 10 月第 1 次印刷

书　　号：ISBN 978-7-5103-5233-1

定　　价：79.00 元

序

东南亚是中国的近邻,且是非常重要的近邻,在当前的国际局势下,东南亚对中国的重要意义更加凸显。中国与东南亚的经贸往来在古代就十分活跃,一些历史学者指出,中国与东南亚国家在古代曾经长期存在朝贡关系,实际上是一种互通有无的官方贸易。东南亚也是古代海上丝绸之路的重要通道和目的地,商贸和人员往来十分密切。新中国成立之后,由于冷战,中国与东南亚的商贸往来曾经一度中断,但间接贸易一直是存在的,中国通过香港等地,长期与东南亚保持间接贸易和其他商务往来。20 世纪 70 年代之后,中国与所有东南亚国家关系实现正常化,双方的商贸往来也随之热络起来;进入 20 世纪 90 年代之后,双方的贸易与投资渐入佳境,近年来双方均成为对方的最大贸易伙伴;相互投资也有较大幅度增长,双方均为对方最重要的投资来源地;东南亚还是中国游客的的重要目的地之一,在东南亚的许多旅游景点和城市,中国游客摩肩接踵;人民币虽然在国际上仍然是不可自由兑换货币,但在东南亚却十分流行和通用,普遍为市场及人们所接受。近年来东南亚还出现一浪高过一浪的学习中文的热潮,中文在东南亚各国成为仅次于英语的热门外语。最近,中国与一些东盟国家还实行互免签证,相信随着一系列制度的出台和相关政策的完善,中国与东南亚国家之间的商贸关系还会进一步提升。

建基博士编著的《东南亚经济与贸易概论》一书可谓正逢其时,该书对东南亚各国的经济与对外贸易状况均有较为翔实的描述和介绍,通俗易懂,是商务人员必读的参考书;对有兴趣了解东南亚,希望到东南亚考察、旅游的人士也有重要的参考价值,可谓开卷有益。建基曾经先后就读暨南大学和台湾师范大学的博士课程,获得法学双博士学位。本人有幸担任其博士指导老师,深为其勤奋好学的精神感动和折服。在大学任教期间,建基博士仍然笔耕不辍,专心钻研学问,这本书是其多年教学科研心血的结晶。

建基博士嘱我写序,我感到十分荣幸,欣然命笔,写下这一段感想,是为序。

曹云华

2024 年 3 月 5 日于广州珠江花园

前　言

党的二十大报告指出，推进高水平对外开放，提升贸易投资合作质量和水平，加快建设贸易强国，推动共建"一带一路"高质量发展，深度参与全球产业分工和合作，维护多元稳定的国际经济格局和经贸关系。中国和东盟国家山水相连，友好交往和经贸合作源远流长。2003年10月，中国第一个加入《东南亚友好合作条约》，并与东盟建立战略伙伴关系。中国与东盟经贸合作发展迅速，贸易、投资与经济合作不断取得新成绩。双方建成了世界上经济总量最大的发展中国家自由贸易区——中国—东盟自贸区；中国自2009年起连续15年保持东盟第一大货物贸易伙伴，东盟自2011年起连续8年位居中国第三大货物贸易伙伴，于2019年成为中国第二大货物贸易伙伴；2020年起东盟连续3年位居中国第一大贸易伙伴；中国与东盟互为重要的投资来源地和目的地。

近年来，双方关系不断推进，共建"一带一路"倡议与东盟地区发展战略深入对接，加快中国与东盟命运共同体建设，确立中国与东盟战略伙伴关系2030年愿景。双方共同捍卫自由贸易、反对保护主义，推动中国与东盟自贸区升级版全面生效。

面向未来，中国与东盟经贸关系将更加密切，必将迎来更多发展机遇和更广阔合作空间，在新冠疫情后的全球经济复苏中发挥重要作用。随着我们中国对外贸易的发展进程与中国—东盟自由贸易区建设的推进及RCEP完成签署，广西自治区的区位优势越发凸显，在我国南方的各大高校中，开设东南亚经济与贸易课程的现象越来越多。这门课程是国际经济与贸易专业的专业必选修课，对本专业的学生来讲，具有非常强的针对性和实用性。中国从党的十八大后更明确了共建"一带一路"倡议与自由贸易区发展战略，中国对外经贸合作也从"国别"转向"区域"发展。

因此，对于东南亚国家，特别是对于东盟国际组织的了解，不仅有利于拓展东盟市场，更有利于根据中国—东盟自贸区的情况去拓展与延伸更多其他自由贸易区市场的可能。目前，中国—东盟自贸区进展飞快，已经从2003—2013年的黄金十年向2014—2023年的钻石十年发展，但在国内相关教材的出版上却一直未能及时跟上更新。在编写本书的过程中，最大的困难还是资料的更新。幸亏外交部与商务部官网提供2020年后对外投资国别指南，特别是中国驻东盟国家经济商务处提供了大量宝贵资料。

没有这些清晰完整的资料，很难完成这本教材的出版。在此谨对他们的辛劳工作表示崇高的敬意！同时，对其他参考资料的作者表示感谢！

《东南亚经济与贸易概论》的编撰思路分 13 章展开，前三章主要介绍了东南亚与东盟、中国与东盟、东盟与十大对话伙伴，藉以分析彼此往来与对话国的合作发展情况，后十章重点介绍了东盟 10 国的经贸发展情况（从国家基本概况、经济发展现况、贸易投资现况、10 个国家个别与我国经贸发展进程 4 个方面进行讨论与分析）。本书全部内容主要涉及东南亚地区及相关国家经济与贸易发展的演进脉络、基本特征、未来的发展趋势、主要影响，以及与大国互动合作相关因素的作用情况等方面的内容。这本《东南亚经济与贸易概论》是以教材方式编写的，既适合各级院校国际经济与贸易、国际商务、市场营销等专业使用，在 RCEP 发展及中国—东盟自由贸易区签订升级版协议的背景下，也可作为相关专业的研究生和干部培训教材，并可作为供政府相关部门和企业了解东盟近况的参考书籍。

由于教材编写的速度确实难以赶上整体国家经贸迅猛发展的形势，加之作者编写水平有限，本教材的内容中难免有不妥或疏漏之处，敬请批评指正！

厦门海洋职业技术学院副教授　杨建基

2024 年 3 月 1 日

目录 CONTENTS

第一章　东南亚与东盟 ·· 001

第一节　东南亚概况 ·· 001

第二节　东南亚政治特征及发展历程 ······························ 004

第三节　东盟及其发展历程 ·· 005

第四节　东盟经贸特征及发展规划 ································· 007

本章小结 ··· 020

关键名词或概念 ·· 021

思考题 ··· 021

第二章　中国与东盟 ·· 022

第一节　中国—东盟自由贸易区 ···································· 022

第二节　中国与东盟各国经贸合作 ································· 031

本章小结 ··· 043

关键名词或概念 ·· 043

思考题 ··· 044

第三章　东盟与十大对话伙伴 ······································· 045

第一节　东盟与欧盟和俄罗斯 ······································ 046

第二节　东盟与日本、韩国和印度 ································· 053

第三节　东盟与美国和加拿大 ······································ 063

第四节　东盟与澳大利亚和新西兰 ································· 070

第五节　东盟地区论坛与东亚峰会 ································· 075

本章小结 ··· 077

关键名词或概念 ·· 078

思考题 ··· 078

第四章　越南 ·· 079

第一节　国家基本概况 ··· 079

第二节　经济发展现况 ···································· 084

第三节　贸易投资现况 ···································· 089

第四节　中越经贸发展进程 ································ 094

本章小结 ·· 097

关键名词或概念 ·· 097

思考题 ·· 098

第五章　老挝 ·· 099

第一节　国家基本情况 ···································· 099

第二节　经济发展现况 ···································· 103

第三节　贸易投资现况 ···································· 108

第四节　中老经贸发展进程 ································ 112

本章小结 ·· 115

关键名词或概念 ·· 115

思考题 ·· 116

第六章　柬埔寨 ·· 117

第一节　国家基本概况 ···································· 117

第二节　经济发展现况 ···································· 122

第三节　贸易投资现况 ···································· 127

第四节　中柬经贸发展进程 ································ 131

本章小结 ·· 134

关键名词或概念 ·· 134

思考题 ·· 135

第七章　缅甸 ·· 136

第一节　国家基本概况 ···································· 136

第二节　经济发展现况 ···································· 143

第三节　贸易投资现况 ···································· 147

第四节　中缅经贸发展进程 ································ 152

本章小结 ·· 155

关键名词或概念 ·· 156

思考题 ·· 156

第八章 泰国 ……………………………………………………………… 157

第一节 国家基本概况 …………………………………………… 157

第二节 经济发展现况 …………………………………………… 164

第三节 贸易投资现况 …………………………………………… 168

第四节 中泰经贸发展进程 ……………………………………… 173

本章小结 ………………………………………………………… 175

关键名词或概念 ………………………………………………… 176

思考题 …………………………………………………………… 176

第九章 马来西亚 ………………………………………………………… 177

第一节 国家基本概况 …………………………………………… 177

第二节 经济发展现况 …………………………………………… 183

第三节 贸易投资现况 …………………………………………… 187

第四节 中马经贸发展进程 ……………………………………… 192

本章小结 ………………………………………………………… 194

关键名词或概念 ………………………………………………… 195

思考题 …………………………………………………………… 195

第十章 新加坡 …………………………………………………………… 196

第一节 国家基本概况 …………………………………………… 196

第二节 经济发展现况 …………………………………………… 202

第三节 贸易投资现况 …………………………………………… 207

第四节 中新经贸发展进程 ……………………………………… 212

本章小结 ………………………………………………………… 214

关键名词或概念 ………………………………………………… 215

思考题 …………………………………………………………… 215

第十一章 印度尼西亚 …………………………………………………… 216

第一节 国家基本概况 …………………………………………… 216

第二节 经济发展现况 …………………………………………… 223

第三节 贸易投资现况 …………………………………………… 227

第四节 中印尼经贸发展进程 …………………………………… 232

本章小结 ………………………………………………………… 235

关键名词或概念 ………………………………………………… 235

思考题 ··· 236

第十二章　菲律宾 ··· 237
第一节　国家基本概况 ·· 237
第二节　经济发展现况 ·· 243
第三节　贸易投资现况 ·· 247
第四节　中菲经贸发展进程 ··· 250
本章小结 ·· 253
关键名词或概念 ·· 253
思考题 ·· 254

第十三章　文莱 ··· 255
第一节　国家基本概况 ·· 255
第二节　经济发展现况 ·· 260
第三节　贸易投资现况 ·· 265
第四节　中文经贸发展进程 ··· 270
本章小结 ·· 272
关键名词或概念 ·· 272
思考题 ·· 273

参考文献 ··· 274

第一章

东南亚与东盟

◀ ◀ ◀

本章导读

　　本章共四节，分别阐述了东南亚、东南亚政治特征及发展历程、东南亚国家联盟源起及发展历程、东盟经贸特征及发展规划。通过本章的学习，读者能了解东南亚地区概况及东盟国家政治与经贸投资的基本情况、特征、规划及发展历程。

学习目标

　　本章重点要求学生掌握东南亚地理位置的特征、东南亚各国经贸投资情况；了解东南亚国家联盟的源起，以及该组织的基本情况和未来发展战略。

第一节　东南亚概况

一、概况

　　东南亚（Southeast Asia，SEA），是亚洲的一个地区，由中国以南、印度以东、新几内亚以西以及澳大利亚以北的多个国家及地区组成，是第二次世界大战后期才出现的一个新的地理名词。东南亚在 20 世纪前被欧洲人称为东印度。中国明代之后则称该地区为"南洋"。受中国与印度次大陆之间的地理位置和邻近地区的文化影响，东南亚大陆部分被欧洲地理学家称为印度支那。在 20 世纪，这个名称仅指前法属印度支那领土（柬埔寨、老挝和越南）。

　　东南亚地区共有 11 个国家，分为陆域、海域两个区域，陆域（或称为半岛国家）

为中南半岛，包括柬埔寨、老挝、缅甸、泰国、越南与马来半岛（马来西亚），海域（或称为海岛国家）为马来群岛，包括马来西亚（沙捞越和沙巴）、印度尼西亚、文莱、菲律宾、新加坡、东帝汶。东南亚地区面积约 457 万平方千米，截至 2023 年，人口数量约为 6.78 亿，该地区位于板块交界处，地震、火山及海啸活动频繁。

东南亚各国除东帝汶外，都有着悠久的历史，但都是新兴国家。东南亚全区共有 90 多个民族，其中人口较多的有爪哇族、京族、傣族、缅族、高棉族、苏禄族、巽他族等，南岛民族与马来族占主导位置，语系有印地语系、南岛语系、汉藏语系、南亚语系等①。区域内居民多信奉伊斯兰教与佛教，基督教、印度教与泛灵论相关宗教等也有许多信众。印度尼西亚是全球穆斯林最多的国家，泰国是世界最大的佛教国家，菲律宾则是东半球天主教徒最多的国家。东南亚地区是世界上华侨华人最多的地区，该地区有 3 000 多万华侨华人，另有 200 多万印度人、100 多万其他国家的外来移民。除了新成立的东帝汶，东南亚区域内十国组成了东南亚国家联盟（Association of Southeast Asian Nations，ASEAN，以下简称"东盟"）组织。

二、地理位置

（一）战略地位

东南亚位于亚洲东南部，包括中南半岛和马来群岛两大部分。中南半岛因位于中国以南而得名，南部的细长部分是马来半岛。马来群岛散布在太平洋和印度洋之间的广阔海域，是世界最大的群岛，共有两万多个岛屿，分属印度尼西亚、马来西亚、东帝汶、文莱和菲律宾等国。东南亚东濒太平洋，西临印度洋，北连中国，南望澳大利亚。连接亚洲、非洲和大洋洲三大洲与太平洋、印度洋两大洋。最重要的两个海峡是马六甲海峡和龙目海峡。

马六甲海峡（Strait of Malacha），因沿岸有马来西亚的著名古城马六甲而得名。海峡现由新加坡、马来西亚和印度尼西亚 3 国共同管辖，战略地位十分重要。马六甲海峡地处马来半岛和苏门答腊岛之间，是连接南海与安达曼海，沟通太平洋与印度洋的重要水道，呈东南—西北走向，全长约 1 080 千米，最窄处仅有 37 千米，可通行载重 25 万吨的巨轮，太平洋西岸国家与南亚、西亚、非洲东海岸、欧洲等沿海国家之间的航线大多经过此处。马六甲海峡沿岸的国家有泰国、新加坡和马来西亚，其中新加坡位于马六甲海峡的最窄处，交通位置尤其重要。经马六甲海峡进入南海（从新加坡到中国台湾地区附近）的油轮运输量是经过苏伊士运河的 3 倍、巴拿马运河的 5 倍。马

---

① 广西和云南的少数族群所使用的语言与中南半岛国家所用的语言都是同一语系（壮侗语系、南亚语系或苗瑶语系）。中国台湾高山族与菲律宾、印尼等其他东南亚国家同属南岛语系。

六甲海峡对于日本、中国、韩国来说，都是最主要的能源运输通道。

龙目海峡（Lombok Sela）是印度尼西亚龙目岛与巴厘岛之间的重要水道，北接巴利海，南通印度洋。它是地壳断裂下沉形成的，因而水道幽深、岸壁陡峭。南北长80.5千米，水深1 200米以上，最深处达1 306米，由于海流的强烈侵蚀冲刷，龙目海峡至今仍在继续加深加宽。现在，龙目海峡不仅在海上交通运输方面有重要作用，而且在军事战略上有重大价值。

（二）自然地理

东南亚地理位置较为特殊，一方面它是亚洲纬度最低的地区，是亚洲的赤道部分；另一方面它处于亚澳之间的过渡地带，这在气候和生物界均有明显的特征；东南亚也是太平洋与印度洋的交汇地带，这种地理位置使其形成了湿热气候，并拥有繁茂的热带森林，这是其与周边其他区域的根本差异。东南亚在构造地形上可分为两大单元，一是比较稳定的印度—马来地块；二是地壳变动比较活跃的新褶皱山地。

半球划分：位于东半球，跨南北半球。连接亚洲、大洋洲。

经纬度位置：92°E~140°E，10°S~23°26′N。中南半岛大部分属于热带季风气候，马来群岛大部分属于热带雨林气候。

海陆位置：位于亚洲的东南部。西临印度洋、东濒太平洋、南邻大洋洲，北邻中国、印度。

1. 中南半岛

中南半岛因位于中国以南而得名，面积为206.5万平方公里，绝大部分地区位于10°N~20°N，属典型的热带季风气候。包括越、老、缅、柬、泰五国。中南半岛"山河相间，纵列分布"，北部地势较高，山脉呈掌状向南展开。大河下游和河口为冲积平原。河流大多发源于中国西南地区，上游奔腾在崇山峻岭之中，水流湍急，蕴藏着丰富的水力资源；下游河道变宽，水流变缓，泥沙沉积，形成广阔的冲积平原和三角洲。湄公河是东南亚最大、流经国家最多的河流。平原和三角洲地区人口稠密，开发历史悠久，是东南亚的重要农业区与海上丝绸之路的重要商道。

2. 马来半岛

马来半岛亦称克拉半岛、马六甲半岛。它是亚洲东南部中南半岛向南延伸的部分，起自克拉地峡。马来半岛的西北部属于缅甸南部，中部及东北部属于泰国南部，半岛余下的南部则属于马来西亚，属于马来西亚的区域又称马来西亚半岛。

马来半岛南北长1 127公里，最宽处322公里，面积约23.7万平方公里，主要是丘陵。环绕半岛的水体从东北起，按顺时针排列分别为暹罗湾、南海（与文莱相对）、柔佛海峡（与新加坡相对）、马六甲海峡（与苏门答腊相对）及安达曼海。半岛上的巴来海角是亚洲大陆的最南端。半岛北接大陆，西临印度洋安达曼海和马六甲海峡，南为新加坡海峡，东濒泰国湾、南海。此处为热带雨林气候，终年高温多雨。

3. 马来群岛

马来群岛，也叫南洋群岛，由印度尼西亚 13 000 多个岛屿和菲律宾约 7 000 多个岛屿组成，是世界上最大的群岛。岛弧与海沟共生，这是马来群岛地形结构的突出特征。整个马来群岛面向太平洋和印度洋的部分都是岛弧——印度尼西亚弧、班达弧和菲律宾弧，外临深海沟——爪哇海沟、班达海沟和菲律宾海沟。在地形上，如果说中南半岛是古老而久经侵蚀的地貌形态，马来群岛则是由新期地壳变动而形成的支离破碎的高峻地貌。

马来群岛，地处东半球赤道附近，位于亚洲东南部太平洋与印度洋之间辽阔的海域上，属于热带雨林气候和热带季风气候。印度尼西亚的主要岛屿及岛群包括大巽他群岛、小巽他群岛、摩鹿加、巴布亚。菲律宾的主要岛屿包括吕宋、民答那峨、米沙鄢（Visayan）群岛。岛屿面积约为 280 万平方公里，占世界岛屿面积的 20%，沿赤道延伸 6 100 千米，南北最大宽度为 3 500 千米，群岛上的国家有印度尼西亚、菲律宾、文莱、马来西亚（东马来西亚）、东帝汶和巴布亚新几内亚（大部分地区）。

第二节　东南亚政治特征及发展历程

一、人口

整个东南亚面积约为 457 万平方公里，截至 2023 年，该区域人口数量约有 6.78 亿，其中有五分之一生活在全球人口最密集的岛屿——爪哇岛。印度尼西亚人口数量多达 2.68 亿，乃全球第四人口大国。东南亚的宗教和民族情况复杂。目前有近 3 000 万华人生活在东南亚，主要分布在圣诞岛、印度尼西亚、马来西亚、菲律宾、新加坡、泰国以及越南。

二、民族

东南亚民族众多，语言多样。资料显示，缅甸有 135 个民族；印度尼西亚有 100 多个民族；越南有 54 个民族；老挝境内有 49 个民族；菲律宾有 43 个民族；泰国有 30 多个民族；马来西亚有 30 多个民族；柬埔寨有 20 多个民族；文莱以马来人为主，其次是华人，还有印度人、欧洲人和原住民；新加坡以华人为主，其次是马来人、印度人、欧亚裔等。

东南亚人口最多的民族为爪哇族，主要分布在印度尼西亚的爪哇岛，人口数量过亿。其次为京族，人口数量高达 8 600 万，主要分布在越南，但在柬埔寨及老挝亦是重要的少数民族。泰族则有超过 6 000 万人口，是泰国的主体民族。缅甸是一个民族相当多元的国家，人口最庞大的民族是缅族，人口数量有 3 000 多万，占该国人口的三分之二。

三、宗教

东南亚存在着很多宗教，伊斯兰教是信众人数最多的宗教，该地区共有 2.4 亿人（40%的当地人口）为穆斯林，主要分布在印度尼西亚、文莱、马来西亚、泰国南部和菲律宾南部，印度尼西亚更是全球人口最多的伊斯兰国家。

佛教是东南亚信众人数第二多的宗教（38%的当地人口），全东南亚拥有约 2.05 亿佛教徒，主要分布在泰国、越南、老挝、柬埔寨、缅甸和新加坡。新加坡及越南还流行儒教。

基督教为菲律宾、印度尼西亚东部、马来西亚东部和东帝汶主要信仰的宗教。其中菲律宾拥有全亚洲最多的罗马天主教信众，而东帝汶由于长年受葡萄牙殖民而成为基督教国家。

印度教是印度尼西亚巴厘岛的主要宗教，因融合了当地原生的泛灵信仰而与其他地区的印度教有所不同。由于拥有庞大的印度裔人口，新加坡和马来西亚亦有不少印度教徒。另外在东马沙捞越州、菲律宾的高地地区、新几内亚及老挝的偏远地区，至今依然保留着不少原生泛灵信仰。

第三节　东盟及其发展历程

一、东南亚国家联盟概述

东南亚国家联盟成立日期为 1967 年 8 月 8 日，十个成员国分别为文莱、柬埔寨、印度尼西亚、老挝、马来西亚、缅甸、菲律宾、新加坡、泰国、越南。东盟峰会是东盟最高决策机构，由各成员国国家元首或政府首脑组成，东盟各国轮流担任主席国。东盟秘书长是东盟首席行政官，由东盟峰会负责，由东盟各国轮流推荐资深人士担任，任期 5 年。现任秘书长高金洪（Kao Kim Hourn，柬埔寨前首相助理大臣），2023 年 1 月就任，任期至 2027 年底。东盟秘书处设在印度尼西亚首都雅加达。

根据《东盟宪章》，东盟组织机构主要包括：东盟峰会、东盟协调理事会、东盟共同体理事会、东盟领域部长会议、东盟秘书长和东盟秘书处、东盟常驻代表委员会与东盟附属机构（包括各种民间和半官方机构）。

二、东盟源起

东盟的前身是马来亚（现马来西亚）、菲律宾和泰国于 1961 年 7 月 31 日在曼谷成立的东南亚联盟。

1967 年 8 月 7—8 日，印度尼西亚、泰国、新加坡、菲律宾四国外长和马来西亚副总理在曼谷举行会议，发表了《曼谷宣言》（《东南亚国家联盟成立宣言》），正式宣告东南亚国家联盟成立。

除印度尼西亚、马来西亚、菲律宾、新加坡和泰国 5 个创始成员国以外，20 世纪 80 年代后，文莱（1984）、越南（1995）、老挝（1997）、缅甸（1997）和柬埔寨（1999）5 国先后加入东盟，使这一组织涵盖了整个东南亚地区。东盟成为东南亚地区以经济合作为基础的政治、经济、安全一体化合作组织，并建立起了一系列合作机制。东盟的宗旨和目标是本着平等与合作精神，共同促进本地区经济增长、社会进步和文化发展，为建立一个繁荣、和平的东南亚国家共同体奠定基础，促进本地区的和平与稳定。

20 世纪 90 年代初，东盟率先发起区域合作，逐步形成了以东盟为中心的一系列区域合作机制。1994 年 7 月成立东盟地区论坛，1999 年 9 月成立东亚—拉美合作论坛。

此外，东盟还与美国、日本、澳大利亚、新西兰、加拿大、欧盟、韩国、中国、俄罗斯和印度 10 个国家形成对话伙伴关系。2003 年，中国与东盟的关系发展到战略协作伙伴关系，中国成为第一个加入《东南亚友好合作条约》的非东盟国家。

三、东盟发展历程

（一）主要活动

1976 年以来，东盟共举行了 41 次峰会、4 次非正式峰会和 1 次特别峰会。2020 年 4 月，东盟关于新冠疫情特别峰会以视频会议的形式举行，会议重点就东盟国家合作抗击疫情、恢复社会经济发展等交换了意见，发表了《特别峰会宣言》。2022 年 11 月，第 40 届和第 41 届东盟峰会在柬埔寨金边举行，会议以"共同应对挑战"为主题，讨论了东盟共同体建设、东盟对外关系和发展方向，并就共同关心的国际和地区问题交换意见，通过了《关于在东盟主导机制下推动东盟印太展望四大优先领域主流化的宣言》《东盟领导人关于互联互通后 2025 议程的声明》《东盟领导人关于落实"五点共识"的审议和决定》《东盟领导人关于东帝汶申请加入东盟的声明》等文件。

（二）对外关系

东盟积极开展多方位外交关系，有中国、日本、韩国、印度、澳大利亚、新西兰、美国、俄罗斯、加拿大、欧盟、英国 11 个对话伙伴。1994 年 7 月，东盟倡导成立东盟地区论坛（ARF），主要就亚太地区政治和安全问题交换意见。1994 年 10 月，东盟倡议召开亚欧会议（ASEM），促进东亚和欧盟的政治对话与经济合作。1997 年，东盟与中、日、韩共同启动了东亚合作，之后与中、日、韩（"10＋3"）合作，东亚峰会（EAS）等机制相继诞生。1999 年 9 月，在东盟倡议下，东亚—拉美合作论坛（FEAL-AC）成立。

（三）RCEP

《区域全面经济伙伴关系协定》（Regional Comprehensive Economic Partnership，RCEP）是亚太地区规模最大、最重要的自由贸易协定。2012 年 11 月，在第七届东亚峰会上，东盟国家与中、日、韩、印、澳、新西兰 6 国领导人同意启动 RCEP 谈判。2017 年 11 月，首次 RCEP 领导人会议在菲律宾马尼拉召开。2018 年 11 月，第二次 RCEP 领导人会议在新加坡召开，各国领导人肯定当年 RCEP 谈判取得的实质进展，就争取于 2019 年结束谈判达成一致。

2019 年 11 月 4 日，在泰国曼谷举行的 RCEP 第三次领导人会议上，印度总理莫迪宣布印度不会加入该协议。他认为这个协议未能照顾到印度包括农民、商人、工人、消费者在内的群体以及各行业的利益。与会领导人在会后发表联合声明，宣布 RCEP 15 个成员国结束全部 20 个章节的文本谈判及实质上所有市场准入问题的谈判，并致力于 2020 年签署协定。

2020 年 11 月，第四次 RCEP 领导人会议以视频的方式举行，中国、日本、韩国、澳大利亚、新西兰和东盟 10 国在会上正式签署 RCEP。2022 年 1 月 1 日，RCEP 正式生效[①]。

第四节　东盟经贸特征及发展规划

一、东盟经贸特征

（一）投资吸引力

从投资环境看，东盟的优势表现在以下方面：

（1）拥有逾 6.78 亿人口，中产阶级数量不断增加，市场潜力巨大。

（2）经济总量位居世界第六，主要成员国经济快速增长，社会进步，政治稳定。

---

① 东南亚国家联盟概况_中华人民共和国外交部。https://www.mfa.gov.cn/web/wjb_673085/zzjg_673183/yzs_673193/dqzz_673197/dnygjlm_673199/dnygjlm_673201/.

（3）区域经济一体化水平不断提升，区域内部消费和贸易呈快速增长态势。

（4）具备较高资源和产业禀赋，劳动力价格低廉，从低成本制造业到生物科技领域，东盟各国有着不同的优势和竞争力。

（5）基础设施和数字经济增长需求巨大，银行业、制造业、交通和通信领域的投资不断增多。达沃斯世界经济论坛暂未公布最新的全球竞争力排名，根据《2019年全球竞争力报告》，全球参加排名的141个经济体中，东盟国家有7个排名在100位之内，其中新加坡排名第1位。根据世界银行《2020年营商环境报告》（2021年起已停止发布），全球190个经济体中，东盟有7个国家排名在100位之内，其中新加坡排名第2位（详见表1-1）[①]。

表1-1　东盟成员国投资环境全球排名情况

国家	2019年全球竞争力排名	2020年全球营商环境排名	瑞士洛桑管理学院2022年全球竞争力排名
马来西亚	27	12	32
菲律宾	64	95	48
泰国	40	21	33
印度尼西亚	50	73	44
新加坡	1	2	3
文莱	56	66	——
越南	67	70	——
老挝	113	154	——
缅甸	——	165	——
柬埔寨	106	144	——

资料来源：商务部对外投资合作国别（地区）指南；2019年全球竞争力排名来自世界经济论坛《2019年全球竞争力报告》；2020年全球营商环境排名来自世界银行《2020年营商环境报告》；瑞士洛桑管理学院2022年全球竞争力排名。

（二）宏观经济

根据世界银行统计数据，近年来东盟宏观经济呈稳定增长态势。东盟GDP从2014年的25 271亿美元上升到2021年的33 433亿美元（见表1-2、表1-3）。

---

① 对外投资合作国别（地区）指南：东盟。http://www.mofcom.gov.cn/dl/gbdqzn/upload/dongmeng.pdf#page=14&zoom=100,53,132.

表 1-2 2014—2021 年东盟 GDP 及增长率（按现价美元计）

指标	2014	2015	2016	2017	2018	2019	2020	2021
GDP（亿美元）	25 271	2 4476	25 547	27 677	29 690	31 731	30 815	33 433
人均 GDP（美元）	4 048	3 876	4 000	4 392	4 540	4827	4 619	4 964
GDP 增长率（%）	4.74	−4.85	4.43	5.34	6.83	6.87	−3.63	3.22

资料来源：根据世界银行数据整理。

表 1-3 2022 年东盟各成员国宏观经济主要指标（按现价美元计）

国家	GDP（亿美元）	人均 GDP（美元）	GDP 增长率（%）
马来西亚	4 063	11 971.9	8.7
菲律宾	4 043	3 498.5	7.6
泰国	4 953	6 908.8	2.6
印度尼西亚	13 191	4 788.0	5.3
新加坡	4 668	82 807.6	3.6
文莱	167	37 152.5	−1.6
越南	4 088	4 163.5	8.0
老挝	157	2 088.4	2.7
缅甸	594	1 095.7	3.0
柬埔寨	300	1 786.6	5.2
东盟合计	36 224	4 803.0	6.9

资料来源：世界银行。

（三）对外贸易

2022 年东盟贸易额为 3.857 万亿美元，同比增长 14.9%。增长主要由燃料和电子产品推动，分别增长 52.5% 和 11.7%。中国依旧是东盟第一大贸易伙伴，双边贸易额为 7 222 亿美元，占东盟贸易总额的 18.8%。然后为美国和欧盟，分别占 10.9% 和 7.7%。

1. 货物贸易总量

据东盟初步统计，2021 年东盟对外货物贸易总额为 33 385.8 亿美元，同比增长 25.6%。其中，出口额 17 102.7 亿美元，增长 23.0%；进口额 16 283.1 亿美元，增长 28.3%。

2. 贸易伙伴

2021 年，中国、美国、欧盟、日本和韩国长期保持东盟前五大贸易伙伴的地位，东盟与上述伙伴的货物贸易均实现正增长（详见表 1-4）。

表 1-4　2021 年东盟与主要贸易伙伴货物贸易情况

（单位：亿美元）

贸易伙伴	进出口额	占比（%）	出口额	占比（%）	进口额	占比（%）
中国	6 689.6	20.0	2 805.4	16.4	3 884.2	23.9
欧盟	2 689.3	8.1	1 522.0	8.9	1 167.3	7.2
美国	3 644.5	10.9	2 551.1	14.9	1 093.4	6.7
日本	2 402.1	17.2	1 135.6	6.6	1 266.5	7.8
韩国	1 895.5	5.7	685.1	4.0	1 210.4	7.4
中国香港	1 329.2	4.0	1 136.8	6.6	192.4	1.2
全球	33 385.8	100.0	17 102.7	100.0	16 283.1	100.0

资料来源：根据东盟统计数据库整理。

3. 通货膨胀水平

东盟 10 国由于经济发展水平不一，货币供应情况各不相同，在通货膨胀率方面也显示出较大的差异。2019 年通货膨胀率较高（高于 3%）的东盟国家包括缅甸、老挝和印度尼西亚（见表 1-5）。

表 1-5　2015—2020 年东盟成员国按消费者价格指数衡量的通货膨胀率

（单位：%）

国家	2015	2016	2017	2018	2019	2020
马来西亚	2.10	2.09	3.87	0.88	0.66	−1.14
菲律宾	0.67	1.25	2.85	5.21	2.48	2.64
泰国	−0.90	0.19	0.67	1.06	0.71	−0.85
印度尼西亚	6.36	3.53	3.81	3.20	3.03	1.92
新加坡	−0.52	−0.53	0.58	0.44	0	−0.18
文莱	−0.49	−0.28	−1.26	1.03	−0.39	1.94
越南	0.63	2.67	3.52	3.54	2.8	3.22
老挝	1.28	1.60	0.83	2.04	3.32	5.10
缅甸	9.45	6.93	4.57	6.87	8.83	——
柬埔寨	1.22	3.05	2.89	2.46	——	

资料来源：根据世界银行数据整理。

4. 失业率

根据世界银行统计数据，东盟 10 国中，除文莱以外，其他国家失业率一致保持在世界平均水平以下（见表 1-6）。

表 1-6 2014—2020 年东盟各国失业率

（单位：%）

国家	2014	2015	2016	2017	2018	2019	2020
马来西亚	3.10	3.44	3.41	3.35	3.32	3.30	4.55
菲律宾	3.03	2.71	2.55	2.34	2.15	2.20	3.36
泰国	0.60	0.69	0.63	0.77	0.75	0.70	1.02
印度尼西亚	4.51	4.30	4.18	4.51	4.69	4.51	4.11
新加坡	3.79	4.08	3.91	4.02	4.11	3.10	5.19
文莱	7.76	8.56	9.32	8.86	9.12	6.90	8.37
越南	1.86	1.85	1.89	1.99	2.00	2.00	2.27
老挝	0.68	0.65	0.60	0.64	0.63	0.60	0.95
缅甸	0.77	1.18	1.55	1.49	1.58	0.50	1.79
柬埔寨	1.20	1.13	1.06	0.65	0.68	0.10	0.31

资料来源：世界银行。

5. 外债余额

东盟各成员国的外债需求存在较大差异。文莱、马来西亚、新加坡无外债，其他 7 个成员国均对外债有不同程度的需求（见表 1-7）。截至 2020 年，老挝、柬埔寨和越南外债存量占国民总收入（GNI）的比重分别高达 94.8%、70.8% 和 48.9%；短期外债占总外债的比例最高的国家分别是泰国（36.6%）、柬埔寨（21.5%）和越南（21.3%）。

表 1-7 2015—2019 年东盟成员国外债余额

（单位：亿美元，按现价美元计）

国家	2015	2016	2017	2018	2019
马来西亚	0	0	0	0	0
菲律宾	771.7	765.0	729.3	743.8	788.2
泰国	1 460.6	1 318.2	1 375.7	1 575.8	1 692.4
印度尼西亚	2 929.9	3 062.2	3 190.1	3 501.3	3 698.4
新加坡	0	0	0	0	0
文莱	0	0	0	0	0
越南	143.5	142.9	141.5	150.1	149.4
老挝	96.4	116.4	135.4	146.5	155.9
缅甸	143.5	142.9	141.5	150.1	149.4
柬埔寨	81.3	97.0	116.0	130.2	153.4

资料来源：根据世界银行数据整理。

二、东盟经贸现况分析

（一）东盟市场

东盟秘书处统计数据显示，截至 2022 年，东盟各国人口总和近 6.78 亿，人均 GDP 约 4 803 美元，GDP 总额近 3.6224 万亿美元。东盟一直在推动经济共同体建设，打造东盟区域单一市场和生产基地。随着东盟经济一体化推进，东盟各成员国将在取消非关税壁垒及熟练工人流动限制等方面取得更多进展。东盟内部基础设施建设需求巨大。据亚洲开发银行估计，到 2030 年，东南亚经济体每年将需要 2 100 亿美元基础设施投资。

联合国贸发会议发布的《东盟 FDI 及数字经济》报告显示，2022 年东盟数字经济规模达到 1 940 亿美元，较 2019 年增长 90%。这一数字与 2022 年 10 月发布的《东南亚互联网经济报告》的预期基本一致。该报告预计，2022 年东盟数字经济规模有望达到 2 000 亿美元，较原计划提前 3 年，同比增长 20%。此外，该报告预计，2025 年东盟数字经济规模将达到 3 300 亿美元，年均增长率为 20%。

根据《东南亚互联网经济报告》，东盟数字经济覆盖 5 个主要领域，即电子商务、交通和食品配送、在线旅游、在线媒体和金融服务。截至 2022 年，东盟地区互联网用户达到 4.6 亿。位于东南亚的初创公司也超过了 4 500 家，许多科技公司已开始向区域和国际市场扩张。同时，作为通往全球市场的门户，东盟被认为是全球数字经济投资最具吸引力的地区之一。作为东盟地区最大的经济体，印度尼西亚的数字经济发展一路领跑邻国。2022 年，印度尼西亚数字经济规模达 700 亿美元，居东盟地区首位。

（二）国际贸易

东盟的国际贸易包括东盟对外贸易和内部贸易。内部贸易即东盟各成员国之间的贸易，对外贸易即东盟对世界各国（地区）的进出口贸易。东盟国家外贸依存度较高，多数国家对外货物贸易额占 GDP 比重的一半以上。柬埔寨、马来西亚货物贸易额高于其 GDP，新加坡、越南货物贸易额为其 GDP 的两倍左右。

1. 对外贸易规模

2020 年，东盟进出口贸易额为 26 626.2 亿美元，其中出口 13 946.8 亿美元，进口 12 679.4 亿美元，贸易顺差 1 267.4 亿美元。2021 年东盟对外货物贸易总额 33 385.8 亿美元，同比增长 25.6%。其中，出口额 17 102.7 亿美元，增长 23.0%；进口额 16 283.1 亿美元，增长 28.3%。贸易额居前三位的国家是新加坡、越南和泰国，合计占东盟货物进出口总额的 63.3%。贸易顺差前三位的国家是新加坡、泰国和印度尼西亚；菲律宾、柬埔寨和缅甸呈现贸易逆差（见表 1-8）。

表 1-8　2015—2021 年东盟国际贸易统计

（单位：亿美元）

年份	货物贸易			服务贸易		
	出口额	进口额	进出口额	出口额	进口额	进出口额
2015	11 717.0	11 011.0	22 729.0	3 236.0	3 275.0	6 511.0
2016	11 527.0	10 859.0	22 386.0	3 374.0	3 251.0	6 625.0
2017	13 223.0	12 525.0	25 748.0	3 605.0	2 427.0	7 032.0
2018	14 323.0	13 844.0	28 167.0	4 049.0	3 738.0	7 786.0
2019	14 232.0	13 921.0	28 152.0	4 641.6	4 080.5	8 722.1
2020	13 947.0	12 679.0	26 626.0	3 159.7	3 210.2	6 369.9
2021	17 102.7	16 283.1	33 385.8	3 483.5	3 975.0	7 458.5

资料来源：东盟秘书处。

2. 服务贸易总量

据东盟秘书处统计，2021 年，东盟对外服务贸易总额 7 458.5 亿美元，其中，出口额 3 483.5 亿美元，进口额 3 975 亿美元；服务贸易逆差 491.5 亿美元。其中，金融服务、生产性服务、维护和维修服务、其他商业服务呈现贸易顺差。

（三）东盟内部贸易

1992 年 1 月，印度尼西亚、马来西亚、菲律宾、新加坡、泰国、文莱等东盟六国贸易部长签署关于建立东盟自由贸易区（ASEAN Free Trade Area，AFTA）的协议，以增强东盟地区作为单一生产单位的竞争优势；通过减少成员国之间的关税和非关税壁垒，期待创造出更大的经济效益、生产率和竞争力，加强东盟区域一体化和促进东盟内部贸易与投资。会议还签署了东盟自由贸易区共同有效普惠关税方案协议（Agreement on the Common Effective Preferential Tariff Scheme for AFTA，CEPT）。经过数次提速，1999 年东盟宣布将于 2002 年建成自由贸易区；6 个原始国完成贸易自由化的时间将提前 5 年，即在 2010 年之前完成，越、老、柬、缅等 4 国也将提前 3 年，于 2015 年达成贸易自由化目标。2010 年以来，东盟 6 个原始成员国有 99.3% 的商品实现零关税，其他 4 个新成员国有 97.7% 的商品实现零关税。

1. 成员国内部货物贸易

据东盟秘书处统计，2020 年，东盟成员国内部进出口贸易额为 5 658.9 亿美元，占东盟国际贸易总额的 21.3%；其中成员国间出口 2 980.9 亿美元，占东盟国际贸易出口总额的 21.4%；进口 2 678.0 亿美元，占东盟国际贸易进口总额的 21.1%。东盟国家外贸依存度较高。2021 年，东盟多数成员国对外货物贸易额占 GDP 的比重达到 50% 以上，新加坡、越南货物贸易额为其 GDP 的两倍左右，柬埔寨、马来西亚货物贸易额亦高于其 GDP。贸易额居前三位的国家是新加坡、越南和泰国，合计占东盟货物进出口总额的 63.3%。贸易顺差前三位的国家是马来西亚、新加坡和印度尼西亚，菲律宾、老挝和缅甸呈现贸易逆差。

2. 成员国内部贸易商品结构

2021 年东盟各成员国之间的贸易进出口商品结构见表 1-9、表 1-10。

表 1-9　2021 年东盟内部贸易出口前 10 位产品

（单位：亿美元）

序号	商品类别	出口额
1	电机、电气设备及其零件；录音机及放声机、电视图像、声音的录制和重放设备及其零件、附件（HS 编码第 85 章）	4 896.2
2	矿物燃料、矿物油及其蒸馏产品；沥青物质；矿物蜡（HS 编码第 27 章）	1 791.5
3	锅炉、机器、机械器具及其零件（HS 编码第 84 章）	1 531.6
4	天然或养殖珍珠、宝石或半宝石、贵金属、包贵金属及其制品；仿首饰；硬币（HS 编码第 71 章）	560.4
5	车辆及其零件、附件，但铁道及电车道车辆除外（HS 编码第 87 章）	537.2
6	塑料及其制品（HS 编码第 39 章）	535.8
7	光学、照相、电影、计量、检验、医疗或外科用仪器及设备、精密仪器及设备；上述物品的零件、附件（HS 编码第 90 章）	524.2
8	铁和钢（HS 编码第 72 章）	469.7
9	有机化学品（HS 编码第 15 章）	440.9
10	铁或钢制品（HS 编码第 29 章）	420.0
	合计	11 707.5

资料来源：东盟贸易数据库。

表 1-10　2021 年东盟内部贸易进口前 10 位产品

（单位：亿美元）

序号	商品类别	进口额
1	电机、电气设备及其零件；录音机及放声机、电视图像、声音的录制和重放设备及其零件、附件矿物燃料、矿物油及其蒸馏产品；沥青物质；矿物蜡（HS 编码第 85 章）	4 386.7
2	矿物燃料、矿物油及其蒸馏产品；沥青物质；矿物蜡（HS 编码第 27 章）	2 194.4
3	锅炉、机器、机械器具及其零件（HS 编码第 84 章）	1 777.0
4	天然或养殖珍珠、宝石或半宝石、贵金属、包贵金属及其制品；仿首饰；硬币（第 71 章）	656.1
5	车辆及其零件、附件，但铁道及电车道车辆除外（第 87 章）	585.6
6	塑料及其制品（第 90 章）	489.2

续表

序号	商品类别	进口额
7	光学、照相、电影、计量、检验、医疗或外科用仪器及设备、精密仪器及设备；上述物品的零件、附件	459.0
8	动植物油、脂及其分解产品等（第15章）	419.7
9	有机化学品（第29章）	341.7
10	铁和钢（第72章）	273.8
	合计	11 583.2

资料来源：东盟贸易数据库。

3. 成员国内部服务贸易

据东盟秘书处统计，2020年，东盟内部服务贸易总额为802.65亿美元，占各国对外服务贸易总和的12.6%。前三大产业为旅行，运输，通信、计算机和信息服务。东盟各成员国间服务贸易发展水平呈现较大差距。2021年，新加坡占东盟服务贸易总额的比重从2020年的59.5%上升至60.8%，文莱、柬埔寨、老挝和缅甸合计占比从2020年的2.1%降至1.1%。文莱、老挝、印度尼西亚和马来西亚长期保持贸易逆差。新加坡、菲律宾、越南、缅甸呈现服务贸易顺差；其他成员均为贸易逆差。

4. 吸收外资规模

东盟是跨国公司投资兴业的热点地区，在全球经济体吸引外资规模方面一直处于前列。据东盟秘书处统计，2021年东盟各成员国吸收外资总额为1 741.02亿美元，接近2019年水平（1 741.68亿美元），同比增长42.25%；其中，成员国内部投资209.25亿美元，占吸收外资总额的12%。东盟仍是全球主要的投资目的地之一，2021年外资流入量约占全球总流入量（15 823.1亿美元）的11%（但同比下降2.7个百分点），是2008年全球金融危机期间的两倍多，是SARS暴发期间平均水平的近五倍。根据联合国贸发会议《2022年世界投资报告》数据，2021年东盟10国吸收外资流量1 752.29亿美元，对外投资流量758.38亿美元；截至2021年，东盟10国吸收外资存量约3.14万亿美元，对外投资存量约1.83万亿美元。东盟成员国中，新加坡是最主要的吸收外资和对外投资国（详见表1-11）。

表1-11 2014—2020年东盟各国吸收外资流量

（单位：亿美元）

国家	2014	2015	2016	2017	2018	2019	2020
文莱	5.68	1.71	-1.50	4.60	5.15	3.75	5.77
柬埔寨	17.27	17.01	22.80	27.32	31.03	37.06	36.25

国家	2014	2015	2016	2017	2018	2019	2020
印度尼西亚	218.10	166.42	39.21	205.79	205.63	235.56	185.81
老挝	9.13	10.79	10.76	16.95	13.20	5.57	9.68
马来西亚	108.75	101.80	112.90	92.96	76.11	76.98	35.12
缅甸	9.46	28.24	29.89	40.02	16.10	25.09	19.07
菲律宾	58.15	56.39	82.80	102.56	99.49	76.47	65.42
新加坡	732.85	597.02	688.20	836.18	797.23	920.78	905.98
泰国	49.75	89.28	28.10	82.29	132.05	63.16	−47.68
越南	92.00	118.00	126.00	141.00	155.00	161.20	158.00
合计	1 301.15	1 186.67	1 139.15	1 549.69	1 530.99	1 605.62	1 373.42

资料来源：东盟 FDI 数据库。

5. 投资目的地

据东盟秘书处统计，2021 年，超 77%的外资流入新加坡（57%）、印度尼西亚（11.5%）、越南（9%）三国，其次是马来西亚（6.7%）、泰国（6.6%）、菲律宾（6%）、柬埔寨（2%）、老挝（0.6%）、缅甸（0.6%）、文莱（0.1%）。4 个成员国的外资流入量有所下降，按降幅大小，依次为文莱（下降 64.5%）、缅甸（下降54.4%）、新加坡（下降31.2%）、越南（下降0.9%）。

6. 外资国别分布

据东盟秘书处统计，2020 年东盟外资来源更为集中，前十大投资来源地依次为美国、新加坡、中国香港、欧盟、日本、中国、韩国、泰国、加拿大、瑞士，对东盟投资流量总和约为 1 080.27 亿美元，同比下降约 22.36%，但占总流入量的比重上升约 2个百分点至 78.66%。其中，美国连续两年保持东盟第一大投资来源地的地位，2020 年流入量约为 350.39 亿美元，同比微增 1.33%，约占总流入量的四分之一，略高于后三者（新加坡、中国香港、欧盟）总和。除了来自区域外部的投资，本地区的新加坡、泰国亦是东盟主要的外资来源，分别为 2020 年东盟第二大和第八大投资来源地。若将中国内地与中国香港合并计算，则中国是 2020 年东盟第二大投资来源地（详见表1-12）。

表 1-12　2015—2021 年东盟外商投资主要来源国家/地区

（单位：亿美元）

国家/地区	2015	2016	2017	2018	2019	2020	2021
东盟内部	208.2	249.9	258.9	243.5	223.6	232.9	——
美国	229.1	156.9	267.8	−234.6	244.6	347.5	400.1

国家/地区	2015	2016	2017	2018	2019	2020	2021
欧盟	185.5	300.0	172.7	200.4	161.7	76.3	——
日本	129.6	140.4	161.4	233.1	203.6	85.0	119.8
中国香港	13.1	99.5	60.1	126.0	113.1	119.8	81.1
中国	65.7	112.7	155.0	122.2	91.1	76.2	136.0
英国	33.6	64.9	17.0	62.6	50.5	-134.3	——
瑞士	19.2	7.4	28.4	7.1	36.1	46.3	——
加拿大	11.8	5.1	5.5	7.7	31.5	51.7	36.3
澳大利亚	14.1	8.6	7.0	13.3	27.3	5.4	——
韩国	56.1	62.8	46.1	54.4	25.0	67.9	——
印度	14.7	2.3	19.9	10.2	20.2	20.6	——

资料来源：东盟 FDI 数据库。

7. 外资行业分布

据东盟秘书处统计，2021 年东盟外资流入的前十大行业吸收的投资约占总流入量的 90.8%。其中前五大行业依次是金融和保险（569.02 亿美元）、制造业（447.24 亿美元）、批发零售（241.13 亿美元）、房地产（82.94 亿美元）、信息和通信业（73.06 亿美元）。三大传统行业（金融保险、批发零售、制造业）吸收外资占总流入量的 72.4%。与 2020 年相比，前五大行业中，除批发零售及汽车摩托车维修以外，其他四大行业 FDI 均增长，信息和通信业增幅近 3.5 倍。从各行业 FDI 来源看，金融保险行业对美国、欧盟、日本、加拿大的投资者最具吸引力。

三、东盟发展规划

（一）东盟互联互通总体规划

2010 年第 17 届东盟领导人会议通过了《东盟互联互通总体规划（2010）》（下称《规划 2010》），这是东盟为在 2015 年建成东盟共同体而实施的重大举措。2016 年 9 月，东盟领导人通过了《东盟互联互通总体规划 2025》（下称《规划 2025》）。《规划 2025》是在《规划 2010》的基础上，进一步改善本地区互联互通状况的战略性指导文件，是《东盟共同体 2025 蓝图》的一部分，有利于加强东盟在地区经济合作中的主导地位，促进东盟内部的稳定团结和经济增长。《规划 2025》旨在打造一个无缝衔接的、全面连接和融合的东盟，使东盟更具竞争力、包容性和共同体意识。它再次强调了物理联通（例如，交通运输、信息通信技术和能源）、制度联通（例如，贸易、投资、服务的自由化）以及民心相通（例如，教育、文化、旅游）三个层面互联互通的重要性，明确了 5 个重点领域和 14 个重点倡议，为推动东盟共同体政治安全、经济、社会文化三个重点领域的一体化进程、缩小成员间发展差距提供基础性保障。互联互通是中国与东盟合作的优先领域，中方大力支持东盟的相关举措，与东盟方共同成立了中国—东盟互联互通合作委员会，致力于落实中国和东盟国家领导人关于促进中国与东盟互联互通合作的有关共识和倡议，研究确定双方合作的重点领域和优先项目。

（二）通信

为建立东盟共同体，加强东盟内部成员国之间的信息流通以及东盟与外界的信息互动，东盟提出了通信一体化倡议，以建立一个全方位的通信融合平台，加快东盟成员国信息通信技术基础设施和服务的发展建设。东盟电信和信息技术部长会议通过了《东盟信息通信技术总体规划》（至 2020 年），引导东盟电信合作在 2016—2020 年迈向数字化功能的经济，促使电信发展富有创新性和安全性。

（三）公路网

东盟交通部长会议签署了《东盟交通战略规划 2016—2025》和《东盟地区道路安全战略》。《东盟交通战略规划 2016—2025》是东盟地区更高水平互联互通的指导性区域政策文件。2015 年，完成对东盟陆地地区和岛群地区桥联建设的可行性报告；2015 年，实现 AHN（东盟高速公路网）的延伸建设，尤其是从河内经老挝、缅甸到达印度边界的道路建设；2020 年，将高通行量的二级和三级公路升级为一级公路。

（四）铁路

新加坡昆明铁路（SKRL）项目是东盟交通合作的优先项目。SKRL 建成后，将会提供一个比公路运输更环保的替代方案。SKRL 有两条线，一条是东线，途经泰国、柬埔寨和越南，并规划一条连接老挝和越南的支线；另一条是西线，途经泰国和缅甸。

（五）多式联运

未来东盟要建立一个集成、无缝的多式联运系统，使其成为东南亚地区的交通枢纽。东盟将开展对潜在多式联运走廊的研究，把东盟建成全球供应线中重要的大陆桥通道。第一，完成东西经济走廊（EWEC），将缅甸接入联运网络中，优化仰光、岘港（Da Nang）港口建设。第二，将湄公河—印度经济走廊（MIEC）作为大陆桥的建设。第三，推动东盟陆港网络建设。

（六）水运

东盟旨在建立一个高效、一体化的内河航运网，实现一个综合高效且有竞争力的海运系统。

（七）农林业及矿业

东盟农业与林业部长会议（AMAF）制定了《农业及林业合作战略计划2016—2025》。东盟矿业部长会议制定了《东盟矿业合作行动计划2016—2025》，以增进矿产品贸易和投资，促进矿业可持续发展。

（八）能源

东盟优先推进能够解决其能源体制问题的基础设施项目。东盟能源部长会议制定了《东盟能源合作行动计划2016—2025》（APAEC），在七个领域深化合作：东盟电网；跨东盟天然气管道；煤炭和清洁煤技术；高效使用能源和节约能源；可再生能源；区域政策和规划；民用核能。

（九）金融

东盟财长和央行行长2015年召开首次联合会议（AFMGM），旨在加强区域宏观经济政策和金融一体化合作。在东盟经济共同体建设中，AFMGM继续致力于制定2015年后东盟金融一体化计划，特别是在保险部门的进一步开放和五年行动计划实施方面，提升区域资本市场的连通性，把金融包容性作为东盟金融合作的优先政策。东盟互联互通建设项目具有多样化的融资平台，包括多边开发银行（如亚洲开发银行、世界银行和伊斯兰开发银行）、双边发展伙伴和各国政府。根据贷款机构、借款国的发展水平，以及项目的类型，借款金额、借款方式会不同。同时，已经建成的一系列区域性和全球性基金，也会成为东盟基础设施网络构建的融资平台（见表1-13）。

表1-13　东盟发展建设可用的资金来源

序号	机构名称
1	东盟发展基金（ADF）
2	东盟文化基金（ACF）
3	东盟信息通信技术基金
4	东盟能源捐赠基金
5	中国—东盟合作基金（ACCF）
6	日本—东盟一体化基金（JAIF）
7	东盟—韩国特别合作基金（SCF）
8	东盟中韩面向未来的合作计划基金（FOCP）
9	东盟"10+3"合作基金

序号	机构名称
10	东盟—澳大利亚发展合作方案第二阶段（AADCP II）
11	东盟—印度基金
12	东盟经济一体化支援计划（ASEAN-EU）
13	东盟航空运输一体化工程（ASEAN-EU）
14	东盟发展愿景计划（推动国家合作和经济一体化）
15	东盟和东亚经济研究中心（ERIA）（主要开展学术研究和研讨会）
16	亚洲开发银行（ADB）
17	世界银行
18	东盟内部以及东盟与外部伙伴，其他技术援助计划

资料来源：东盟秘书处。

本章小结

整个东南亚地区面积约 457 万平方公里。2023 年，该区域人口数量约有 6.78 亿，东南亚是世界上民族最复杂的地区之一，民族众多，语言多样。东南亚存在着很多不同的宗教，其中，伊斯兰教是最大的宗教，该地区共有 2.4 亿人（40% 的当地人口）为穆斯林。东盟于 1967 年 8 月 8 日成立，10 个成员国包括文莱、柬埔寨、印度尼西亚、老挝、马来西亚、缅甸、菲律宾、新加坡、泰国、越南。东盟还与美国、日本、澳大利亚、新西兰、加拿大、欧盟、韩国、中国、俄罗斯和印度 10 个国家形成对话伙伴关系。

2020 年 11 月 15 日东盟 10 国以及中国、日本、韩国、澳大利亚、新西兰共 15 个国家，正式签署 RCEP，标志着全球规模最大的自由贸易协定正式达成。据东盟初步统计，2021 年东盟对外货物贸易总额 33 385.8 亿美元，同比增长 25.6%。其中，出口额 17 102.7 亿美元，增长 23.0%；进口额 16 283.1 亿美元，增长 28.3%。据东盟秘书处统计，2021 年，东盟对外服务贸易总额 7 458.5 亿美元，其中，出口额 3 483.5 亿美元，进口额 3 975 亿美元；服务贸易逆差 491.5 亿美元。其中，金融服务、生产性服务、维护和维修服务、其他商业服务呈现贸易顺差。2021 年，中国、美国、欧盟、日本和韩国长期保持东盟前五大贸易伙伴，东盟与上述伙伴贸易均实现正增长。根据联合国贸发会议《2022 年世界投资报告》数据，2021 年东盟 10 国吸收外资流量 1 752.29 亿美元，对外投资流量 758.38 亿美元；截至 2021 年，东盟 10 国吸收外资存量约 3.14 万亿美元，对外投资存量约 1.83 万亿美元。东盟成员国中，新加坡是最主要的吸收外资和对外投资国。

关键名词或概念

1. 东南亚地区（Southeast Asian）
2. 东南亚国家联盟（Association of Southeast Asian Nations）
3. 《东盟宪章》（the Asian Charter）
4. 东盟经济共同体（AEC）
5. 区域全面经济伙伴关系（RCEP）

思考题

1. 东南亚地区的战略地位如何？
2. 东南亚国家联盟的宗旨和目标是什么？
3. 东盟经济一体化有何意义？
4. 什么是 RCEP？它对东盟的影响有哪些？

第二章

中国与东盟

◄ ◄ ◄

本章导读

　　本章共两节，分别阐述了中国—东盟自由贸易区、中国与东盟各国经贸合作情况。通过本章的学习，读者能整体理解中国—东盟经贸合作关系及中国与东盟的双向投资、中国—东盟自贸区源起与发展的具体成果。

学习目标

　　本章重点要求学生理解中国—东盟自由贸易区主要内容、中国与东盟各国经贸合作的发展历程；同时了解中国与东盟双边经贸关系的数据与成果及经贸合作机制执行情况、中国—东盟自由贸易区的未来可能发展与影响。

第一节　中国—东盟自由贸易区

　　中国和东盟国家山水相连，友好交往和经贸合作源远流长。2003 年 10 月，中国作为域外大国第一个加入《东南亚友好合作条约》，并与东盟建立战略伙伴关系。中国与东盟经贸合作发展持续深化，贸易、投资与经济合作不断取得新成绩。双方建成了世界上经济总量最大的发展中国家自由贸易区——中国—东盟自贸区。

一、中国—东盟经贸关系

　　东盟地区一直是中国"走出去"与企业对外投资的主要目的地之一，具有资源丰富、劳动力成本较低、地理位置优越、基础设施建设需求庞大等特征。随着"一带一路"倡议的稳健推进,未来将有更多中资企业参与到东盟的基础设施建设、铁路、港口、油气管道、能源等大型项目中。中国—东盟双边贸易数据显示,中国与东盟双边贸易额从 2004 年的 1 000 多亿美元增长至 2022 年的 9 753.4 亿美元。中国已连续 14 年保持东盟最大贸易伙伴的地位,东盟于 2019 年超越美国成为中国第二大贸易伙伴。

2022 年是中国东盟全面战略伙伴关系开局之年,双方经贸往来更加密切,东盟继续保持中国第一大贸易伙伴地位。中国与东盟贸易总值达 6.52 万亿元(人民币),增长 15%,占中国对外贸易的 15.5%,较 2021 年上升了 1%。其中,对东盟出口 3.79 万亿元(人民币),增长 21.7%;自东盟进口 2.73 万亿元(人民币),增长 6.8%。按美元计价,中国与东盟贸易总值达 9 753.4 亿美元,增长 11.2%。其中,出口 5 672.9 亿美元,增长 17.7%;进口 4 080.5 亿美元,增长 3.3%。

2021 年,尽管新冠疫情负面影响持续,中国—东盟货物贸易仍实现快速增长,双边贸易额达 8 782.1 亿美元,增长 28.1%,占我国外贸总额的 14.5%。东盟连续两年保持我国第一大货物贸易伙伴的地位。中国也连续 13 年保持东盟第一大贸易伙伴的地位。其中,中国对东盟出口 4 837 亿美元,自东盟进口 3 945.1 亿美元,每年一次的中国—东盟博览会已成为双方多领域、多层次的交流盛会①。在服务贸易领域,双方贸易保持高速增长,2018 年,中国—东盟服务贸易总额 1 342 亿美元,增长 139%。中国对东盟国家的逆差近 400 亿美元。双方旅游规模不断扩大,中国已成为东盟第一大境外游客来源地。2019 年,双方人员往来接近 6 000 万人次,互派留学生 19 万人次,平均每周有 4500 余架次航班穿行于中国与东盟国家之间,同比增长 67%(见表 2-1)。

表 2-1　2015—2022 年中国与东盟贸易统计

(单位:亿美元)

指标	2015	2016	2017	2018	2019	2020	2021	2022
双边贸易额	4 721.6	4 522	5 148.2	5 878.7	6 414.6	6 852.8	8 782.1	9 753.4
同比增长(%)	−1.7	−4.1	13.8	14.1	9.2	6.7	28.1	11.2
中方出口额	2 774.9	2 559.9	2 791.2	3 192.4	3 594.2	3 837.2	4 837	5 672.9
同比增长(%)	2.0	−7.7	9.0	14.2	12.7	6.7	26.1	17.7
中方进口额	1 946.8	1 962.2	2 357	2 686.3	2 820.4	3 008.6	3 945.1	4 080.5
同比增长(%)	−6.6	−0.9	20.1	13.8	5.0	6.6	30.8	3.3
贸易差额	828.1	597.7	434.2	506.1	773.8	828.6	891.8	1 592.4

资料来源:中国海关。

---

① 2023 年是共建"一带一路"倡议提出 10 周年,也是东博会、峰会创办 20 周年。

二、中国与东盟的双向投资

根据中国商务部统计，中国是东盟第三大外资来源地，是老挝、柬埔寨、缅甸的第一大外资来源地。新加坡为中国第一大外资来源国。从投资合作看，中国与东盟互为重要的投资来源地和目的地。截至 2023 年 7 月，中国同东盟国家累计双向投资额超过 3 800 亿美元，在东盟设立直接投资企业超过 6 500 家。双方依托"两国双园"共建经贸创新发展示范园区，开辟了东盟国家融入中国地方开放发展的新通道。

中国和东盟双方正积极推进自贸区 3.0 版谈判，全面提升中国—东盟经贸制度型开放水平。中国—柬埔寨自贸协定生效实施，中国—新加坡自贸协定升级后续谈判实质性完成，中国—东盟东部增长区、澜湄等次区域合作稳步推进，这些都为区域合作注入了强劲的动力。

（一）中国对东盟投资

据中国商务部统计，2021 年中国对东盟直接投资达 197.3 亿美元（见表 2-2），东盟对华实际投资金额为 105.8 亿美元，新加坡、泰国、马来西亚是东盟对中国投资的前三大来源国，而新加坡、印度尼西亚和马来西亚是中国对东盟直接投资的前三大目的地。2022 年，中国在"一带一路"共建国家非金融类直接投资主要投向的国家中前五位都是东盟国家，主要投向的 10 个国家中也有 6 个东盟国家，即新加坡、印度尼西亚、马来西亚、泰国、越南、柬埔寨[①]。

表 2-2　2017—2021 年中国对东盟直接投资情况

（单位：万美元）

指标	2017	2018	2019	2020	2021
年度流量	1 411 885	1 369 353	1 302 377	1 606327	1 973 158
年末存量	8 901 390	10 285 845	10 989 115	12 761 285	14 028 094

资料来源：商务部、国家统计局和国家外汇管理局《2021 年度中国对外直接投资统计公报》。

（二）东盟对中国投资

据中国商务部统计，2021 年，东盟是中国第二大外资来源地；中国吸收东盟实际外资 105.8 亿美元，同比增长 33%（见表 2-3）；截至 2021 年底，东盟在华累计投资 1 431.4 亿美元，占中国吸收投资存量的 5.7%。

---

① 中国—东盟商务理事会执行理事长、RCEP 产业合作委员会主席许宁宁 2023 年 4 月 27 日接受媒体访谈发言稿。http://www.cafta.org.cn/show.php?contentid=102673.

表 2-3 2017—2021 年东盟在华直接投资情况

（单位：亿美元）

指标	2017	2018	2019	2020	2021
当年流量	50.8	57.2	78.8	79.5	105.8

资料来源：商务部外资统计。

（三）承包劳务与合作

东盟是中国重要的海外工程承包和劳务合作市场。据中国商务部统计，截至 2021 年底，中资企业在东盟国家签订承包工程合同总金额达 5 734.4 亿美元，完成营业额 3 693.2 亿美元。2021 年，中资企业在东盟成员国新签合同 606.4 亿美元，同比微降 0.8%；完成营业额 326.9 亿美元，同比下降 3.9%。累计派出各类劳务人员 58 235 人，2021 年末在东盟各国劳务人员 102 438 人。按 2021 年完成营业额计，印度尼西亚、马来西亚、越南分列中国前十大工程承包市场的第 3、第 5 和第 9 位。截至 2021 年底，新加坡、印度尼西亚是中国在东盟国家开展劳务合作的主要国家。

三、中国—东盟自贸区

中国—东盟自由贸易区（China-ASEAN Free Trade Area，CAFTA 或 ACFTA）是指中国与东盟 10 国建成的自由贸易区。中国和东盟对话始于 1991 年，中国当年成为东盟的全面对话伙伴国。中国—东盟自贸区是中国对外商谈的第一个自贸区，也是东盟作为整体对外商谈的第一个自贸区，建成后的自贸区覆盖 1 300 万平方公里，惠及逾 20 亿人口，囊括 GDP 总额已从 2010 年自贸区建成时的近 6 万亿美元增长至 2022 年的约 20.5 万亿美元，是目前世界上涵盖人口最多的自贸区，也是世界上最大的发展中国家之间的自贸区。

2002 年 11 月第 6 次中国—东盟领导人会议上，中国和东盟 10 国签署《中国与东盟全面经济合作框架协议》（以下简称《框架协议》），决定于 2010 年建成中国—东盟自由贸易区。2004 年底，《货物贸易协议》和《争端解决机制协议》签署，标志着自贸区建设进入实质性执行阶段。

2005 年 7 月 20 日，《货物贸易协议》降税计划开始实施，7 000 种产品关税下降。2009 年 8 月 15 日，《中国—东盟自由贸易区投资协议》（以下简称《投资协议》）签署，标志着主要谈判均已结束。

2010 年 1 月 1 日，中国—东盟自由贸易区正式建立。2013 年 10 月，时任总理李克强在中国—东盟领导人会议上提出倡议，尽快启动中国—东盟自贸区升级版，打造更全面、更高质量的自贸区协定。2015 年 11 月，中国与东盟 10 国签署中国—东盟自贸区升级谈判成果文件——《中华人民共和国与东南亚国家联盟关于修订〈中国—东盟全面经济合作框架协议〉及项下部分协议的议定书》（以下简称《议定书》）。《议定书》是中国在现有自贸区基础上完成的第一个升级协议文件，涵盖货物贸易、服务贸易、投资、经济技术合作等领域，是对原有协定的丰富、完善、补充和提升，体现了双方深化和拓展经贸合作关系的共同愿望和现实需求。

2016 年 7 月，中国和越南率先完成《议定书》国内生效程序，升级《议定书》正式生效。2019 年 10 月，《议定书》对中国和东盟 10 国全面生效。中国—东盟自贸区 3.0 版谈判于 2022 年 11 月宣布启动，2023 年 2 月，首轮谈判以线上的方式举行①。

（一）中国—东盟自贸区主要内容

根据《框架协议》，中国—东盟自贸区包括货物贸易、服务贸易、投资和经济合作等内容。其中货物贸易是自贸区的核心内容，除涉及国家安全、人类健康、公共道德、文化艺术保护等 WTO 允许例外的产品以及少数敏感产品以外，其他全部产品的关税和贸易限制措施逐步取消。

（二）中国—东盟自贸区时间框架

《框架协议》规定，中国和东盟双方从 2005 年起开始正常轨道产品的降税，2010 年中国与东盟 6 个老成员，即文莱、印度尼西亚、马来西亚、菲律宾、新加坡和泰国，建成自贸区；2015 年中国和东盟新成员，即越南、老挝、柬埔寨和缅甸，建成自贸区。自此，中国与东盟之间绝大多数产品已实行零关税、取消非关税措施，双方贸易实现总体自由化。

（三）"早期收获"方案主要内容

"早期收获"这一概念为中国与东盟国家所创，并多次被其他自贸协定借鉴。尽管当时中国与东盟还没有就全部货物的降税安排达成协议，但为了使双方尽早享受到自贸区的利益并加速推进自贸区建设，双方决定选择一些共同感兴趣、互补性强的产品，用较快速度和较大幅度提前进行降税，先行开放市场。依据"早期收获"，从 2004 年 1 月 1 日起对 500 多种产品（主要是《税则》第 1 章至第 8 章的农产品）实行降税，到 2006 年这些产品的关税降到 0。

（四）货物贸易协议

中国—东盟《货物贸易协议》包括 23 个条款及 3 个附件。其中最关键的第 3 条关

---

① 4 月 10 日至 12 日，中国—东盟自贸区 3.0 版第二轮谈判在泰国曼谷举行，中国、东盟 10 国主管部门和东盟秘书处官员出席会议。双方全面开启 3.0 版（就数字经济、绿色经济、货物贸易、投资、竞争和消费者保护等）各领域谈判。

税削减和取消，是相互间开放市场的体现。根据该协议，2005—2010 年，中国与东盟 6 个老成员国（文莱、印度尼西亚、马来西亚、菲律宾、新加坡和泰国）的绝大多数货物贸易实现"零关税"，达到自由化和便利化；与东盟 4 个新成员国（越南、柬埔寨、老挝、缅甸）实现"零关税"的时间放宽至 2015 年。东盟与中国在货物贸易领域的自由化安排由《框架协议》中的早期收获计划和《货物贸易协议》中的相关条款、减让表和原产地规则等有关附件共同组成。

(五)"早期收获"产品的降税模式

依据《框架协议》，"早期收获"产品范围为 HS 编码中第 1 章至第 8 章的农产品，同时考虑到一些东盟国家的实际情况，为体现对这些国家的照顾，双方也同意柬埔寨、老挝、菲律宾和越南提出部分例外产品，可不参加降税，但也不享受其他成员国对这些产品提供的优惠关税待遇。由于部分东盟国家前 8 章产品与中国的贸易量较小，贸易利益不完全平衡，为此也将前 8 章之外的一些产品列为"早期收获"产品，称为"特定产品"。

依据 2005 年税则，中国与东盟国家列入"早期收获"范围内的 HS8 位税目数接近 600 种，只有菲律宾与老挝提出了较少的税目数，分别为 214 种和 406 种。中国与文莱、印度尼西亚、马来西亚、新加坡、泰国 5 个东盟创始成员国的"早期收获"产品的税率于 2006 年 1 月 1 日降为 0。为体现对东盟新成员国的照顾，"早期收获"计划给予其更长的过渡期，越南于 2008 年取消全部相关产品关税，老挝和缅甸于 2009 年取消全部相关产品关税，柬埔寨则于 2010 年取消全部相关产品关税。

1. 正常产品的降税

对于中国和东盟创始成员国，自 2005 年 7 月开始降税，2010 年 1 月 1 日将关税最终削减为零，其间进行过两次降税。对于东盟新成员国，从 2005 年 7 月 1 日开始降税，至 2015 年将关税降为零，其中，还允许柬埔寨、老挝和缅甸在更长的时间内保持较高的关税。

2. 敏感产品的降税

敏感产品是各方提出要进行保护的产品，其最终税率可不为零。敏感产品受到税目数量和进口金额两个指标的限制，即数量不能超过一定税目，同时一方敏感产品所影响的进口额也不能超过该方进口总额的一定比例（见表 2-4），但协议对东盟新成员国做出了特殊安排。

表 2-4　中国与东盟各国的敏感产品税目和进口额上限

国家分类	敏感产品上限	高度敏感产品上限
中国和与东盟创始成员国	不超过 400 个 6 位税目，进口额不超过进口总额的 10%（以 2001 年数据为基础）	不应超过敏感类税目总数的 40% 或 100 个税目，以低者为限

续表

国家分类	敏感产品上限	高度敏感产品上限
柬埔寨、老挝和缅甸	不超过 500 个 6 位税目，不设进口额上限	不应超过敏感类税目总数的 40% 或 150 个税目，以低者为限
越南	2015 年 1 月 1 日削减至 20%，2020 年 1 月 1 日削减至 5% 以下	2018 年 1 月 1 日将高度敏感产品的关税削减至 50% 以下，但高度敏感产品的数量不应超过 150 个 6 位税目

资料来源：根据《东盟—中国货物贸易协议》整理。

(六) 原产地规则

中国—东盟自贸区的原产地规则以"增值标准"为基础。协议规定，若某一产品的 RVC（Regional Value Content，区域价值成分）不低于该产品总价值的 40%，则该产品可被认为是原产于中国—东盟自贸区的产品，在进出口贸易中享受 FTA 的优惠税率。同时，确定了原产地累积规则，适用于所有缔约国，可在各成员国累计 RVC。农产品依据国际惯例采用完全获得标准。此外，还确定了 460 多种特定产品：其中 6 种产品（羊毛等）不适用增值标准，采用税目改变标准；其余产品（纺织品等）采用选择性标准，可选择适用增值标准和税目改变标准，或选择适用增值标准和加工工序标准。协议规定，各方应提交由出口成员方指定并已按规定通知其他成员方的政府机构签发的原产地证书（FORM E），才可享受 FTA 优惠关税。2019 年 8 月，根据中国—东盟自贸区升级《议定书》授权达成的新的原产地规则生效，对原有规则进行了优化。

(七) 服务贸易协议

《服务贸易协议》于 2007 年签署，是规范中国与东盟服务贸易市场开放和处理服务贸易相关问题的法律文件。《服务贸易协议》采取"正面清单"（Positive List）方式，参照 WTO《服务贸易总协定》（GATS）的模式，包括定义和范围、义务和纪律、具体承诺、其他条款四个部分，共 33 个条款和 1 个附件，附件列出了中国与东盟 10 国的具体承诺减让表。

1. 市场准入

《服务贸易协议》规定，在确定的服务贸易范围内的市场准入，每一缔约方对任何其他方的服务和服务提供者给予的待遇，在条款、限制和条件方面不得低于其在具体承诺减让表中所同意和列明的内容。

2. 国民待遇

《服务贸易协议》规定，对于列入减让表的部门，在遵守其中所列任何条件和资格的前提下，每一缔约方在影响服务提供的所有措施方面给予任何其他方的服务和服务提供者的待遇，不得低于其给予本国同类服务和服务提供者的待遇。但具体承诺不得解释为，要求任何成员对由于有关服务或服务提供者的外国特性而产生的任何竞争劣势做出补偿。同时，给予的待遇可以在形式上相同或不相同。如果这种形式上相同或不同的待遇改变竞争条件，与任何其他缔约方的同类服务或服务提供者相比，有利于该缔约方的服务或服务提供者，则此类待遇应被视为较为不利的待遇。

（八）投资协议

1. 国民待遇和公平公正待遇

《投资协议》中规定了"国民待遇条款"，给予另一方投资者及其投资，在管理、经营、运营、维护、使用、销售、清算或此类投资其他形式的处置方面，不低于在同等条件下给予其本国投资者及其投资的待遇。这一条款能保证投资者受到公平公正的待遇。根据协议，能够享受国民待遇的投资主体为中国和东盟国家的投资者。投资涉及的范围，总体上是在东道国投入的各种资产，即仅给予投资者准入后国民待遇，而不涉及外资准入的国民待遇。东盟与中国在《投资协议》中还给予投资者公平公正待遇（fair and equitable treatment）和全面的保护和安全，但也只限于准入后待遇。

2. 最惠国待遇

最惠国待遇是指东道国给予外国投资者的待遇不低于其已经给予或者将要给予第三国投资者的待遇。《投资协议》第5条对自贸区内外国投资的最惠国待遇问题进行了规定，包括最惠国待遇适用的范围及例外情况。东盟和中国在协定中提出给予投资者准入前和准入后的最惠国待遇，即在准入、设立、获得、扩大、管理、经营、运营、维护、使用、清算、出售或对投资其他形式的处置方面给予投资者不低于其在同等条件下给予任何其他缔约方或第三国投资者及或其投资的待遇。

3. 透明度

在提升各方的透明度方面，《投资协议》规定各方应做到以下几点。

（1）发布在其境内关于或影响投资的所有相关法律、法规、政策和普遍使用的行政指南。

（2）及时并至少每年向其方通报显著影响其境内投资或本协议下承诺的任何新的法律或现有法律、法规、政策或行政指南的任何变化。

（3）建立或指定一个咨询点，他方的任何自然人、法人或任何人可要求并及时获取上述第1条和第2条要求公布的与措施相关的所有信息。

（4）至少每年一次通过东盟秘书处向他方通报该方作为缔约方的任何未来的给予任何优惠待遇的投资相关协议或安排。但协议的任何规定不得要求一方提供或允许接触机密信息，披露此类信息会阻碍法律实施、违背公共利益或损害特定法人、公众或私人的合法商业利益。

4. 投资促进与便利化

《投资协议》在强调投资保护的同时，也兼顾投资促进措施。其第 20 条规定，要采取一系列措施加强中国—东盟投资地区意识，如增加中国—东盟地区投资，组织投资促进活动，促进商贸配对活动，组织并支持机构举行形式多样的关于投资机遇和投资法律、法规和政策的发布会和研讨会，就与投资促进和便利化相关的其他问题开展信息交流等。

此外，缔约方应按照其法律法规，在中国和东盟间开展投资便利化合作，如为各类投资创造必要环境，简化投资适用和批准的手续，促进包括投资规则、法规、政策和程序的投资信息的发布，在各个东道方建立一站式投资中心，为商界提供包括便利营业执照和许可发放的支持与咨询服务等。

（九）争端解决机制

2004 年 11 月，中国与东盟签署《争端解决机制协议》，正式确定了双方争端解决的法律程序和机制。《争端解决机制协议》的签署和实施，使解决中国与东盟在经济合作领域发生的争端有法可依，为区内企业提供了良好的法律保障环境。《争端解决机制协议》包括 18 个条款及有关仲裁规则与程序的附件，是规范中国与东盟在自贸区框架下处理有关贸易争端的法律文件，其对争端适用的范围，磋商程序，调解或调停，仲裁庭的设立、职能、组成和程序，仲裁的执行，补偿和终止减让等问题做了一系列规定。

（十）中国—东盟自贸区升级版

1. 自贸区升级版启动原因

中国—东盟自贸区发展顺利，RCEP 谈判正式启动，双边贸易投资快速增长，互联互通合作顺利推进。中国—东盟合作不仅促进了双方各自的经济和社会发展，也为地区和平、稳定与繁荣做出了积极贡献。

2013 年 10 月，中国国务院总理李克强在出席第 16 次中国—东盟"10+1"会议期间，宣布将启动中国—东盟自贸区升级版谈判。2014 年 8 月，中国—东盟自贸区升级谈判正式启动。中国—东盟自贸区升级版除进一步削减非关税壁垒、优化原产地规则以外，还落实一批服务贸易承诺，从准入条件、人员往来等方面推动投资领域的实质性开放，进而将双边货物贸易关系转变为以商品、服务和投资为基础的综合合作关系。2015 年 11 月，中国政府与东盟 10 国政府正式签署《议定书》。

2016 年 7 月，中国和越南率先完成《议定书》国内生效程序，升级《议定书》正式生效。2019 年 8 月，印度尼西亚完成《议定书》国内生效程序，10 月，《议定书》对中国和东盟 10 国全面生效。

2.《议定书》主要内容

《议定书》包括序言、货物贸易、服务贸易、投资、经济技术合作、未来工作计划和最后条款等章节，还包括原产地规则、原产地规则操作程序、第三批服务贸易具体承诺减让表等附件。

（十一）中国和东盟各国签订的双边投资协定

在《投资协议》签署之前，中国陆续同东盟成员国签订双边投资协定，旨在促进和保护相互投资，对双方均有约束力。1985 年 3 月，中国与泰国签订《关于促进和保护投资协定》；1985 年 11 月，中国与新加坡签订《关于促进和保护投资协定》（2019 年 10 月废止）；1988 年 11 月，中国与马来西亚签订《关于相互鼓励和保护投资协定》；1992 年 7 月，中国与菲律宾签订《关于相互鼓励和保护投资协定》；1992 年 12 月，中国与越南签订《关于鼓励和相互保护投资协定》；1993 年 1 月，中国与老挝签订《关于鼓励和相互保护投资协定》；1994 年 11 月，中国与印度尼西亚签订《关于促进和保护投资协定》（2015 年 3 月废止）；1996 年 7 月，中国与柬埔寨签订《关于促进和保护投资协定》；2000 年 11 月，中国与文莱签订《关于鼓励和相互保护投资协定》；2001 年 12 月，中国与缅甸签订《关于鼓励、促进和保护投资协定》。此外，中国与新加坡于 2008 年 10 月和 2018 年 11 月签署的双边自贸协定及其升级协定也包含投资协议。

第二节　中国与东盟各国经贸合作

中国自 2009 年起连续十一年为东盟第一大货物贸易伙伴，东盟自 2011 年起连续八年位居中国第三大货物贸易伙伴的地位，于 2019 年成为中国第二大货物贸易伙伴，中国与东盟互为重要的投资来源地和目的地。近年来，双方不断推进共建"一带一路"倡议与东盟地区发展战略的深入对接，加快中国—东盟命运共同体建设，确立中国—东盟战略伙伴关系 2030 年愿景。

双方共同捍卫自由贸易、反对保护主义，推动中国—东盟自贸区升级版全面生效，推动 RCEP 整体谈判结束，大力开展经济技术合作和人力资源培训，加强数字经济、电子商务等新兴领域合作。2020 年，在中国—东盟自贸区全面建成十周年之际，东盟历史性地成为中国第一大货物贸易伙伴。

中国与东盟及其他域内国家已于 2020 年底签署 RCEP，并于 2022 年生效且实施，打造世界最大的自由贸易区。2020 年也是中国—东盟数字经济合作年，双方积极开展电子商务、人工智能、金融科技、5G 网络等领域合作，举行了一系列"云活动"。自 2013 年以来，中国向东盟共同体建设提供援助支持，与东盟在灾害管理、缩小发展差距、互联互通、自贸区建设等领域开展项目合作。双方人文交流紧密活跃，结成友好城市，互派留学生人数逐年增加，互为最主要的旅游目的地之一。

2020 年以来，新冠疫情肆虐全球，中国和东盟国家遭受巨大冲击。面对这一全球性危机，中国和东盟人民同舟共济、守望相助，相互给予最大限度的道义、物资和技术支持，协调政策与行动，稳定区域贸易投资，分享疫情防控信息，开辟人员往来绿色通道，共同抗击疫情并致力于复苏经济。

一、东盟各国与中国的双边合作概况①

（一）越南与中国

越南坚持共产党领导，坚持社会主义制度，国内政局和宏观经济保持稳定。1986 年以来，越南坚持革新开放，以发展经济为重心，加快融入国际。特别是在 2006 年 11 月加入 WTO 后，越南给予外资企业国民待遇，政府大力清理国内法律法规，力求与国际接轨。近年来，中越经贸合作稳步发展。

2021 年 9 月签署《关于成立中越贸易畅通工作组的谅解备忘录》。目前，两国政府有关部门正在制定关于共建"一带一路"倡议与"两廊一圈"规划战略对接的实施方案。据中国海关统计，2021 年中越双边货物贸易额达 2 302 亿美元，按美元计同比增长 19.7%，按人民币计同比增长 12%，约占中国与东盟贸易总额的四分之一。越南是中国在东盟的第一大贸易伙伴和全球的第六大贸易伙伴。据越方统计，2021 年越中双边货物贸易额为 1 659 亿美元。其中，越南对华出口额为 560 亿美元，同比增长 14.5%，自华进口额为 1 099 亿美元，同比增长 30.5%。中国是越南第一大贸易伙伴、第一大进口来源地和第二大出口目的地。据中国海关统计，2022 年中国与越南双边货物进出口额为 2 349.21 亿美元，相比 2021 年增长了 47.16 亿美元，同比增长 2.1%。

（二）马来西亚与中国

中马两国经贸战略依存度高，经贸合作规模大、基础深厚。在推进共建"一带一路"及国际产能合作过程中，马方率先响应，积极参与，成为"21 世纪海上丝绸之路"的重要节点国家。当前，中国企业与马方开展投资、承包工程、劳务合作的步伐加快，互利合作项目不断涌现，呈现出"旗舰引领、百舸争流、西马升级、东马拓展"的态势。双边贸易稳定发展。近年来，中马双边贸易额一直保持约 1 000 亿美元的规模。

中马"两国双园"是中国—东盟战略合作框架下的标志性项目，是由位于中国广西钦州的"中马钦州产业园"与位于马来西亚彭亨州关丹的"马中关丹产业园"以姊

---

① 相关信息与数据源自中华人民共和国商务部亚洲司。http://yzs.mofcom.gov.cn/guobie.shtml（2021/3/20）.

妹工业园形式开展的双边经贸合作项目。10 年来，"两国双园"项目以建设跨境国际产能合作示范区，带动两国产业集群式发展为目标，结合当地资源和产业发展情况，立足中国—东盟，面向亚太地区，打造特色产业，有效地推进了双边各领域全方位合作。

据中国海关统计，2022 年中国与马来西亚双边货物进出口额约 2 035.9 亿美元，相比 2021 年增长了 267.86 亿美元，同比增长 15.3%。2021 年中马双边货物进出口额 1 768 亿美元，同比增长 34.5%。中国对马出口额为 787.4 亿美元，同比增长 39.9%；自马进口额为 980.6 亿美元，同比增长 30.4%。中国连续 13 年成为马来西亚最大贸易伙伴国，同时也是其第一大进口来源地及第一大出口目的地。2021 年，马来西亚对中国出口增长主要源于电气及电子产品、棕榈油、橡胶制品以及农渔产品。中马贸易在新冠疫情中强劲反弹，进出口均以两位数增长，这是中马两国贸易的一大亮点。

（三）泰国与中国

为增强国家竞争力，泰国政府于 2016 年正式提出"泰国 4.0"战略和"东部经济走廊"发展规划，同时推进建设南部经济走廊和打造 10 大边境经济特区，不断推出新的经济政策和举措，为外商投资营造良好的投资合作大环境。此外，泰国政府还积极响应共建"一带一路"倡议，主动将国家发展战略与澜湄合作、"南向通道"等区域合作对接，开展与中国的友好合作。泰国的发展规划及战略与中国推动的共建"一带一路"和国际产能合作战略高度契合，中资企业在泰国的发展面临新的历史机遇。

泰国也已签署并核准了 RCEP，该协定已于 2022 年 1 月 1 日正式生效。根据中国海关统计，2022 年中国与泰国双边货物进出口额为 1 349.98 亿美元，相比 2021 年增长了 38.18 亿美元，同比增长 3%；中国对泰国出口商品总值为 784.80 亿美元，相比 2021 年增长了 91.12 亿美元，同比增长 13.4%；中国自泰国进口商品总值为 565.18 亿美元，相比 2021 年减少了 52.94 亿美元，同比下降 8.6%。截至目前，泰国未发布其与服务贸易伙伴间的数据，但从服务贸易项目进出口状况来看，其伙伴主要是东盟、欧盟、美国、日本、中国、韩国等。

（四）新加坡与中国

早在 1990 年建交之前，中新企业就已经开展了密切的经贸交往与合作。近年来，在两国领导人的高度重视和亲自引领下，中新双方政治互信巩固，务实合作成果丰硕，互为重要贸易投资伙伴。2015 年，中国国家主席习近平对新加坡进行国事访问，两国确定了与时俱进的全方位合作伙伴关系，有力地促进了双向投资的拓展和提升，新加坡已成为中国的第一大新增外资来源国和第二大对外投资目的国。

2019 年 10 月，《中新自贸协定升级议定书》正式生效，除对原协定的原产地规则、海关程序与贸易便利化、贸易救济、服务贸易、投资、经济合作等6个领域进行升级以外，还新增了电子商务、竞争政策和环境等3个领域。据新加坡官方统计，2021年中国仍然是新加坡第一大贸易伙伴、第一大出口市场和第一大进口来源地。

据中国商务部统计，2022年中国与新加坡双边货物进出口额为1 151.26亿美元，相比2021年增长了210.70亿美元，同比增长22.8%。中国对新加坡出口商品总值为811.68亿美元，相比2021年增长了259.03亿美元，同比增长47.8%；中国自新加坡进口商品总值为339.58亿美元，相比2021年减少了48.33亿美元，同比下降12.5%。

（五）印度尼西亚与中国

中国和印度尼西亚自1990年恢复外交关系以来，经贸合作全面发展，尤其是近年来中印尼贸易、投资和工程承包等领域合作发展迅猛。印度尼西亚是"21世纪海上丝绸之路"首倡之地，2013年10月，中国国家主席习近平在印度尼西亚首次提出共建"21世纪海上丝绸之路"，中国和印度尼西亚双边关系提升至全面战略伙伴关系。投资已成为双边经贸合作的最大亮点。中国在印度尼西亚对外经贸关系中占有重要地位，近年来双边投资贸易合作呈快速上升的趋势。中国—东盟自贸区已于2010年1月1日全面启动，2016年7月，中国—东盟自贸区升级版议定书正式生效，双边贸易投资自由化和便利化程度进一步提高，中印尼经贸关系发展面临着历史性机遇。

2013年起，中国已经连续9年保持印度尼西亚最大贸易伙伴地位。据印度尼西亚方统计，中印尼贸易额占2021年印度尼西亚贸易总额的25.72%。中国已连续12年保持印度尼西亚最大进口来源地的地位。2021年自中国进口额占印度尼西亚进口总额的28.66%。中国连续6年成为印度尼西亚最大的出口目的地国。2021年，印度尼西亚对中国出口额占其出口总额的23.23%。2022年中国与印度尼西亚双边货物进出口额为1 490.88亿美元，相比2021年增长了246.54亿美元，同比增长19.8%。

（六）菲律宾与中国

自2016年10月菲律宾时任总统杜特尔特访华以来，中菲关系经历了转圜、巩固、提升三个阶段，目前呈现全面向好的积极态势，两国高层交往和各层级、各领域交流日益密切，睦邻友好与互尊互信的共识不断增强，人文交流蓬勃发展。中菲经济互补性强，两国政府都有发展经济、消除贫困、造福人民的相同愿望。在高层引领下，中菲双方加强"一带一路"建设与"大建特建"基础设施建设计划对接，双边经贸合作蓬勃发展，已经成为双边关系的三大支柱之一，"压舱石"和"推进器"作用进一步显现，双方在农业、能源、制造业、基础设施建设、旅游等领域的务实合作前景广阔，空间巨大。2019年，菲律宾时任总统杜特尔特两次访华，副总理胡春华正式访问菲律宾，中菲关系保持稳步向好发展态势，双边经贸合作再上新台阶①。中国连续多年为菲律宾最大贸易伙伴和进口来源地，2021 年跃升为菲律宾第二大出口目的地。

据中国商务部统计，2022 年中国与菲律宾双边货物进出口额为 877.26 亿美元，相比 2021 年增长了 56.74 亿美元，同比增长 7.1%。中国对菲律宾出口商品总值为 646.79 亿美元，相比 2021 年增长了 73.65 亿美元，同比增长 13.2%；中国自菲律宾进口商品总值为 230.46 亿美元，相比 2021 年减少了 16.91 亿美元，同比下降 6.9%。

（七）缅甸与中国

中缅两国山水相连，胞波情谊源远流长。中国是缅甸第一大贸易伙伴、最大的进口来源国以及最大的出口市场，同时也是缅甸第二大投资来源国，双边经贸合作互补性强，市场潜力广阔。中资企业在基础设施建设、电力能源、通信、纺织制衣、餐饮、农业等领域积极同缅开展务实合作。

在共建"一带一路"倡议下，中缅以政策沟通、设施联通、贸易畅通、资金融通、民心相通为着力点，先后签署政府间推进共建"一带一路"建设谅解备忘录和共建"人字形"中缅经济走廊谅解备忘录，在电力、能源、交通基础设施、中缅边境经济合作区、皎漂经济特区等领域务实开展合作并取得进展。在过去几十年里，缅甸对外贸易主要用美元、英镑、瑞士法郎、日元以及欧元进行结算。2019 年 1 月 30 日，缅甸中央银行发布 2019 年第 4 号令，批准将人民币和日元纳入其合法的国际结算货币。2021 年 10 月，缅甸宣布允许境内持外币结算牌照、兑换牌照的银行和非银行货币兑换机构兑换人民币。2021 年 12 月，缅甸将人民币纳入合法结算货币。缅甸主要与东盟成员国、东亚国家、部分欧洲国家和非洲国家开展贸易，与邻国的贸易占缅甸外贸总额的 90%。缅甸中央统计局最新数据显示，中国为缅甸第一大贸易伙伴。位居前 5 位的贸易伙伴依次为中国、泰国、新加坡、日本和印度。

据中国商务部统计，2022 年中国与缅甸双边货物进出口额为 251.09 亿美元，相比 2021 年增长了 64.92 亿美元，同比增长 34.9%。中国对缅甸出口商品总值为 136.16 亿美元，相比 2021 年增长了 30.79 亿美元，同比增长 29.9%；中国自缅甸进口商品总值为 114.93 亿美元，相比 2021 年同期增长了 34.13 亿美元，同比增长 41.5%。

（八）柬埔寨与中国

2016 年中国国家主席习近平访柬之行将两国全面战略合作伙伴关系推上新的历史高度。2017 年柬首相洪森出席"一带一路"国际合作高峰论坛并正式访华，双方就全面推进共建"一带一路"合作、深化产能与投资合作达成重要共识。2018 年 1 月，时

---

① 2020 年对外投资合作国别（地区）指南。

任总理李克强成功访柬，为中柬关系发展注入了新的强大动力。2019 年 4 月，中柬两国签订构建命运共同体行动计划。中柬自贸协定谈判于 2020 年达成一致。中国提出的共建"一带一路"倡议与柬埔寨"四角战略"以及《2015—2025 工业发展计划》高度契合，柬埔寨政府及社会各界对积极参与共建"一带一路"倡议有着高度共识。双方在经贸投资、互联互通、能源资源等重点领域合作潜力巨大。

2020 年 10 月 12 日，时任商务部部长钟山和柬埔寨商业大臣潘索萨分别在北京和金边代表中柬两国政府，通过视频正式签署协定。2022 年 1 月 1 日，该协定正式生效实施。

据中国商务部统计，2022 年中国与柬埔寨双边货物进出口额为 160.23 亿美元，相比 2021 年增长了 23.54 亿美元，同比增长 17.5%。中国对柬埔寨出口商品总值为 141.84 亿美元，相比 2021 年增长了 26.16 亿美元，同比增长 23%；中国自柬埔寨进口商品总值为 18.39 亿美元，相比 2021 年减少了 2.62 亿美元，同比下降 12.5%。

（九）老挝与中国

2009 年 9 月，中老两国关系提升为全面战略合作伙伴关系，2017 年 11 月 13 日至 14 日，中共中央总书记、国家主席习近平应邀对老挝进行国事访问。中国国家主席习近平同老挝人民革命党中央委员会总书记、国家主席本扬·沃拉吉进行会谈并共同见证了两国 17 份合作文件的签署，双方发表了《中老联合声明》。此次访问取得圆满成功，进一步巩固了中老传统友谊，推动长期稳定的中老全面战略合作伙伴关系迈上新台阶，具有重要里程碑意义。

2019 年 4 月，老挝人民革命党中央委员会总书记、国家主席本扬·沃拉吉出席第二届"一带一路"国际合作高峰论坛并对华进行国事访问，在此期间，两国领导人签署《中国共产党和老挝人民革命党关于构建中老命运共同体行动计划》，为中老关系长远发展提供指引和遵循，共同开启中老关系新时代。近年来，随着中老两国经济快速发展，双方经贸合作成绩显著，中资企业对老挝投资迈出可喜步伐，一批有实力的中资企业进入老挝市场，投资领域不断扩大，投资方式呈现多样化。主要投资领域包括基建、矿产、水电、农林、房地产、园区开发和酒店业等。

据中国商务部统计，2022 年中国与老挝双边货物进出口额为 56.82 亿美元，相比 2021 年增长了 13.37 亿美元，同比增长 31%。中国对老挝出口商品总值为 23.40 亿美元，相比 2021 年增长了 6.71 亿美元，同比增长 40.9%；中国自老挝进口商品总值为 33.42 亿美元，相比 2021 年增长了 6.66 亿美元，同比增长 24.9%。

（十）文莱与中国

中文两国自 1991 年建交以来，一直保持着良好的政治、经济关系。2018 年，中国国家主席习近平成功访问文莱，两国元首共同见证《"一带一路"合作规划》等双边合作文件的签署，两国发表《联合声明》，将两国关系提升为战略合作伙伴关系。2020年4月，文莱苏丹出席在北京举行的第二届"一带一路"国际合作高峰论坛，两国元首就发展中文关系达成重要共识，两国关系步入历史最好时期，为两国经贸合作营造良好氛围。

文莱是"21世纪海上丝绸之路"的重要组成部分，是中国共建"一带一路"的重要伙伴，其"2035宏愿"与共建"一带一路"倡议高度契合，中文两国在农业、渔业、旅游、基础设施互联互通等领域极具合作潜力。

据中国海关统计，2022年中文两国贸易额达30.8亿美元，同比增长7.5%，再创历史新高。其中，我国对文出口8.3亿美元，同比增长30.4%；自文进口22.5亿美元，同比增加1%。这是中文贸易额继2021年首次突破20亿美元大关后，乘势续破30亿美元大关，接连创下历史新高，中文共建"一带一路"重点项目为此作出了重要贡献。

二、中国与东盟的贸易概况①

据中国海关统计，2022年1—12月，中国与东南亚联盟国家（包括文莱、缅甸、柬埔寨、印度尼西亚、老挝、马来西亚、菲律宾、新加坡、泰国、越南）进出口额为65 153.22亿元人民币，同比增长15%，东盟连续两年是中国第一大货物贸易伙伴，中国也连续13年保持东盟第一大贸易伙伴地位。其中，出口额为37 906.52亿元人民币（约5 570亿美元），同比增长21.7%，进口额为27 246.7亿元人民币（约4 000亿美元），同比增长6.8%。顺差约1万亿元人民币，约1 500亿美元（6.8美元汇率）。双方贸易额为9 753亿美元，贸易额同比增长11.2%，比2013年的4 436亿美元扩大了1.2倍，也就是说十年间扩大了1.2倍。（见表2-5）。

2022年，中国和东盟双边贸易（按美元统计）有以下特点②。

一是RCEP生效使产业链合作更加紧密。RCEP的签定使区域内各国经贸往来更加密切。东盟是中国在RCEP的重要贸易伙伴，2022年中国对东盟进出口额占对其他RCEP成员国进出口额的50.3%。中国对东盟进出口的中间产品4.36万亿元，增长16.2%，占中国与东盟进出口总值的67%。

二是设施互联互通持续强化，随着西部陆海新通道建设的扎实推进，中国与东盟货物进出通道更加便捷，其中铁路运输增长比较迅速。2022年，中国对东盟以铁路、水路、航空为运输方式的进出口额分别增长了197.6%、26.7%和15.5%。2021年底中老铁路建成通车，为中国与相关国家进一步深化经贸合作提供了新动力。2022年，中

---

① 相关信息与数据源自于中华人民共和国商务部亚洲司（双边合作简介）。http://yzs.mofcom.gov.cn/guobie.shtml（2021/3/20）

② 参考来源：中国驻东盟使团经济商务处。

国与东盟通过铁路运输的货物中，经过中老铁路运输的比重跃升到44.7%，对中国与东盟之间以铁路为运输方式的进出口额增长的贡献率超过60%。

三是农产品合作加深与规模扩大，持续优化农产品等重点产品的检疫准入程序，越南的鲜食榴梿、柬埔寨的龙眼、老挝的百香果等多种农产品获得我国新增检疫准入。2022年，我国自东盟进口农产品2 468.6亿元，同比增长21.3%，占同期我国农产品进口值的15.7%，较上年提升了1.4个百分点（见表2-6、表2-7、表2-8、表2-9）。

表2-5　2020年1—12月中国与东盟国家（地区）贸易统计

（单位：亿美元）

国家	进出口		出口		进口	
	金额	同比（%）	金额	同比（%）	金额	同比（%）
东盟	6 846.0	6.7	3 837.2	6.7	3 008.8	6.6
越南	1 922.8	18.7	1 138.1	16.3	784.7	22.4
马来西亚	1 311.6	5.7	564.3	8.2	747.3	3.9
泰国	986.3	7.5	505.3	10.8	481.0	4.2
新加坡	890.9	−1.0	575.4	5.0	315.5	−10.5
印度尼西亚	783.7	−1.7	410.0	−10.2	373.7	9.5
菲律宾	611.5	0.3	418.4	2.6	193.1	−4.4
缅甸	188.9	1.0	125.5	1.9	63.4	−0.7
柬埔寨	95.6	1.4	80.6	0.9	15.0	3.7
老挝	35.5	−9.2	14.9	−15.2	20.6	−4.3
文莱	19.1	72.5	4.7	−28.3	14.4	217.1
东帝汶	1.91	14.4	1.9	33.2	0.01	−95.1

资料来源：中国商务部。

表2-6　2019年东盟对中国货物贸易出口数据

（单位：美元）

国家	进出口总额	出口总额	第一季度	第二季度	第三季度	第四季度
东盟	507 855 399 044	202 464 844 607	43 922 159 962	47 718 906 145	53 122 959 140	57 700 819 360
文莱	1 101 144 138	429 095 790	64 480 102	69 512 676	37 880 620	257 222 393
柬埔寨	8 542 922 750	1 015 184 004	194 633 462	276 697 997	283 527 982	260 324 563
印度尼西亚	72 784 683 666	27 876 747 450	5 753 926 475	6 475 287 098	7 541 857 459	8 105 676 418
老挝	3 353 322 720	1 672 284 906	406 364 610	385 221 751	460 904 409	419 794 136

国家	进出口总额	出口总额	第一季度	第二季度	第三季度	第四季度
马来西亚	76 062 352 610	33 690 412 076	7 626 244 238	7 939 171 948	8 569 951 279	9 555 044 611
缅甸	12 157 833 186	5 712 672 637	1 537 695 866	1 484 551 295	996 520 729	1 693 904 747
菲律宾	36 570 809 519	9 814 427 518	2 117 660 267	2 633 728 757	2 692 337 039	2 370 701 455
新加坡	100 730 908 000	51 655 901 305	12 008 857 341	12 290 542 792	13 347 918 857	14 008 582 315
泰国	79 531 022 676	29 163 880 861	6 693 947 034	7 089 401 373	7 561 975 304	7 818 557 149
越南	117 020 399 779	41 434 238 059	7 518 350 566	9 074 790 457	11 630 085 464	13 211 011 572

资料来源：东盟秘书处。

表 2-7 2019 年东盟对中国货物贸易进口数据

（单位：美元）

国家	进出口总额	出口总额	第一季度	第二季度	第三季度	第四季度
东盟	507 855 399 044	305 390 554 437	69 783 943 356	75 770 608 280	77 838 359 026	81 997 643 775
文莱	1 101 144 138	672 048 347	248 056 573	147 434 548	102 667 135	173 890 091
柬埔寨	8 542 922 750	7 527 738 745	1 603 003 034	2 012 371 010	1 900 341 855	2 012 022 846
印度尼西亚	72 784 683 666	44 907 936 216	10 507 191 081	10 297 200 785	11 777 451 149	12 326 093 201
老挝	3 353 322 720	1 681 037 814	364 390 743	442 976 285	336 744 915	536 925 871
马来西亚	76 062 352 610	42 371 940 534	9 971 472 948	10 559 162 872	10 697 959 489	11 143 345 226
缅甸	12 157 833 186	6 445 160 549	1 497 596 417	1 684 840 693	1 630 499 363	1 632 224 076
菲律宾	36 570 809 519	26 756 382 001	6 042 082 559	6777920248	7201683353	6734695841
新加坡	100 730 908 000	49 075 006 695	11 731 195 309	11 923 403 190	11 792 358 953	13 628 049 243
泰国	79 531 022 676	50 367 141 815	11 585 230 659	12 484 847 275	12 609 376 151	13 687 687 731
越南	117 020 399 779	75 586 161 720	16 233 724 034	19 440 451 375	19 789 276 664	20 122 709 647

资料来源：东盟秘书处。

表 2-8 2018 年东盟 10 国服务贸易进出口数据

（单位：百万美元）

国家	进出口总额	出口额	进口额
文莱	2 149.10	570.6	1 578.50
柬埔寨	8 495.37	5 451.24	3 044.13
印度尼西亚	63 073.21	28 002.54	35 070.67
老挝	2 075.57	921.43	1 154.14
马来西亚	84 721.92	40 164.46	44 557.46

续表

国家	进出口总额	出口额	进口额
缅甸	8 147.00	4 690.40	3 456.60
菲律宾	64 444.55	37 468.75	26 975.80
新加坡	366 645.10	182 499.96	184 145.13
泰国	136 504.97	81 331.35	55 173.62
越南	42 365.83	23 754.83	18 611.00
东盟	778 622.61	404 855.56	373 767.05

资料来源：东盟秘书处。

表 2-9 2013—2018 年东盟对中国投资数据

（单位：百万美元）

东道国	来源国	2013	2014	2015	2016	2017	2018
文莱	中国						2.28
柬埔寨	中国	286.75	553.89	537.68	501.54	618.10	798.24
印度尼西亚	中国	590.78	1 068.21	323.54	354.77	1 993.77	2 142.50
老挝	中国		614.26	665.09	709.98	1 313.62	1 044.92
马来西亚	中国	94.16	302.21	323.56	1 407.77	1 588.04	176.99
缅甸	中国	792.60	70.54	52.44	205.48	554.37	467.35
菲律宾	中国	6.00	46.61	59.02	16.91	28.79	198.68
新加坡	中国	2 507.90	4 167.80	3 991.30	4 371.80	6 679.00	3 761.50
泰国	中国	938.86	−221.35	238.12	1071.91	78.91	517.76
越南	中国	948.16	209.56	381.01	969.44	852.02	1 077.26
东盟	中国	6 165.21	6 811.74	6 571.77	9 609.60	13 706.63	10 187.47

资料来源：东盟秘书处。

三、中国与东盟的合作机制

中国与东盟 10 国都有外交关系，并在经贸合作方面建立了各种双边合作机制。

（一）中国—东盟领导人会议

领导人会议就中国—东盟关系的发展作出战略规划和指导。自 1997 年以来已举行 17 次中国—东盟领导人会议（第 17 次领导人会议于 2014 年 11 月 13 日在缅甸内比都举行）。

（二）部长级会议

中国和东盟已建立外交、商务、文化、交通、海关署长、总检察长、卫生、电信、新闻、质检和打击跨国犯罪 11 个部长级会议机制。

（三）高官会

通常在部长级会议前将召开高官会，为部长会做准备。高官会由中国和东盟相关机构的高官出席。例如，到 2015 年 4 月，中国—东盟高官磋商已举行 20 次，中国和东盟国家外交部高官以及东盟秘书处代表与会。中国—东盟高官磋商旨在回顾和展望中国—东盟关系，为中国—东盟外长会做准备。

（四）中国—东盟联合合作委员会

会议每年举行一次，东盟常驻代表委员会和中国驻东盟大使出席。联合合作委员会旨在推动中国和东盟各领域务实合作。截至 2015 年 4 月，中国—东盟联合合作委员会已举行 15 次会议。

四、中国与东盟的对话机制

中国与东盟自 1991 年开始对话。双方政治互信明显增强，经贸合作成效显著，其他领域合作不断拓展和深化，中国—东盟关系充满活力。

（一）政治合作

中国于 2003 年作为域外大国率先加入《东南亚友好合作条约》，与东盟建立面向和平与繁荣的战略伙伴关系。双方建立较为完善的对话合作机制，主要包括领导人会议、12 个部长级会议机制和 5 个工作层对话合作机制。2009 年，中国设立驻东盟大使。2002 年，中国与东盟国家签署《南海各方行为宣言》，就和平解决争议、共同维护地区稳定、开展南海合作达成共识。2011 年就落实《南海各方行为宣言》后续行动指针达成一致，为开展南海务实合作铺平道路。2012 年 8 月，中国驻东盟使团成立。2013 年 10 月，第 16 次中国—东盟领导人会议发表《纪念中国—东盟建立战略伙伴关系 10 周年联合声明》。

（二）经贸合作

中国—东盟经贸合作机制主要包括中国—东盟经贸部长会议、中国—东盟经济高官会、中国—东盟自贸区联委会、中国—东盟互联互通合作委员会，全面讨论双方经贸合作中的重点问题与未来方向。2019 年 9 月，第 18 次中国—东盟经贸部长会议在曼谷举行，2020 年 8 月，第 19 次中国—东盟经贸部长会议在北京以视频形式举行。双方一致同意继续加强抗疫和经贸合作，深化共建"一带一路"合作，加强共建"一带一路"倡议，与《东盟互联互通总体规划（2025）》等东盟发展规划对接，推动澜湄跨境经济合作和中国—东盟增长区合作等次区域合作取得更多实效。2020 年 7 月，中国—东盟自由贸易区联合委员会第 13 次会议通过视频的方式举行，就应对新冠疫情的贸易投资合作、解决自贸区实施问题、减少互相之间贸易障碍、推动下一步工作规划等议题进行讨论。中国—东盟互联互通合作委员会致力于落实双方领导人关于促进中国与东盟互联互通合作的有关共识和倡议，迄今已召开 3 次会议。

（三）具体合作领域

中国与东盟确定了农业、信息产业、人力资源开发、相互投资、湄公河流域开发、交通、能源、文化、旅游、公共卫生和环保 11 大重点合作领域。在执法、青年交流、非传统安全等其他 20 多个领域也开展了广泛合作。中国与东盟签署了农业、信息通信、非传统安全、大湄公河次区域信息高速公路、交通、文化、卫生与植物卫生、新闻媒体、知识产权、东盟东部增长区、建立中国—东盟中心等 10 余个合作谅解备忘录和合作框架。2011 年 12 月，中国—东盟中心正式成立。双方设立了中国—东盟合作基金、中国—东盟公共卫生合作基金、中国—东盟海上合作基金。

（四）国际和地区事务合作

近年来，中国与东盟在国际和地区事务中的协调与配合进一步加强。中国始终支持东盟在东亚合作进程中发挥主导作用，双方共同推动东盟与中日韩（"10+3"）合作、东亚峰会、东盟地区论坛、亚洲合作对话、亚太经合组织、亚欧会议、上海合作组织、东亚—拉美合作论坛等区域和跨区域合作机制的健康发展。

五、中国—东盟博览会

中国—东盟博览会及商务与投资峰会自 2004 年起每年在广西南宁举行，成为中国与东盟国家经济往来的重要平台。中国—东盟博览会是由中国和东盟 10 国经贸主管部门及东盟秘书处共同主办，广西壮族自治区人民政府承办的国家级、国际性经贸交流盛会。博览会以促进中国—东盟自由贸易区建设、共享合作与发展机遇为宗旨，涵盖商品贸易、投资合作和服务贸易三大内容，以展览为中心，同时开展多领域多层次的交流活动。中国—东盟博览会秘书处是中国—东盟博览会的常设工作机构。第 20 届中国—东盟博览会于 2023 年 9 月 16—19 日在广西南宁举行，主题为"和合共生建家园，命运与共向未来"。

六、中国—东盟中心

中国—东盟中心是一个政府间国际组织，旨在促进中国和东盟在贸易、投资、旅游、教育和文化领域的合作，中心总部设在北京。2009 年第 12 次中国—东盟领导人会议期间，中国政府与东盟 10 国政府签署了《中华人民共和国政府和东南亚国家联盟成员国政府关于建立中国—东盟中心的谅解备忘录》。缔约各方据此建立中国—东盟中心。

本章小结

2003 年 10 月，中国作为域外大国第一个加入《东南亚友好合作条约》，并与东盟建立战略伙伴关系。2009 年起，中国连续 11 年为东盟第一大贸易伙伴，东盟自 2011 年开始，连续 8 年保持中国第三大贸易伙伴地位，并于 2019 年超越美国成为中国第二大贸易伙伴。

中国与东盟早在 2020 年 2 月初即率先举行应对新冠疫情的"10+1"外长特别会议，之后举行"10+3"领导人特别会议，先后发表《中国—东盟经贸部长关于抗击新冠肺炎疫情加强自贸合作的联合声明》《东盟与中日韩经贸部长关于缓解新冠肺炎疫情对经济影响的联合声明》，有力维护了多边主义与自由贸易，实现双边贸易投资的逆势增长，为全球合作作出表率，为稳定全球经贸信心、推动经济早日复苏注入了强心剂。

面向未来，中国—东盟经贸关系将更加密切，必将迎来更多发展机遇和更广阔合作空间，在疫情后的全球经济复苏中发挥重要作用。东盟是亲密的近邻、朋友和伙伴。双方将进一步拓展思路、凝聚共识，积极寻求新增长点，打造高水平中国—东盟经贸合作，为打造中国—东盟命运共同体发挥积极作用。

关键名词或概念

1. 中国—东盟自由贸易区（CAFTA）及其升级版
2. 中国东盟博览会（CAEXPO）和贸易与投资峰会

思考题

1. 中国—东盟自贸区协定及其升级版对东盟有何意义？

2. 中国—东盟自贸区"早期收获"的主要内容是什么？

3. 东盟各国与中国经贸往来的变动情况与成果如何？

4. 共建"一带一路"对中国与东盟经贸合作有什么影响？

第三章

东盟与十大对话伙伴

◀ ◀ ◀

本章导读

东盟目前有十大对话伙伴（CER），即中国、欧盟、俄罗斯、美国、加拿大、印度、韩国、日本、澳大利亚、新西兰。东盟强化与这些对话伙伴的经贸合作，通过自由贸易区的形式使彼此经贸合作更加紧密，其目标是促进东盟和CER之间更大的贸易和投资流动。本章重点介绍除中国以外的9个东盟对话伙伴。由此可以了解东盟在国际区域经济合作中的贸易、投资、自贸区动态与发展趋势。

学习目标

本章重点要求学生掌握东盟在国际区域经济合作中的动向，同时个别分析东盟与欧盟、北美、东亚主要国家和区域经济组织的贸易、投资、自贸区合作情况，对东盟的经济贸易有更全面的了解。

东盟在经济关系上有10个比较密切的对话伙伴（CER），分别是中国、欧盟、俄罗斯、美国、加拿大、印度、韩国、日本、澳大利亚和新西兰。如果把东盟作为地区归类，那么东盟自由贸易区与对话伙伴之间的"比较密切的经济伙伴关系"（CEP）对东盟而言，是第一个跨地区的约定。

AFTA—CER的目标是，在东盟和对话伙伴之间进行更大的贸易和投资，主要包括消除贸易的技术性壁垒和非关税壁垒；增进和推动海关建设、能力建设；促成电子商务和中小企业（SMES）等方面的合作。2008年12月正式生效的《东盟宪章》明确规定，东盟共同体将由东盟经济共同体、东盟安全共同体和东盟社会文化共同体组成。建成东盟共同体之后，东盟将拥有一个目标、一个身份和一个声音，共同应对未来的挑战。2008 年底，中国、美国、澳大利亚、新西兰、日本等国，已向东盟秘书处派出或宣布派出大使级代表。东盟与中国已在前文专门介绍，这里分别介绍其他 9 个 CER。

第一节　东盟与欧盟和俄罗斯

一、东盟与欧盟

（一）合作概况

1. 背景

1977 年欧盟成为东盟的对话伙伴，1980 年 3 月 7 日签署的《东盟与欧洲经济共同体合作协议》是双边关系机制化的标志。此次升级使欧盟成为东盟的第八个战略伙伴，该协议有力地推动了双边经济合作的发展进程，建立了联合合作委员会（JCC）。2007年召开的第 16 届东盟—欧盟部长级会议通过了《纽伦堡宣言》，双方释放了推进更紧密合作的信号。2012 年 7 月，欧盟加入《东南亚友好合作条约》，成为加入该条约的首个区域组织，这是双边关系密切的又一里程碑。

与欧盟关系升级是东盟拓展自身战略空间、应对本地区加剧的大国竞争的战略需要。新加坡东南亚研究所 2020 年最新民调显示，超过六成的东南亚国家受访者希望通过增强地区韧性和团结、寻求与第三方合作、拓展自身的战略空间来应对中美战略竞争。东盟不想在中美竞争中选边站，希望通过寻求与第三方合作来维护地区的稳定与繁荣。

2022 年 12 月 14 日，东盟和欧盟在比利时首都布鲁塞尔召开了双方建立关系 45 周年纪念峰会。本次会议是召集了双方大多数成员国领导人的首次全面峰会，欧洲理事会主席米歇尔和东盟 2022 年轮值主席国柬埔寨首相洪森共同担任主持角色。体现了双方希望在国际变局中扮演更重要的角色、"不选边"的意愿和政策选择。

2. 制度框架

欧盟与东盟开展了一系列磋商会议，包括东盟地区论坛、东盟—欧盟部长会议（AEMM）、东盟—欧盟经济部长会议、东盟—欧盟高级官员会议、后部长会议（PMC）"9+1""9+10"和联合合作委员会会议。这些会议为欧盟和东盟评估当前影响双方关系的政治、安全、经济和发展合作问题提供了机会。东盟—布鲁塞尔委员会、东盟—波恩委员会、东盟—伦敦委员会和东盟—巴黎委员会也有助于进行和保持与欧盟的对话。

2022 年 12 月 14 日在布鲁塞尔举行的纪念欧盟与东盟建立外交关系 45 周年峰会上，37 国元首和政府首脑及欧盟领导人希望欧盟和东盟进一步发展战略伙伴关系、更密切的贸易联系、能源转型合作和共同的安全政策。

（二）经贸合作

1. 贸易与投资

到 2000 年，欧盟已成为东盟的第二大出口市场和仅次于美、日的第三大贸易伙伴。2000 年，欧盟、日本和美国对东南亚国家的直接投资金额分别占东南亚国家当年吸收外国直接投资总额的 16.7%、23.6% 和 3.2%。迄今，东盟—欧盟贸易投资关系仍呈现蓬勃发展态势。

2011 年，首届东盟—欧盟商务峰会在印度尼西亚举行，以推进双边商务往来及企业与政府对话为主旨，双方就农产品、服务业、机动车、医疗与基建等 5 个领域的合作进行了探讨。欧盟不仅是东盟最大的投资来源地，还是东盟第二大贸易伙伴，东盟则是欧盟第五大贸易伙伴，双边贸易额在过去 20 年增长了 10 倍。据统计，2011 年欧盟与东盟的贸易额达 2 348 亿美元，同比增长 12.6%。其中，欧盟对东盟的直接投资增长 7.2%，为 182 亿美元。

2012 年，欧盟—东盟工商峰会在柬埔寨举行。2012 年，欧盟为东盟的第三大贸易伙伴，同时在对东盟直接投资方面继续保持第一的地位。每年约有 700 万欧洲游客到东盟国家旅游。据统计，2012 年双方年货物贸易额已达 1600 亿欧元，欧盟对东盟货物贸易占东盟货物贸易总额的比重超过 10%；欧盟对东盟服务贸易占东盟服务贸易总额的比重更高，达 13%。

2013 年，双方的双向贸易总额达 2 426 亿美元，占东盟贸易总额的 9.8%。东盟出口欧盟 1 240 亿美元，占地区总出口额的 13%。欧盟对东盟的投资总额达 233 亿美元，占东盟吸引外资总额的 22%，欧盟成为东盟的最大投资伙伴。

2014 年，双边贸易额达到 2 482 亿美元，比 2013 年上涨 0.8%。2014 年，欧盟直接对东盟投资达到 290 亿美元，同比增长 30.5%。欧盟是东盟第二大贸易伙伴，而东盟是欧盟除中国和美国以外的第三大贸易伙伴。

2015 年，东盟—欧盟双边贸易额达 2 190 亿美元，欧盟对东盟投资总额达 293 亿美元，占外国对东盟直接投资总额的 21.5%。2015 年，欧盟仍是东盟的第二大贸易伙伴和最大投资来源地。2019 年双边贸易额达 2 806 亿美元，同时欧盟还是东盟第三大外国直接投资来源地，2019 年欧盟对东盟总投资为 162 亿美元。欧盟和东盟于 2020 年建立战略伙伴关系，2021 年双边贸易额超过 2 800 亿欧元，互为第三大贸易伙伴，2022 年欧盟委员会宣布在该地区投资 100 亿欧元。

2. FTA 合作

进入 21 世纪，双方关系重新正常化，并出现新的发展势头。2003 年，欧盟发表《与东南亚的新型伙伴关系》报告。同年，欧盟提出"跨地区欧盟—东盟贸易启动计划"（Trans-Regional EU-ASEAN Trade Initiative，TREATI），这实际上就是双边自由贸易区谈判的信号。

2007 年 4 月，欧盟各成员国正式授权欧盟委员会与印度、韩国和东盟进行自由贸易协议谈判。欧盟与东盟首轮自由贸易区（AEFTA）的谈判于当年 7 月 19 日至 20 日在越南岘港市举行。2007 年 11 月 22 日，双方在欧盟与东盟建立对话关系 30 周年纪念峰会上发表联合宣言。该宣言提出要强化跨欧盟—东盟地区贸易启动计划和欧盟—东盟对话机制（Regional EU-ASEAN Dialogue Instrument，READI），以推进双方在更广阔的领域进行交流与合作。

但是，欧盟在与东盟的经贸合作中仍然存在一些障碍。欧盟往往坚持其在民主政治、人权、劳工待遇标准、可持续发展等方面的主张，而东盟认为这些属于国家的内政，这导致双方政府间的制度性合作一直落后于实际市场的经贸联系发展。FTA 谈判未能达成协议，主要是因为缅甸的人权问题。现在，双方打算以东盟整体为 FTA 的谈判对象来克服上述问题。另外，非关税壁垒逐渐成为双方在贸易与投资方面的主要障碍。欧盟的非关税壁垒主要表现在各种技术标准要求（包括卫生、检疫、环境、劳工和社会标准等）方面。东盟的非关税壁垒主要表现在手续缺乏透明性、制度缺乏可预见性和透明性、烦琐的海关手续和标准等方面，此外还包括一些"传统"的非关税壁垒，如配额、非自动进口许可证等。2008 年，缅甸大选之后，欧盟与东盟加快了自贸区的谈判进程。

2010 年，第 18 届欧盟和东盟部长级会议在西班牙举行，会议最后文件中表示将建立全面政治伙伴关系。据报道，在 2007 年至 2013 年，欧盟给东盟的援助为 7 000 万欧元，给东盟各个国家的援助资金总额达 13 亿欧元。这些资金主要用于促进社会发展和消除贫困。欧盟和东盟互为第三大贸易伙伴。欧盟是东盟的最大投资方，其投资占东盟外资总额的 26%。本次会议是在欧盟和东盟建立双边关系 30 周年之际举行的，也是在欧盟《里斯本条约》生效后首次举行的双边会议。

2013 年 3 月 8 日至 9 日，第 19 届东盟经济部长非正式会议及第 3 次东盟—欧盟商业峰会在越南举行。会议就东盟—欧盟自贸区谈判等相关问题进行讨论。在东盟成员国中，新加坡和马来西亚已与欧盟建立了自贸区，越南正在与欧盟进行自贸区谈判。双方在会上签署了 2013—2014 年贸易和投资合作计划。

2014 年，第 20 届东盟—欧盟外长会议在比利时举行。与会各方一致同意于 2015 年后尽早恢复东盟与欧盟 FTA 的谈判。欧盟已建立与东盟在区域内的互联互通。欧盟承诺增加向东盟提供的开发援助资金，从 2007—2013 年的 7 000 万欧元增至 2014—2020 年的 1.7 亿欧元；集中有效展开落实 2013—2017 年阶段加强东盟与欧盟伙伴关系的《纽伦堡宣言》（Nuremberg）的行动计划。

2015 年，东盟—欧盟第 13 次贸易磋商会议在马来西亚举行。2015 年 5 月，欧盟委员会发表题为《欧盟与东盟：战略意义的伙伴关系》的公报。提出将欧盟—东盟关系提升到下一个级别的具体理念，希望借此机会使双方各部门间的合作更为紧密。欧盟还将加大对东盟一体化进程的财政支持，支持力度有望达到 1.7 亿欧元。欧盟和东盟还将在非传统安全领域（海事安全、灾难与危机应急管理、跨国犯罪等方面）采取一系列全新的举措。2015 年 12 月，欧盟与越南签订的自贸区协议生效。

2016 年 3 月召开的第 22 届东盟经济部长非正式会议及系列会议、东盟经济部长和欧委会贸易委员代表举行的磋商会上，双方再次强调了加强经济合作，以进一步深化两个地区的经济关系的承诺，特别是重申了要加强合作、尽早达成东盟—欧盟自贸协定的承诺。欧盟与越南、新加坡签署了自由贸易协定，与印度尼西亚、泰国开展自由贸易协定谈判。

2019 年《欧日经济伙伴关系协定》生效，作为东盟的战略伙伴，欧盟面临提升与亚洲国家在政治安全、经贸和人文各领域参与度的重要机遇。2020 年 12 月 9 日，欧盟高级代表首次应邀参加了第 14 届东盟国防部长系列会议，在国防合作以及应对非传统安全挑战方面与亚洲国家开展对话。

40 多年来，东盟—欧盟关系呈现良好的发展态势，取得了丰硕成果。2021 年，东盟是欧盟第三大贸易伙伴，欧盟是东盟第三大贸易伙伴，双边贸易总额达 2 689 亿美元。欧盟是东盟第二大外商直接投资来源地，投资总额达 265 亿美元。双方一致同意在坚持国际法、平等合作、互利共赢的基础上，特别推动经贸合作、稳定供应链、坚持建立东盟—欧盟自由贸易协定（FTA）的目标，通过落实《2020 年互联互通联合声明》和《东盟—欧盟全面航空运输协定》加强互联互通，双方将在海上安全合作、支持提高卫生能力、数字化转型、灾害管理、环境保护、应对气候变化、能源转型、生物多样性、打击非法捕鱼等方面加强合作。

二、东盟与俄罗斯

（一）合作概况

1. 背景

深化与东盟的合作是俄罗斯亚洲外交政策的优先方面之一。近年来，俄罗斯一直努力发展与东盟的合作关系，并积极参加该组织的各种会议。1994 年，俄罗斯加入东盟地区论坛。1996 年，俄罗斯正式成为东盟的对话伙伴国。2004 年 7 月初，俄外长在印度尼西亚首都雅加达出席了东盟地区论坛外交部长会议后，又飞赴老挝首都万象参加东盟首脑会议。在万象会议期间，俄外长签署了关于俄罗斯成为《东南亚友好合作条约》成员的文件。俄罗斯国家杜马（议会下院）和联邦委员会（议会上院）于 2004 年 7 月相继批准总统普京提交的俄成为《东南亚友好合作条约》成员的法案，7 月 27 日总统普京签署了俄加入该条约的联邦法律。共同打击国际恐怖主义是俄罗斯与东盟国家合作的重要内容之一。俄与东盟还商定就成立俄罗斯—东盟反恐工作小组问题进行讨论。

2. 首届东盟—俄罗斯领导人会议

2005 年 10 月双边签署《东盟与俄罗斯经济发展合作协议》。首届东盟与俄罗斯领导人会议于 2005 年 12 月 13 日在吉隆坡举行。作为本届峰会的具体成果，东盟 10 国领导人与俄罗斯总统普京签署了一份关于《关于发展全面伙伴关系的联合宣言》和推动双边合作的行动计划，决定今后每年定期举行此类会议，继续在各领域发展多边合作。东盟和俄罗斯领导人在联合宣言中承诺，将在政治、安全、经济和社会发展等领域进一步发展多边合作。2018 年在新加坡举行东盟—俄罗斯领导人会议通过联合声明，同意把双方关系由对话伙伴关系升级为战略伙伴关系。

3. 进展

自 2008 年国际金融危机以来，国际局势出现深刻变化，中国崛起速度加快，美国和欧盟相对衰落，俄罗斯遭受西方严厉制裁，国家间力量对比正在发生巨大变化，大国在加紧战略布局，争夺战略新机遇。亚太地区是全球经济最具活力和增长潜力的地区，东盟作为具有重要政治经济影响力的区域一体化组织，成为大国在亚太地区争抢战略先机的重要对象。除中国共建"一带一路"倡议、美国"印太战略"以外，俄罗斯也对东盟给予了前所未有的关注，将其纳入了大欧亚伙伴关系（Greater Eurasian Partnership）框架。

普京于 2016 年提出了"俄罗斯版应对世界性变化新战略"[1] ——大欧亚伙伴关系计划，其覆盖范围从"大欧洲"（Greater Europe）扩大到"大欧亚"（Greater Eurasia）[2]，试图将俄罗斯打造成欧亚政治经济秩序的塑造者。

2018 年 11 月东亚峰会在新加坡举行，时任美国总统特朗普缺席，而俄罗斯总统普京却参加了东亚峰会及随后举行的第三届俄罗斯—东盟峰会。这次峰会通过了联合声明，同意将双方关系由对话伙伴关系升级为战略伙伴关系。双方还将在应对传统和非传统安全挑战方面加强合作，包括应对伴随信息通信技术快速发展出现的安全挑战等。双方还将在能源、数字联通、技术创新、智库、人文交流、环境及气候变化等多个领域进一步开展合作。

双方对东盟与欧亚经济委员会签署合作备忘录表示欢迎。双方还表示东盟与俄罗斯计划在多个多边合作框架下发展伙伴关系，包括东亚峰会、东盟地区论坛、东盟防

---

① 李永全：《大欧亚伙伴关系与"一带一路"》，《俄罗斯学刊》2018 年第 4 期，第 7 页。

② 在俄罗斯，"大欧亚"一词最早出现于 2015 年，由瓦尔代俱乐部和俄罗斯高等经济学院的学者们提出。提出者之一谢尔盖·卡拉加诺夫（Карагaнов С. А.）认为，"大欧亚"是基于信任和普遍安全愿望的欧亚大陆国家间关系构想。它被定义为"向新的地缘政治空间——发展、合作、和平与安全的泛欧亚空间的推进，旨在克服'冷战'时期遗留下来的分裂，防止出现新的分裂，并调整伙伴关系参与者之间的分歧和摩擦"，其中"大欧亚大伙伴关系"计划是"大欧亚"构想的一部分。

长扩大会以及上海合作组织等。

(二) 经贸合作

1. 贸易与投资

随着俄罗斯与东盟的关系走向正常化，双方的经贸合作也在不断加强。俄罗斯与东盟国家的贸易额 1994 年仅为 6.5 亿美元，2003 年升至 35 亿美元。2008 年金融危机后，东盟领导人相继访俄，探讨东盟及其成员国如何与俄罗斯进行互惠互利合作，全面发展关系。俄罗斯已由东盟的"协商伙伴国"升级为"全面对话伙伴国"，其与东盟一些国家的关系大幅改善。东盟与俄罗斯的经济关系也由过去的以向俄罗斯购买武器为主逐步扩展到其他领域。

2008 年 7 月 21 日，在新加坡召开的东盟成员国外长会议结束后，东盟与俄罗斯发表了联合公报。公报表示，双方赞成实施俄罗斯与东盟 2015 年前发展合作行动整体计划路线图。这份文件明确了加强俄罗斯与东盟联系的具体措施，涉及能源和能源安全、科技、自然灾难后果消除和旅游业等领域。

2015 年，第 4 次东盟与俄罗斯经济部长磋商会在马来西亚吉隆坡举行。双边对加强东盟与俄罗斯经济关系所采取的各项措施表示欢迎，对双边贸易增长表示满意。2005 年首届俄罗斯—东盟峰会召开以来的 10 年时间里，双边贸易额增长了 4 倍。2014 年双边贸易额达 225 亿美元，同比增长 13%，其中东盟对俄罗斯出口额达 54 亿美元，同比增长 3.3%。俄罗斯同时是东盟第八大贸易伙伴。为进一步深化东盟与俄罗斯的经济关系，各国部长已通过 2015 年之后东盟与俄罗斯经贸与投资合作工作计划。

2016 年，俄罗斯总统普京提出了建立包括欧亚经济联盟、上海合作组织和东盟在内的大欧亚伙伴关系倡议。同年，第二届俄罗斯—东盟峰会明确指出将研究在欧亚经济联盟和东盟之间建立自由贸易区。2018 年举行的第三届俄罗斯—东盟峰会再次声明加强欧亚经济联盟与东盟、上海合作组织间的"一体化整合"[①]。

2023 年 8 月，在印度尼西亚召开的第 55 届东盟各国经济部长会议，鼓励东盟与俄罗斯双方加强在农业、能源转型、数字化转型、科技创新（STI）和应对气候变化等战略领域的合作。据东盟方面的初步统计数据，2022 年，东盟与俄罗斯双向贸易额达 155 亿美元，而引进双边外国直接投资总金额将达 1.599 亿美元，较 2021 年同期增长了 401.2%。

2. FTA 合作

2014 年乌克兰危机以来，美国和欧盟对俄罗斯连续实施了多轮制裁，到目前为止，

---

① 2015 年普京在联合国第 70 届大会的演讲中表示："与排他性政策相反，俄罗斯提出在基于普遍透明的国际贸易原则的基础上协调区域经济项目，即所谓的一体化的整合。" http://www.kremlin.ru/events/president/news/50385.

这种对抗并未出现好转的迹象。同时，由于国际油价下跌、卢布贬值等，俄罗斯国内经济和社会发展出现巨大困难，迫使其不得不加速"转向东方"，寻找新的经济增长点。而东盟是亚太地区具有重要经济影响力和发展潜力的一体化组织，与东盟发展经贸伙伴关系自然成为俄罗斯大欧亚伙伴关系计划的重要内容。由俄罗斯主导的"欧亚经济联盟"在 2015 年与越南签署了自贸区协定，越南将成为俄罗斯在亚太地区的首个自贸伙伴。这将促进俄罗斯与东盟的经贸合作。

2016 年 5 月，第二届俄罗斯—东盟峰会通过了《索契宣言》，其中强调，为加强能源安全，将研究双方在油、气、电力、民用核能等领域的合作机会。2018 年欧亚经济委员会最高理事会（Supreme Eurasian Economic Council）通过的《欧亚经济联盟国际活动的主要方向》表明，快速融入亚太经济一体化进程已成为欧亚经济联盟发展对外合作战略的优先方向之一。

在贸易领域，越南是世界上第一个与欧亚经济联盟建立自贸区的国家。从 2018 年欧亚经济联盟与东盟各成员国间的贸易情况来看，越南占欧亚经济联盟从东盟进口总额的 24.75%，占出口总额的 34.86%[①]，越南是欧亚经济联盟在东盟最大的贸易合作伙伴国。俄罗斯之所以选择与越南建立自贸区，主要是其认为该行为"没有太大风险，政治关系好，并且有一定的经济利益"。[②] 同时，俄罗斯也希望以此为示范来推动与东盟其他成员国自贸协定的谈判和签署。

2018 年，在普京访问印度尼西亚期间，印度尼西亚总统佐科（Joko Widodo）希望加快与欧亚经济联盟的自贸区谈判。[③] 在投资领域，俄罗斯希望在印度尼西亚能源和运输等领域的大型工程项目建设方面发挥重要作用。其中，能源领域是双方发展投资合作的优先方向，印度尼西亚表达了与俄罗斯扩大石油和天然气生产加工领域合作的意向。例如，2016 年俄罗斯国家石油公司和印度尼西亚国家石油公司签署了框架合作协议，包括研究在石油和石油制品、物流和基础设施领域开展联合项目等内容。

2019 年 10 月 1 日，新加坡与欧亚经济联盟正式签署自贸区协定，成为继越南之后第二个与欧亚经济联盟签署自贸协定的国家[④]。相较于欧亚经济联盟与越南的自贸协定，该协定不仅货物贸易还包括投资和服务贸易。俄罗斯希望在高科技产品、交通基础设施建设、城市安全综合管理和旅游等领域加强与新加坡的合作，借鉴新加坡在经济现代化方面的先进经验，推动其参与俄罗斯远东地区的开发，包括吸引新加坡樟宜国际机场集团参与符拉迪沃斯托克国际机场的建设和管理工作。新加坡则希望在海运、食品加工、物流运输、电子产品、航空燃料和液化天然气供应等领域加强与俄罗斯的合作。

---

① 参见欧亚经济委员会网站。http://www.eurasiancommission.org/.

② 乌克兰危机爆发后，西方国家与俄罗斯关系恶化，将欧亚经济联盟视为俄罗斯主导下的"一个新政治帝国计划"。正是俄罗斯与越南间良好的政治关系推动了欧亚经济联盟与越南自贸协定的签署。

③ https://eurasia.expert/indoneziya-khochet-uskorit-sozdanie-zony-svobodnoy-torgovli-s-eaes/.

④ http://www.eurasiancommission.org/ru/nae/news/Pages/01.10.2019-2.aspx.

2019 年 11 月，欧亚经济委员会（Eurasian Economic Commission）与东盟签署了经济合作备忘录并批准了《欧亚经济委员会与东盟 2020 合作纲要》，此举被认为是在大欧亚伙伴关系框 架下迈出的重要一步[①]。欧亚经济联盟是一个自由贸易集团，包括亚美尼亚、白俄罗斯、哈萨克斯坦、吉尔吉斯斯坦和俄罗斯，覆盖了从东欧边界到中国西部的欧亚大陆北部。由于受到西方发达国家的制裁，俄罗斯的对外贸易日益受到限制，欧亚经济联盟对俄罗斯来说具有额外的意义。2022 年，亚美尼亚、白俄罗斯、哈萨克斯坦和吉尔吉斯斯坦对其他欧亚联盟成员国的出口额增加了 98 亿美元，同比增长 40%，其中俄罗斯进口占绝大多数，总值 95 亿美元，这对较小的欧亚联盟国家来说是个好消息，因为其出口大幅增长。

欧洲经济共同体和印度尼西亚之间的谈判于 2023 年 3 月进行。欧洲经济共同体贸易部长 Andrey Slepnev 表示，印度尼西亚对与欧亚经济联盟的谈判轨道非常感兴趣。印度尼西亚是一个拥有 2.74 亿人口的市场，国内生产总值超过 1 万亿美元。其是东盟自由贸易集团的成员，该集团还包括柬埔寨、老挝、马来西亚、缅甸、菲律宾、新加坡、泰国和越南。欧亚经济联盟已经与越南签署了自由贸易协定。东盟还与中国、印度和 RCEP 国家集团签订了自由贸易协定。

第二节　东盟与日本、韩国和印度

一、东盟与日本

（一）合作概况

1. 背景

从 20 世纪 50 年代开始，日本与东南亚国家就有了较密切的经济合作关系。到 1976 年东盟成立时，东南亚各国与日本已经建立了相当密切的经济关系。20 世纪 80 年代末至 90 年代初，在东南亚地区出现相对安全的国际政治环境，但由于苏联解体使美苏争霸失去了平衡点，东南亚国家担心美国势力在东南亚过分扩张，需要将日本作为平衡美国势力的重要力量，于是东南亚国家与日本的经济合作关系更进一步，进入了一个新的发展阶段。

2. 发展

2002 年 1 月，日本和新加坡签署自由贸易协定。2002 年 11 月，日本与东盟签署《全面经济伙伴关系联合宣言》，标志着日本与东盟之间搭建的加深经贸合作的框架大

[①]　https://www.kommersant.ru/doc/4148496.

致成形。2003 年 10 月，日本—东盟自由贸易区（JAFTA）的进程正式启动。从此，东南亚国家与日本的经济关系达到前所未有的密切程度。2013 年 12 月日本与东盟庆祝双边关系建立 40 周年之后，安倍首相于 2014 年 11 月中旬重申了日本增进与东盟关系的决心，强调要落实双方在《东盟—日本友好合作愿景声明》以及《东盟—日本纪念首脑会议联合声明》中所达成的一系列共识。

2015 年 6 月 22—24 日，日本与东盟 10 国高级官员在柬埔寨首都金边举行会议。会议的主要目的是探索双方新的合作机遇，以便拟定日本—东盟未来 5 到 10 年的合作方向。在 2015 年 11 月 22 日举行的第 18 次东盟—日本峰会上，日本首相安倍晋三称日本是亚洲的"最佳伙伴"，对东盟大打"亲情牌"。近年来，日本政府开发援助（ODA）投入最多的两个东盟国家是越南和缅甸。

2023 年 9 月 6 日东盟—中国/韩国/日本（"10+1"）领导人会议与第 26 次东盟—日本领导人会议通过东盟—日本全面战略伙伴关系建立联合声明，在建交 50 周年纪念之际标志着双方新发展的里程碑。各方承诺将密切配合，于 2023 年 12 月在日本首都东京举行东盟—日本纪念峰会。

（二）经贸合作

1. 贸易与投资

2004 年日本超过美国成为东盟最大的贸易伙伴，双边贸易额达 1 359 亿美元。双边贸易额为 2 408 亿美元。2012 年，东盟与日本的贸易额达到 19.8 万亿日元，占日本贸易总额的 14.8%。日本对东盟的投资额比 2011 年增加了一倍，达到 1.5 万亿日元，超过了日本对华的 1.1 万亿日元投资额。日本对印度尼西亚、新加坡、泰国和越南的投资额也达到历史新高。

根据日本贸易振兴机构（JETRO）发布的数据，2013 年日本对外直接投资较 2012 年增长 10.4%，达 1 350 亿美元，时隔 5 年创出了历史新高。约 99% 的日本企业对东盟的投资集中在印度尼西亚、越南、新加坡、泰国、菲律宾和马来西亚 6 国。而 2014 年 1 月至 6 月，日本对以上 6 国以外的东盟国家的投资也已扩大至约 80 亿日元，相当于上年同期的 2.4 倍。

2014 年，东盟与日本双边贸易额达到 2 291 亿美元，占东盟贸易总额的 9.1%。日本对东盟的直接投资为 134 亿美元，占其他国家对东盟直接投资总流入的 9.8%。日本仍为外商对东盟直接投资的第二大来源，居欧盟之后。为了支持贸易、投资和旅游业，东盟—日本在 1981 年 5 月建立了贸易、投资和旅游的东盟促进中心。位于东京的东盟促进中心对促进出口、增加双方的投资和旅游流量具有举足轻重的作用。东盟还是日本最主要的旅游目的地。

2001 年，日本对外援助总额达 75 亿美元，其中援助东盟的数额为 21 亿美元，占总额的 28.3%，而对中国的援助额仅占 9.2%。2001 年，东盟共接受外来援助 35 亿美元，其中 60.1%来自日本。而后，日本加大了对东盟新加入者的经济援助力度。1993 年以来，越南所接受的外来援助，每年有半数以上来自日本。

据日本财政部 2019 年统计数据，东盟是日本第三大贸易伙伴。2019 年日本对东盟商品出口金额达 115 800 亿日元，日本从东盟进口额达 117 600 亿日元，此外东盟也是许多日本企业的重要市场。日本外务省表示新的协议将进一步促进日本与东盟之间贸易投资关系，同时促进双边合作。

双方的双边贸易额在近年来强劲增长，2021 年，双边贸易额达 2 402 亿美元，较 2020 年增长 17.2%，并超过疫情之前的水平。2021 年，引进东盟的日本外资总额达 120 亿美元，较 2020 年增长 3.5%。截至 2022 年底，东盟—日本合作取得多项结果。双边贸易金额达 2 685 亿美元，同比增长 11.2%。日本对东盟投资总额为 267 亿美元，同比增长 27.7%。

面向未来，双方同意促进贸易投资往来，保持生产链和供应链，有效展开《东盟—日本全面经济伙伴关系协定》（AJCEP）和 RCEP，加大打击恐怖袭击和跨国犯罪、海洋安全、自然灾害管理、人文交流、青年、创新创意、数字转型、电动车生态系统、能源、应对气候变化、清洁能源转型、绿色增长等领域合作力度。

（三）FTA 合作

为了顺应经济一体化的潮流，日本积极参与东盟双边自由贸易区的谈判。2003 年的日本经济产业发表研究报告显示，如果日本与东盟达成自由贸易协定，日本的 GDP 可以增加 1.1 兆日元，并创造出 15 万至 26 万个就业机会。2003 年 10 月，日本—东盟自由贸易区的进程正式启动。日本—东盟自由贸易区的建立具有重要而深远的意义。

由于日本—东盟自由贸易区属于南北合作型的区域一体化形式，各国相互间的经济互补性强，有利于发挥各自的比较优势，提高区内资源配置的效率，形成规模经济效应。一项研究报告显示，建立日本—东盟自由贸易区，东盟对日本的出口预计会增长 44.2%，而日本对东盟的出口将增长 27.5%。同时，它将为东盟和日本的国内生产总值增长分别贡献 1.99%和 0.07%。

"根据双方 2002 年 11 月 5 日签署的《日本—东盟各国首脑关于框架性经济连携的宣言》和 2003 年 10 月 8 日签署的《关于日本—东盟框架性经济连携的基本内容》，日本和东盟要进一步加强经济连携。"为实施 2003 年 10 月 7 日签署的《第二次东盟协和宣言》，促进东盟 2020 年远景目标的实现，根据 2002 年 10 月日本—东盟协议会《关于河内行动计划的建议》，日本全力支持东盟在"东盟安全保障共同体、东盟经济共同体和东盟社会·文化共同体的基础上建立东盟共同体"。东盟欢迎日本参加东南亚友好条约。2005 年 12 月，第 9 届东盟与日本领导人会议发表关于深化和扩大东盟日本战略伙伴关系联合声明，日本答应提供 7 000 万美元作为东盟发展基金和东盟—日本合作基金，以促进东盟一体化进程。

2007 年 11 月，日本与东盟成员国领导人在新加坡会晤，签署日本与东盟的自由贸易协议，有关各国议会审议通过后，于 2008 年 4 月正式生效。这是日本与区域性经济组织达成的第 1 个自由贸易协议。根据协议，文莱、印度尼西亚、马来西亚、菲律宾、新加坡和泰国 6 个东盟成员国将在协议生效后 10 年内逐步取消 90%（按价值和种类计）的日本进口产品关税，越南将在 15 年内逐步取消 90% 的日本进口产品关税，柬埔寨、缅甸和老挝将在 18 年内逐步取消 85% 的日本进口产品关税。截至 2013 年底，日本还与 7 个东盟国家分别签订了 FTA 协定。

2020 年 8 月 1 日《东盟—日本全面经济伙伴关系协定》作为第一份议定书，在日本以及老挝、缅甸、新加坡、泰国和越南等东盟 5 国正式生效。日本与东盟各成员国于 2005 年开始启动谈判。于 2008 年生效的该协议主要聚集于货物贸易。这是日本签署的首项多边自由贸易协定。双方于 2010 年开始修正该协定谈判，并于 2017 年达成部长级协议。

2023 年，日本对外贸易组织（JETRO）和其他机构签署了一份谅解备忘录，以支持启动新的创业项目。另一项协议要求日本政府下属的贸易保险组织和 MUFG 银行为东盟成员国的去碳化努力提供投资和贷款。日本经济产业大臣西村康稔说："东盟正显示出显著的增长，而日本拥有先进的技术，利用两者的优势，共同创造一个基于信任的未来，是他们应该争取的方向。"

二、东盟与韩国

（一）合作概况

1. 背景

韩国与东盟于 1989 年 11 月首次建立了部门之间的对话，合作领域为贸易、投资、旅游；随后扩展到了科技、人力资源、环境等领域。为推动双边合作，韩国与东盟之间建立了两项基金：韩国—东盟特殊合作基金（Special Cooperation Fund，SCF）、韩国—东盟面向未来合作计划基金（Future Oriented Cooperation Program Fund，OCP）。在这些基金中，韩国贡献了较大的比例。如早在 2001 年 11 月时，韩国就向特殊合作基金提供了 1 676 万美元，向面向未来合作计划基金提供了 500 万美元。由此，双方的交流与合作得到了全面的发展，合作领域由经济逐渐扩大至政治和安全领域。

韩国与东盟的合作和中、日与东盟的合作几乎同时起步，但因地理位置等问题，发展不如中国和日本迅速。近年来，韩国提出要加大与东盟的合作力度，在东亚地区发挥更大的沟通和桥梁作用。在韩国与东盟第 9 届首脑会议上，双方签署了《东盟—

韩国经济合作框架协定》及《关于落实东盟与韩国全面合作伙伴关系联合宣言的行动计划》。时任东盟轮值主席巴达维表示，这两项文件将进一步推动东盟与韩国经贸关系的发展，并为双边关系的发展奠定更加坚实的基础。马来西亚对韩国在促进东盟"10+3"进程中所发挥的积极作用表示赞赏，希望韩国继续支持作为东亚一体化进程主要动力的"10+3"机制。

2. 成果

2019 年 11 月 26 日，韩国—东盟特别峰会在韩国釜山落幕。与会领导人旗帜鲜明地反对贸易保护主义，支持维护自由贸易秩序，韩国及东盟 10 国领导人和高级官员参会，发表"韩国—东盟和平繁荣与伙伴关系联合愿景声明"以及"特别峰会联合主席声明"。与会领导人表达了对 RCEP 的期待。联合主席声明表示，欢迎包括东盟 10 国和韩国在内的 15 个 RCEP 参与国今年 11 月 4 日在曼谷完成协议文本谈判，并将共同努力，争取在 2020 年签署协议。

韩国总统尹锡悦 2023 年 9 月 6 日出席第 24 届韩国—东盟首脑峰会并表示，很高兴在过去一年里，"韩国与东盟连带构想"共归纳出了八项重点课题，合作范围也随之扩大。"韩国与东盟连带构想"是在印度—太平洋战略框架下，专门针对核心合作伙伴——东盟的地区政策。

（二）经贸合作

1. 贸易与投资

2004 年 11 月，双方签署《东盟与韩国全面合作伙伴关系联合宣言》，并制定行动计划。在 2002—2004 年，双边货物贸易以年均 12.9% 的速度增长，2004 年双边贸易额为 403 亿美元，比上年增长 20.4%，韩国仍是东盟第五大贸易伙伴，东盟是韩国第 4 大出口市场。韩国也是东盟主要的资金来源，2004 年从韩国流入东盟的资金为 8.96 亿美元，比上年增长了 42%。

2008 年是东盟—韩国建立对话伙伴关系 20 周年。韩国在东盟一体化倡议项目中起着重要作用。韩国提供给韩国—东盟合作基金的金额由 300 万美元增加到 500 万美元。除了 2009 年 4 月的东盟—韩国峰会，双方还于 2009 年 6 月在韩国召开东盟—韩国纪念峰会以纪念东盟—韩国 20 年伙伴关系。2009 年 3 月 13 日，位于韩国首尔的东盟—韩国中心正式启用。东盟与韩国在 2007 年举办的第 11 届东盟韩国峰会上就设立东盟—韩国中心签署了谅解备忘录。东盟—韩国中心是一个政府间的组织，目的是推动双边贸易、加快投资流动、促进旅游业以及加强文化交流。

2010 年，韩国和东盟建立战略伙伴关系，之后双方在政治、安全领域的合作得到了全面深化。双边在经济领域的合作也取得了丰硕成果。2013 年双方贸易规模达到1 353 亿美元（出口为 820 亿美元，进口为 533 亿美元），东盟已成为仅次于中国（2 289

亿美元）的韩国第二大贸易伙伴。韩国企业对东盟地区的海外直接投资规模达 38 亿美元，仅次于对中国的投资规模。

韩国和东盟 2005 年签署自由贸易协定基本协定，2006 年和 2007 年分别签署 FTA 商品协定和 FTA 服务协定，2009 年还签署了 FTA 投资协定。到 2014 年双边确立对话关系 25 周年时，双边贸易额已达 1 382 亿美元，较 1989 年的 82 亿美元增加了近 16 倍。双边领导人同意在 2020 年之前将双边贸易额推高到 2 000 亿美元。

东盟国家中，新加坡是韩国的最大贸易伙伴国，两国 2013 年的贸易额达 326 亿美元，其次是越南、印度尼西亚和马来西亚。外资方面，韩国对东盟的直接投资从 1989 年的 2 亿美元，上升到 2014 年的 40 亿美元。

2014 年，在第 2 次韩国—东盟特别峰会上发表《关于东盟与韩国战略伙伴关系发展愿景的联合声明》，并提出具体的方向和措施，旨在进一步推动双方关系朝着深广方向发展，一致同意在政治安全、经济、文化社会等方面加强合作。东盟—韩国行动计划（2011—2015 年）的行政报告显示，若全球经济继续增长，东盟—韩国在 2020 年要达到双边贸易总额 2 000 亿美元的目标。2015 年，双方签署了东盟—韩国自贸协定商品协定修订议定书。2015 年，韩国还批准了与越南签订的自贸区协议。

2019 年 11 月 25 日韩国—东盟特别峰会在釜山开幕，韩国欲全面提升与东盟的关系，韩国总统文在寅当天在领导人峰会发表主旨演讲指出，目前东盟已经成为仅次于中国的韩国第二大贸易伙伴，东盟和韩国在经济上正在迅速接近。目前双边贸易规模已经增加到 1 600 亿美元，相互投资额每年也超过 100 亿美元。东盟是韩国的第二大贸易伙伴和第三大投资对象，韩国是东盟第五大贸易伙伴。政府间合作的范围也在不断扩大，从外交、通商、贸易、投资扩展到基础设施、文化、国防和环境等方面。韩国和东盟已经超越了朋友关系，发展成为"一起成长的共同体"。

2023 年 5 月第 27 次东盟与韩国对话会上，东盟欢迎韩国—东盟团结倡议（KASI），以在双方之间建立强大和实质性的战略伙伴关系为基础，期待以八项核心行动计划为共同利益而实施这一倡议，赞赏韩国计划到 2027 年将其对东盟相关合作基金的贡献增加到每年 4 800 万美元，作为韩国—东盟团结倡议的一部分。

2. FTA 合作

韩国与东盟于 2003 年 10 月决定开展有关签订双边自由贸易协定的民间研究。根据韩国专家计算，如果中国—东盟自由贸易区建成，韩国 GDP 会降低 0.18%；如果日本与东盟建立自由贸易区，韩国 GDP 会降低 0.2%。韩国—东盟自由贸易区建成后将使韩国 GDP 提高 0.64%，贸易账户差额增加 50 亿~60 亿美元。2004 年，双方专家就建立自由贸易区进行了可行性研究。2005 年，东盟与韩国完成了签订自由贸易协定的双边谈判。2005 年 12 月，签署《东盟—韩国经济合作框架协定》以及关于落实《东盟与韩国全面合作伙伴关系联合宣言》的行动计划。

2005 年 12 月 13 日东盟—韩国峰会期间，韩国和东盟各国的经济部长还签署了《东盟和韩国争端解决机制协议》。2006 年 8 月 26 日，东盟（泰国除外）和韩国的经济部长在吉隆坡签署了《东盟和韩国全面经济合作框架协议中的货物贸易协议》。2007 年 6 月该协定正式生效。根据东盟—韩国自由贸易区时间表，到 2010 年会废除 90% 的产品关税，到 2015 年实现零关税，同时对柬、老、缅、越给予特殊照顾。双方还决定在能源安全、开发、储备以及信息技术、计算机扶贫、中小型企业、人员交流、反恐等方面加强合作。韩国还与新加坡签订了自由贸易协定，深化与东盟成员国的经贸关系。

2007 年 11 月 21 日，东盟和韩国在新加坡签署东盟—韩国自由贸易区《服务贸易协议》，向双方在 2009 年建立自贸区又迈进了一步。与会领导人出席了协议签字仪式，但泰国出于保护本国大米市场的考虑，没有在协议上签字。《服务贸易协议》规定，韩国在对 WTO 所作承诺的基础上，在金融、成人教育和环境咨询等服务行业进一步向东盟国家开放市场。这是东盟与对话伙伴国签署的第 2 份《服务贸易协议》。由东盟—韩国投资专家工作组开展的东盟—韩国投资协议的谈判已经取得相应进展，计划在第 12 届东盟—韩国首脑会议上缔结谈判协议。

2023 年 9 月 7 日以在印度尼西亚雅加达举行的东盟领导人会议为契机，韩国与菲律宾正式签署 FTA。菲律宾成为与韩国缔结自由贸易协定的第五个东盟国家，加上之前与新加坡、越南、柬埔寨和印度尼西亚缔结的贸易协定，以及韩国与东盟的整体自由贸易协定，韩国签订的自由贸易协定现已覆盖东盟国家 91% 的市场，而韩国与东盟国家之间的贸易额也已达到了 2 000 亿美元，使东盟成为韩国的第二大贸易伙伴。新的自由贸易协定将免除菲律宾出口韩国的 94.8% 关税以及韩国出口菲律宾的 96.5% 关税。

三、东盟与印度

（一）合作概况

1. 背景

（1）第一阶段。1991 年，印度实施"东向政策"（Look East Policy）；1992 年，印度在经济和发展合作等领域成为东盟的对话伙伴。

（2）第二阶段。1995 年 12 月，印度成为东盟全面对话伙伴。此阶段印度与东盟在政治及安全领域开展了部长级的合作，并参加了亚太地区唯一的讨论安全事务的论坛——东盟地区论坛（ARF）。

（3）第三阶段。2002 年印度和东盟首次举办峰会，并商定峰会将每年举办一次；2004 年 11 月，东盟—印度峰会在越南和老挝举行。

印度与东盟是"印太"地区的重要的地缘行为体，二者关系攸关"印太"概念成色。"冷战"结束后，印度出台"东向政策"，与东盟关系取得显著进展。"印太"概念兴起后，印度始终声称"维护东盟的地区中心性"，美国拜登政府亦强调修复与东南亚盟友的关系，推动"印太战略"向东盟扩展。

2. 印度的"东向战略"

印度自 1992 年开始实施"东向政策"，初期没有实质性的内容。随着印度与中国和东盟经济联系日益加深，"东向政策"逐渐有了许多实质性的内容，并且还会被注入更多的实质内容。但是，直到 2002 年决定建立东盟—印度自由贸易区，"东向政策"才有真正意义上的突破。这一年，印度终于发展成东盟的对话伙伴，即所谓的东盟"10+1"（印度）。

2003 年 10 月，印度加入《东南亚友好合作条约》，与东盟签署《全面经济合作框架协议》，印度总理向东盟提出在 2011 年建成印度—东盟自由贸易区的建议。2005 年12 月 13 日在东盟与印度举行的第 4 次首脑会议上，印度承诺将与东盟和东亚国家一起"推动 21 世纪成为亚洲世纪"。莫迪政府上台后，印度将亚太地区作为其获得资本、技术、资源、能源、市场、技能、安全环境、和平周边以及稳定的全球贸易体系的重要支撑。2014 年 8 月印度外长在访问越南期间主持的印度外交使团会议上，提出印度不仅要"向东看"更要"向东干"，这表示莫迪政府将奉行"东向行动政策"。

莫迪在 2014 年第 12 届东盟—印度峰会上明确表示"东向政策"已经变为"东向行动政策"。"东向政策"升级为"东向行动政策"，是印度亚太战略最为显著的新发展。升级后的"东向行动政策"为印度亚太战略注入了新的活力。印度加强与东盟安全领域的合作，进可找到挤进亚太地区的突破口，退可改善周边安全环境。新加坡、越南也看好印度的军事影响力。

经济因素是推动双方靠拢的"黏合剂"。印度和东盟已在机车、橡胶、纺织、服装、农产品加工、渔业、电力、信息、保健、航空和旅游等 11 个领域优先展开了贸易和投资合作，双方贸易额达 130 亿美元。对东盟来说，印度不仅是拥有十几亿人口的巨大市场，而且经济结构互补性较强，与东盟在能源、农业、信息产业领域均有巨大的合作前景。新加坡前总理吴作栋曾经将印度、中国形象地比喻为东盟经济腾飞的"左右两翼"。而印度在看好东盟市场的同时，在基础设施建设领域迫切需要东盟更多的技术和投资，为经济改革增添后劲。

在印度与东南亚各国的关系上，印度的主要做法是加强高层互访与对话，就具体问题与这些国家建立相应机构，通过加强对话和磋商来消除东南亚国家对印度的偏见和误解，争取其政治支持，进而谋求更多的经济和军事等方面的合作。一方面，印度与东盟建立各种经贸合作机构，在宏观上协调和推动印度与东盟总体的经贸合作；另一方面，印度积极建立和扩大东盟各个国家的经贸合作，起到以点带面的作用。除了印度和东盟建立的上述经贸合作机构，1997 年 6 月，印度加入"孟印缅斯泰经济合作组织"（BIMSTEC），2000 年 11 月，印度加入"湄公河—恒河合作计划"（Mekong-Ganga Cooperation Scheme）组织。后者于老挝首都万象宣布成立，参与国家包括印度、缅甸、泰国、老挝、柬埔寨和越南，主要的合作内容是旅游、文化和教育合作。这个组织的成立使印度可以参加湄公河流域开发计划，该组织真正开展的合作很少。

伴随着"印太"概念的兴起，印度与东盟的合作机制建设进入新的阶段，二者各自主导的次区域机制对接开始提上日程。2019 年 6 月东盟出台的"印太"纲领性文件——《东盟"印太"展望》提出，要推进东亚峰会等亚太地区机制与 IORA、BIMSTEC 的协调合作，建立具有包容性的"印太"地区架构。预期伴随着"印太"概念的普及，两大次区域机制的对接进度将有所加快。

（二）经贸合作

1. 贸易与投资

东盟与印度的自贸协议涉及贸易额达数百亿美元，印度是东盟的第七大贸易伙伴，2007 年双方贸易额为 370 亿美元，同比增长 27%。2007 年东盟国家对印度出口增长了 65%。东盟已经成为继欧盟、美国之后，印度的第三大贸易伙伴。从具体国别来看，2004 年印度在东盟成员国的最大贸易伙伴是新加坡、印度尼西亚和马来西亚。目前，新加坡是印度的第四大进口国，印度则是新加坡的第十四大贸易伙伴，是近年来新加坡发展最快的贸易伙伴。从产业的角度看，印度的软件业发展较快，制药业、生物工程、纺织业等发展迅速，是世界第五大散装药生产国。纺织业是印度历史最久、规模最大的行业，产出占 GDP 的 6% 左右，为 3 500 万人提供了就业机会，印度是世界第五大服装出口国。在农业方面，印度利用其资讯科技产业发展迅速的优势，加速农业生产的信息化、现代化，为扩大与东盟国家在农业领域的合作创造了空间。随着经济的发展，印度也正想方设法开拓东盟市场，例如，印度的汽车巨头塔塔公司已经进入泰国，摩托车制造商巴贾吉公司也已在印度尼西亚投资建厂。

东盟与印度 1992 年就启动了对话，但自由贸易协定直到 2003 年才开启，进展缓慢。2009 年双方仅落实货物贸易协议。2012 年完成投资与服务贸易谈判，这意味着双边自贸协定更加完整。在此期间，中国、日本、韩国、澳大利亚等都与东盟签订了全面双边自贸协定。2012 年，印度与东盟的对话伙伴关系提升为战略伙伴关系，并致力于推动东盟与印度在政治、安全、经济、社会文化等方面全方位的合作。各方承诺加强相互投资，提高人员和技术的交流。

从经贸规模上看，印度与东盟贸易总量小、增长速度慢。2011 年印度与东盟货物贸易额为 742.3 亿美元，仅占东盟对外货物贸易总量的 3%。到 2019 年，印度与东盟货物贸易额为 771 亿美元，但其在东盟对外货物贸易总量的比例降至 0.27%，不及中国与东盟货物贸易额的 1/6。自 2011 年的 742 亿美元至 2019 年的 771 亿美元，10 年间印度与东盟之间的货物贸易额仅有 28.7 亿美元增幅，始终不温不火，未见增长。如果将服务贸易纳入统计，按照印度商工部数据，2013—2014年印度与东盟双边贸易额为744.1亿美元，到2019—2020年，二者贸易额略增至869.2亿美元，距离印度与东盟从前设立的"2022年贸易额达到2000亿美元"的目标相去甚远。与稳步增长的中国—东盟货物贸易相比，印度与东盟在同样具备自贸协定、自由贸易区等外在机制性保障措施的条件下，经贸合作的内生动力严重不足。2022年东盟与印度双向贸易额达1130亿美元，同2021年相比增长23.4%。与此同时，2022年，印度对东盟直接投资（FDI）资金总额达6.81亿美元。

2. FTA合作

2009年8月东盟—印度自由贸易协定在曼谷签署完成。目标是从2010年1月1日起减免80%的商品品种的关税，这占到双方贸易规模的75%。其中71%的商品在2013年底前取消关税，另外9%的商品在2016年底前取消关税。东盟—印度自由贸易协定的签订，是印度"东向政策"的重要成果，也是东盟符合自身利益的选择，其中"中国因素"的作用也不可忽视。双方承诺，到2012年12月31日使71%的商品关税降至零；到2015年使另外9%的商品关税降至零，使双方敏感进口商品清单中8%～10%的商品关税降至5%。

双方确定2011年和2016年分别为印度与东盟5个经济发达国家和其他5个经济欠发达国家实现自由贸易的期限。印度政府为了保护本国的汽车业，在该协议涵盖的内容中并不包括印度的汽车业。但该协议的内容包括棕榈油、茶、咖啡和橡胶等部分敏感农产品的关税减免。印度同意将非关税减让特殊商品数目由原来提出的约1400项减少到300项是这次谈判成功的关键。其中包括农产品、纺织品和化工产品。经过磋商，印度棕榈油的关税最终为37.5%，印度尼西亚和马来西亚均表示接受该税率。印度表示，还将在未来10年内继续削减茶、咖啡和橡胶的关税。

2014年，印度与东盟正式签署一项有关服务和投资的自由贸易协定。至此，印度与东盟的自贸区的三个支柱文件签署完毕。印度官员认为，此举将促进印度专业人士在东盟地区的流动和服务领域的投资，充分发挥印度在金融、教育、医疗、电信和运输等领域的竞争优势，还将有利于平衡印度与东盟国家在商品贸易中的赤字。

2018年1月25日，东盟—印度建立对话伙伴关系25周年纪念峰会在印度首都新德里举行，峰会发表了《新德里宣言》。《新德里宣言》再次强调了本着联合国宪章、《东南亚友好合作条约》（TAC）、《东亚峰会互利关系原则宣言》和2012年12月20日在东盟—印度建立对话伙伴关系20周年纪念峰会上通过的《愿景宣言》各项共同原则、目标、价值和准则的东盟—印度对话关系定向和支持东盟宪章的承诺。

2022年11月12日举行的第十九次东盟—印度领导人会议取得的成果，开启了双方互利互惠的实质性全面战略伙伴关系，同时强调致力于加强双方经济合作，确保全面战略伙伴关系给双方带来实实在在的利益的各项承诺。2023年9月7日第20次东盟—印度领导人会议及第18届东亚峰会，高度评价2022年建立的全面战略伙伴关系并将其视为双边关系史上的一个重要里程碑。

第三节　东盟与美国和加拿大

一、东盟与美国

（一）合作概况

1. 背景

（1）第二次世界大战后至1977年为第一阶段

第二次世界大战后，因日本战败以及英法等欧洲国家无力维持，美国为防止中国和越南的势力向东南亚地区扩张，1954年，美国策划组织英国、法国、澳大利亚、巴基斯坦、菲律宾、泰国及新加坡等8国成立了针对中国和越南的东南亚条约组织。1977年6月东南亚条约组织正式宣布解散①。当时的东南亚国家和美国的关系以军事、政治关系为主。

（2）1978年至1989年为第二阶段

随着美国势力在东南亚国家的持续扩张，以及苏联急于南下，东盟国家不得不调整自身在东南亚地区的战略。一方面加强内部团结；另一方面在大国之间开始推行平衡政策，加强与美国的联系，维持地区的力量均衡。当时泰国、新加坡、菲律宾等国的意愿最强。特别是在经济上，美国与东南亚国家的关系加强，东南亚国家是美国日益重要的投资场所、巨大的商品市场及丰富的燃料和原料产地。美国所需的89%的橡胶、68%的锡、94%的棕油、95%的椰子均来自东南亚。1986年印度尼西亚取代沙特阿拉伯成为美国海外最大的石油供应国。因此，美国与东南亚国家的关系明显升温。

（3）20世纪90年代至今为第三阶段

双方在这个阶段均调整了经济关系。美国将目光从大西洋移至太平洋，将经济、政治重心日益转移到亚太地区。从东南亚国家来看，加速了以东盟为代表的区域内经济合作的步伐，提出实现自由贸易区计划，同时主动向日本、中国靠拢，以制衡西方国家的经济集团化对东南亚国家的冲击。21世纪后，美国与东南亚几个国家签订了贸易协定。如2003年5月，美国与新加坡签署《新加坡—美国自由贸易协定》；2003年10月7日，马来西亚表态愿意与美签署自由贸易协定。美国的举措，一方面是为了促进双边经贸合作，另一方面也是为了减弱东南亚国家对中国—东盟自由贸易区的热情

---

① 跟北约不同的是，东南亚条约组织并未设立接受统一指挥的军队。另外，虽然美国在组织内的成员资格为其在越南战争（1955年至1975年）期间大举干涉印度支那地区的军事提供了理据，但组织本身的响应协议（协议的内容把共产主义视为成员国的"共同威胁"）对成员国而言却模糊无效。

和对中国市场的依赖。

2009 年 7 月，美国国务卿希拉里·克林顿在东盟会议上首次提出"重返亚太"。随后，美国加入《东南亚友好合作条约》，表明了奥巴马政府对东南亚地区的高度重视。2011 年 11 月奥巴马在夏威夷抓住主办亚太经合组织（APEC）峰会的机遇高调亮出"转向亚洲"战略。奥巴马团队执政以来，美国政府在"巧实力"的概念下调整了战略，决定把战略重心转移到亚太地区。

美国的"印太战略"与俄罗斯大欧亚伙伴关系倡议，在东南亚地区存在一定的战略竞争。2017 年 12 月美国发布的《国家安全战略报告》把中国和俄罗斯视为"战略竞争者"和国际秩序的"修正主义者"[①]。

美国国务卿布林肯于 2023 年 7 月 13 日至 14 日在印度尼西亚雅加达（Jakarta）参加美国—东南亚国家联盟外长会议（United States-Association of Southeast Asian Nations Foreign Ministers' Meeting）、第 13 届东亚峰会外长会议（13th East Asia Summit Foreign Ministers' Meeting）以及第 30 届东盟地区论坛（30th ASEAN Regional Forum）。在每个会议上，国务卿都强调美国对东盟的中心地位的承诺，以及对《东盟印太展望》（ASEAN Outlook on the Indo-Pacific）的支持。

2023 年是美国—东盟伙伴关系建立 46 周年。美国继续支持实施"东盟印太展望"（ASEAN Outlook on the Indo-Pacific），同时加大美国—东盟多项旨在加强该地区繁荣与安全的举措。这一全面战略伙伴关系将推动合作，包括在气候、能源、交通、妇女赋能和健康等领域扩大部长级参与。

（二）经贸合作

1. 贸易与投资

东盟与美国的双边贸易增长速度极快。1986 年，东盟与美国的双边贸易额已达 200 亿美元，1992 年比 1986 年增长两倍，至 600 亿美元。2002 年，美国与东南亚国家的双边贸易额逾 1 200 亿美元，其中美国对东南亚国家的出口总额超过 440 亿美元，是美国对中国或对印度出口额的两倍多；2003 年美国与东南亚国家双边贸易额达 1 300 亿美元，平均每年增加 6%。到 2007 年，双边贸易额达到 1 700 亿美元。

从 20 世纪 80 年代起，双方的贸易依存度不断上升。1982 年，东南亚国家成为美国的第五大贸易伙伴，仅次于欧盟、加拿大、日本和墨西哥。美国市场对东南亚国家的出口也具有决定性的意义。据 2011 年美国国务院报告，美国与东盟的商品和服务贸易总计达 2 250 亿美元。其中，出口总计 950 亿美元；进口总计 1 290 亿美元，逆差为 340 亿美元。与东盟国家的服务贸易（进出口）总计达 300 亿美元，其中出口为 191 亿

---

① 赵华胜：《印太战略与大欧亚：认知与应对》，《俄罗斯东欧中亚研究》2019 年第 2 期，第 32 页。

美元，进口为 111 亿美元。

2012 年双边的商品贸易总计达 1 980 亿美元，其中出口 750 亿美元，进口 1 230 亿美元。美国在 2012 年向东盟国家的商品出口为 754 亿美元，比 2011 年下降 1.1%（约合 8.22 亿美元），但比 2002 年上升 80%。2012 年，美国向东盟出口占美国总出口的 4.9%；进口总计 1 229 亿美元，比 2011 年上升 3.9%（约合 47 亿美元），比 2002 年上升 57%，占美国总进口的 5.4%。2012 年，东盟是美国的第四大出口市场和第五大进口供应方。2015 年，美国与东盟的贸易总额为 2 260 亿美元。据东盟的统计数据，双边贸易额达 294.6 万亿美元，美国对东盟的投资资金达 24.5 万亿美元。美国以该成果成为东盟第二大贸易伙伴和东盟 2019 年投资伙伴中的最大投资来源国[1]。

2002 年至 2021 年，美国向包括东盟 10 个成员国在内的东南亚盟友和合作伙伴国家提供了超过 121 亿美元的经济、健康和安全援助。同一时期，美国还提供了超过 15 亿美元的人道主义援助，包括拯救生命的紧急救灾援助、紧急食品援助以及对该地区各地难民的协助。美国和东盟均受益于广泛的商业和贸易联系。东盟是世界第四大市场，美国是东盟最大的外国直接投资来源。根据美国经济分析局的数据，除柬埔寨、老挝和缅甸以外，2022 年美国与东盟的货物和服务贸易总额达到 5 058 亿美元[2]。

美国一直是东南亚国家的主要外国投资者。从 20 世纪 70 年代开始，美国在东南亚的投资急剧增长，2002 年其直接投资额已经超过 880 亿美元。这个数字超过了美国在中国、墨西哥、巴西、日本的直接投资总额。但是，随着日本和亚洲新兴工业国家和地区在东南亚的投资增长速度的加快和投资比重的增加，美国的投资额在东南亚各国的外资中所占的比重越来越小。由于美国对发展与东盟的经济关系总要附带一些政治条件，如人权、劳工待遇等，常常引起东南亚各国的强烈反感，加上 2008 年的金融危机使美国国内贸易保护主义抬头，且不时用"301 条款"对付东盟国家，这些均不利于美国与东盟的经贸发展。2012 年美国在东盟各国的直接投资（FDI）存量达 1 898 亿美元，比 2011 年上升 16.2%，投资者主要为非银行控股公司、制造业及金融业/保险业。2007—2012 年，美国对东盟投资总额为 960 亿美元。

已开展的东盟与美国投资与贸易框架协定、"美国—东盟扩大经济合作倡议"（E3）等有助于加强贸易关系，促进中小型企业的投资和发展。2017 年，美国为东盟第三大贸易伙伴，2017 年双边贸易额达 2.33 亿美元。美国同时也是东盟第四大直接投资来源国，2017 年美国对东盟投资额达 54 亿美元[3]。

---

[1] 2020 年 8 月 27 日举行第 52 届东盟经济部长会议线上视频磋商会，由越南工贸部部长陈俊英和美国商务代表罗伯特·莱特希泽（Robert Lighthizer）主持。各位部长再一次强调了对贸易和投资开放市场，减轻新冠疫情的影响和维持双边货物和服务流动的重要性。

[2] 美国国务院发言人办公室 2023 年 7 月 12 日（https：//www.state.gov）。

[3] 2019 年 2 月 28 日东盟与美国联合合作委员会第 10 次会议在雅加达东盟秘书处举行。这是大使级的年度会议，目的在于对东盟与美国战略对话关系框架内各项活动和项目展开情况进行评价。

2022 年双方货物贸易总额达 4 204 亿美元，同比增长 15%；美国流入东盟的外国直接投资已达 365 亿美元，同比增长 3.1%。2022 年，美国是东盟第二大贸易伙伴，也是东盟最大的外国直接投资来源国。2023 年 8 月 21 日，东盟国家经济部长与美国贸易代表会议在印度尼西亚三宝垄市召开，会议重申了加强合作的承诺，并批准了 2023—2024 年《东盟—美国贸易和投资框架安排》（TIFA）、《扩大经济参与（E3）倡议工作计划》，包括数字经济、中小微企业发展、贸易便利化、知识产权、可持续性、良好监管实践、劳工和农业等主题的活动①。

2. FTA 合作

美国与亚洲国家签订的第一个自由贸易协议，是美国—新加坡自由贸易协议，2004 年 1 月生效。美国与新加坡签署自贸区协议的目的是进一步加强美国与新加坡"密切而繁荣"的经贸关系。美国已经成为新加坡的第二大贸易伙伴，仅次于马来西亚。美国向新加坡出口的产品主要是通信设备、信息技术硬件及化工产品，从新加坡进口的产品主要是集成电路、计算机配件及化工产品。2002 年，美国对新加坡投资总额为 230 亿美元，约占美国对东南亚投资总额的一半。在新加坡设立公司的美国企业有 1300 余家，其中 330 家公司在新加坡设立了地区总部。

美国与东盟成员国建立双边自贸区并组建东盟开创企业（Enterprise for ASEAN Initiative，EAI），主要是希望美、新自贸协议和东盟开创企业在恐怖主义威胁依然存在的情况下为美国投资企业提供优惠政策，从而吸引更多的美国公司在东南亚设立公司。

2006 年 8 月，美国与东盟签署了一项贸易与投资框架协议。目前美国正以该协议为基础，进一步推动与东盟的经贸合作。过去美国曾以贸易与投资框架协议为基础，与不少贸易伙伴达成了自由贸易协定。从当时的情况来看，没有完全排除美国与东盟签署 FTA 的可能性，但时机尚不成熟。不过，美国是第一个向东盟派出大使的国家。

美国与东盟还在加快关于《美国—东盟贸易便利协议》的谈判，包括简化海关手续和加强海关管理的透明度，完成有关《国际投资共同原则》的共同声明。这些原则重申了 11 国承诺建设这样一个政策环境：通过市场准入、无歧视、投资者保护、透明度和负责任的商业行为等以促成并鼓励国际投资，共同制订信息通信技术原则，以便在跨境信息流动、本地化要求和监管机构的角色等问题上为决策者提供指导等。

目前东盟 10 国都是 RCEP 的缔约国，而《全面与进步跨太平洋伙伴关系协定》（CPTPP）仅含 4 个东盟成员。因此，签订东盟与美国自由贸易协定，加上 CPTPP，两者可作为美国通往亚洲的全面路径图，完成拜登政府要建立区域联盟并重振美国领导权的目标。由于东盟的政经情况复杂，东盟与美国自由贸易协定已不存在时机不成熟的问题，而东盟对美国的经济利益也已相当具体。东盟身为全球第五大经济体，是美

---

① 中国东盟商务理事会。http：//www. china - aseanbusiness. org. cn/index. php？m = content&c = index&a = show&catid = 6&id = 45900.

国的第十一大贸易伙伴。美国占东盟外资金额的 15.2%，使美国成为东盟最大的外资来源国。东盟经济共同体的成立，以及东盟+1 自由贸易协定和 RCEP 等发展，都增强了东盟的谈判资源和经验。

3. TPP 与 CPTPP

TPP 即《跨太平洋伙伴关系协定》，是由美国主导、12 国家间共同签订的贸易协定。TPP 的原始成员国包括澳大利亚、文莱、加拿大、智利、日本、马来西亚、墨西哥、新西兰、秘鲁、新加坡、美国和越南。这些国家对全球总产量的贡献约为 40%，占全球贸易的 1/3，是全球最大的自由贸易区之一，也是号称规格最高的自贸区。通过 TPP，美国可以更好地与东盟开展经贸活动。

2017 年 1 月 23 日，美国总统特朗普上任后签署行政令，正式宣布美国退出 TPP，2017 年 11 月 11 日，日本经济再生大臣茂木敏充与越南工贸部长陈俊英在越南岘港举行新闻发布会，共同宣布除美国以外的 11 国就继续推进 TPP 正式达成一致，11 国将签署新的自由贸易协定，新名称为"全面且进步的 TPP"（CPTPP，Comprehensive and Progressive Agreement for Trans-Pacific Partnership）[1]。

二、东盟与加拿大

（一）合作概况

1. 背景

东盟和加拿大的第一次合作会议是 1977 年举行的。在这次会议上，加拿大为东盟提供了一个发展援助计划。该计划在 1981 年兑现，双方签署了《东盟—加拿大经济合作协议》（ACECA），并于 1982 年 6 月生效。除技术合作以外，该协议还提供了工业和商业合作的机会。此外，双方还建立了联合合作委员会，以促进和评估东盟和加拿大构想的多种合作活动。1993 年，双方签署经过修订的《东盟—加拿大经济合作协议》。该协议纳入了新的合作领域，主要包括科学技术与环境政策网络、制度建设、组织管理开发计划、刺激私营部门活动、市场开发和双边商务合作。经过修订的协议从 1994 年 4 月 1 日起生效。协议现已覆盖区域下的政治安全、经济和社会文化，合作范围十分广泛。东盟与加拿大之间的高级别接触也已建立不同的机制，包括东盟后部长会议+1 与加拿大、东盟—加拿大对话、AEM—加拿大咨询、SEOM 加拿大和东盟磋商、加拿大高官会等。1997 年，在东盟—加拿大对话关系建立 20 周年之际，双方同意组成工作组，以进一步巩固东盟—加拿大对话。

---

① 2018 年 3 月 8 日，参与"全面与进步跨太平洋伙伴关系协定"（CPTPP）谈判的 11 国代表在智利首都圣地亚哥举行协定签字仪式。

2. 制度框架

作为对话伙伴，加拿大参与了一系列与东盟磋商的会议，包括东盟地区论坛、后部长会议"9+1"和"9+10"、联合合作委员会、联合规划与监督委员会（JPMC）和项目指导委员会（PSC）。东盟—加拿大商务理事会也有助于双方开展和保持对话。其中，最高层次的对话是加拿大参与东盟部长会议召开的后部长会议。后部长会议"9+1"和"9+10"为东盟和加拿大外交部长提供了讨论有关政治、安全、经济和发展合作等议题的机会。加拿大还参与了对影响东亚地区的主要政治和安全问题进行评估的东盟地区论坛。东盟部门主管和加拿大外交与国际贸易部副部长定期举行会晤，对有关的经济和功能合作活动进行比较深入的分析。

加拿大于 2010 年成为《东南亚友好合作条约》成员，同时还是东盟地区论坛的创始者和参与者之一。2012 年，东盟和加拿大开展活动庆祝 35 年的友谊与合作，此后通过东盟—加拿大加强伙伴关系计划（ACEPP），并于 2014 年 4 月批准。2014 年的会议审查了 2010—2015 年行动计划，发表了联合声明表示要加强东盟—加拿大伙伴关系，进一步加强在非传统安全领域的合作，包括在打击恐怖主义、跨国犯罪领域的合作和海上安全、人权、贸易与投资、中小企业发展、金融、可持续和清洁能源、水资源管理领域的合作，以及在农业和粮食安全、气候变化和灾害管理、公共卫生、教育等方面的合作。会上还强调了东盟—加拿大下一个阶段的远景规划的重要性（包括 2015 年之后的行动）。

（二）经贸合作

1. 贸易与投资

东盟和加拿大之间的贸易正稳定增长。加拿大从东盟的进口自 1993 年的 15.6 亿美元增加到 1996 年的 23.3 亿美元。2005 年，加拿大与 6 个东盟国家（印度尼西亚、马来西亚、菲律宾、新加坡、泰国和越南）的服务贸易出口总额达 10 亿美元，进口 16 亿美元。2011 年，通过《东盟和加拿大贸易与投资的共同宣言》，其工作计划分为三个部分：一是加强对贸易和投资的高层对话；二是促进贸易和投资的增加；三是促进私营部门参与贸易和投资活动。据统计，东盟和加拿大贸易在 2005 年至 2008 年的年平均增长率为 21.0%，2009 年为 15.8%。东盟与加拿大的贸易总额在 2012 年到 2013 年从 123 亿美元增加至 135 亿美元，增加了 9.8%。

2015 年第 4 次东盟—加拿大经济部长磋商会在马来西亚举行。双方共同回顾了 2014—2015 年行动计划落实的成果，通过了 2016—2020 年行动计划，提出要进一步加强双边经济合作，注重促进中小型企业发展，加强在能源、航空、农业、石油、信息技术、基础设施和清洁技术等领域的信息分享。双方提出未来 5 年双向贸易额将从当前的 132 亿美元提升到 300 亿美元。据加拿大方统计，2014 年加拿大与东盟双边贸易总额达 132 亿美元，同比增长 10.9%。2014 年，加拿大对东盟投资资金达 13 亿美元，是东盟第七大投资来源地。

以越南为例，2019 年，在 CPTPP 协议生效一年后，越南与加拿大之间的进出口总额迅速增加至 48 亿美元，比 2018 年增长 23.3%。2020 年，尽管受新冠疫情和全球经济衰退的影响，越南与加拿大的进出口总额仍达到 51 亿美元，增长 6.6%。纺织品、鞋类、电子产品和组件、水产品和木制产品是越南对加拿大的主要出口商品；而机械、设备、小麦、大豆和化学品是越南对加拿大的主要进口商品。越南将成为全球第三十五大市场、亚太第十四大市场和东盟第四大市场。2022 年，虽然受疫情的影响，但越加双边贸易额仍超 70 亿美元。越南成为加拿大在东盟的最大贸易伙伴。除贸易伙伴关系以外，越南与加拿大最近还签署了联合国维和合作谅解备忘录，并举行了纪念两国建立全面伙伴关系五周年的活动。

据加拿大统计，2020 年东盟—加拿大双边商品贸易总额为 199 亿美元，同比下降 2.4%。2020 年末，加拿大对东盟成员国外商直接投资存量为 125 亿美元，同比增长 11.7%，东盟成员国对加拿大直接投资存量为 12 亿美元，同比下降 0.9%。

2. 自由贸易协定合作

多年来，加拿大一直在森林、人力资源开发、渔业、能源、农业、运输和通信领域扩大与东盟的合作。加拿大在东盟的直接投资已接近 77 亿美元。2014 年加拿大与韩国签署自由贸易协定。加拿大与东盟之间的自由贸易协定谈判还没有提上日程，但是与新加坡的 FTA 谈判已于 2001 年开始，2007 年双方已经举行了第 7 轮谈判。但是，加拿大是 TPP 成员国，因此它与加入 TPP 的东盟 4 个国家（新加坡、文莱、马来西亚和越南）可以在该协定下开展自贸区的经贸合作。

2017 年第 14 次东盟—加拿大对话会于 5 月 7 日至 8 日在加拿大渥太华举行。加拿大代表团团长 Donald Bobiash 表示，东盟是加拿大在亚太政策中的重要伙伴。目前，东南亚裔加拿大人超过了 100 万，东盟跻身成为加拿大的第六大贸易伙伴，东盟国家对加拿大投资总额超过 10 亿加元。加拿大希望同东盟一道，继续促进贸易自由和互联互通，甚至包括建立东盟加拿大自贸协定的可能性。

2021 年 11 月 17 日第 10 届东盟—加拿大经济部长磋商会议在线上举行，宣布正式启动东盟—加拿大自由贸易协定谈判，此项谈判为文莱作为东盟轮值主席国倡议的优先经济成果之一。据估算，该自由贸易协定达成将为东盟 GDP 贡献 394 亿美元，为加拿大 GDP 贡献 51 亿美元。协定将加强东盟与加拿大的经济关系，将东盟与全球价值链更紧密地联系起来，并改善东盟和加拿大公司的市场准入环境。

2022 年 11 月 12 日在东盟—加拿大 45 周年纪念峰会上，东盟领导人和加拿大总理贾斯汀·特鲁多重申，加拿大重视与东盟的关系，强调东盟将在加拿大即将出台的印太战略中占据核心地位，并希望与东盟的关系提升为战略伙伴关系。双方包括经贸合作在内的合作关系取得了积极进展。2021 年，双边贸易额增长 17.5%，加拿大对东盟投资增长 4.6%。双方同意启动东盟—加拿大自由贸易协定谈判。东盟各国高度评价加拿大对东盟提供的防疫支持。

第四节　东盟与澳大利亚和新西兰

一、东盟与澳大利亚

（一）背景

澳大利亚是东盟最初的对话伙伴，与东盟于 1974 年建立关系。第一次东盟—澳大利亚首脑会议于 1977 年在吉隆坡举行。澳大利亚积极参加东盟地区论坛，并多次担任东盟地区论坛的联合主席，包括有关维持和平的会议和一年一度的东盟各部长会议。从 1993 年起，东盟—澳大利亚的对话范围进一步扩大，已包括政治与安全问题。

双方最初的对话聚焦于通过地区项目提供技术援助，主要是在东盟就与食品相关的领域进行研究和开发。在 20 世纪 80 年代初期，这一对话发生了转变，开始强调对迅速变化的东盟经济环境作出反应。这一转变预示着东盟—澳大利亚关系的扩展。经济问题，特别是东盟日益增长的出口产品进入澳大利亚市场的问题支配了东盟—澳大利亚对话的议事日程。1991 年，第 14 次东盟—澳大利亚论坛同意扩展合作项目，其以相互感兴趣和互利为基础，涵盖教育、环境、电讯和科学技术等新领域。紧跟着这一发展，在 1993 年举行的第 15 次论坛上，政治与安全问题成为双方讨论的话题①。

1994 年在曼谷召开的第 27 次东盟部长会议期间，《东盟—澳大利亚经济合作计划》第三阶段正式启动。它通过加强东盟和澳大利亚贸易与投资联系的两个合作机制，即《项目流计划》和《联系流计划》，为东盟—澳大利亚合作提供了更多的机会。《项目流计划》聚焦于长期的技术转让项目，涉及相互达成协议的优先领域，即环境、电力、电讯和食品安全领域。《项目流计划》由两个子计划构成，即《加强东盟经济一体化计划》和《加强东盟竞争力计划》。《联系流计划》涉及环境管理、运输、生物技术、电讯、信息技术、农业和以农业为基础的行业等，包括私营部门、政府部门、研究和学术方面的合作。

东盟与澳大利亚的发展合作对东盟优先领域的发展具有适应性和响应性。澳大利亚已经成为《河内行动计划》（HPA）的积极支持者。随着《河内行动计划》的结束，澳大利亚已经同意将其合作聚焦于促进《万象行动计划》（VAP）的执行，该计划是

---

① 东南亚国家与澳大利亚的双边贸易尽管基本上呈持续增加的态势，但是在各自对外贸易中的比重一直较少，主要经济原因有三个：一是东南亚大多数国家与澳大利亚之间缺乏经济互补性。二是东南亚各国都以日本、美国和欧洲为主要贸易伙伴。三是东南亚各国的关税保护和一系列的非关税壁垒措施严重制约了双边贸易的发展。

《河内行动计划》的延续。东盟和澳大利亚都相信，政府和私营部门之间的密切磋商对加强经济合作至关重要。澳大利亚和东盟的合作关系之所以密切，除了地理上接近的优势，还在于这一关系不断增加的互补性和这一地区的经济活力。

（二）经贸合作

1976 年签订东盟—澳大利亚贸易合作谅解备忘录以来，东盟和澳大利亚的贸易关系正在不断升温。东盟和澳大利亚强调，不仅要扩展与贸易相关的活动，而且要缩小贸易差距，这与 1989 年后部长会议期间东盟与澳大利亚进行的讨论一致。第 17 次论坛注意到，尽管东盟一直关心贸易的不平衡问题，但双方的贸易和投资大幅度增长。1994 年，东盟向澳大利亚出口近 54 亿澳元，从澳大利亚进口 95 亿澳元，澳大利亚有41 亿澳元的贸易顺差。进入 20 世纪 90 年代后，澳大利亚对东南亚国家的投资增长更为明显，投资额由初期的 34.64 亿美元上升到中期的 83.99 亿美元；到 20 世纪 90 年代末，澳大利亚对东南亚国家直接投资达到 120 亿美元，占澳大利亚对外投资总数的7%。东盟对澳大利亚投资以间接投资为主。

为进一步加强这一贸易关系，东盟经济部长于 1994 年 9 月在泰国研究了东盟自由贸易区与澳大利亚、新西兰比较密切的经济关系之间建立联系的可能性，其目的是进一步扩大市场规模，并加强东盟与澳大利亚经济的互补性。1995 年 9 月，东盟经济部长与澳大利亚和新西兰的官员在斯里巴加湾会晤，举行了东盟经济部长与 CER 的首次磋商会议。这次会议的焦点是消除贸易和投资障碍，而不是减少关税壁垒或正式一体化。部长们确定了双方合作的 7 个领域，即信息交流、人力资源开发、海关问题、标准与一致性、推动与促进、竞争政策和产业合作。随后，开启了一系列合作活动。例如，为东盟和 CER 国家（澳大利亚、新西兰）编制海关总目录，开发贸易与投资数据库，通过信息交流在标准与一致性领域进行合作，开展与国际标准化组织（ISO）14000 环境鉴定系统相关的工作，以及通过概括 CER 标准与一致性开发的特点和东盟标准与质量报告开发的特点宣传标准与一致性方面的知识。东盟在当时成为澳大利亚第四大贸易伙伴。新加坡、马来西亚和印度尼西亚均已位列澳大利亚十大贸易伙伴。其中，新加坡、印度尼西亚在澳十大出口市场之列，新加坡和马来西亚在澳十大进口市场之列。泰国、越南、菲律宾也挤入了澳大利亚二十大贸易伙伴之列。

东盟与澳大利亚之间的贸易主要集中在初级产品上，商品档次不高。东盟对澳的进口主要为机械与配件、小麦、化学药品、铝、汽车及零件、矿砂等；对澳的出口以农产品、纺织品及成衣为主。它们之间的贸易关系是不平衡的。东盟与澳大利亚之间的商品贸易主要是新加坡、印度尼西亚、马来西亚三国与澳大利亚的贸易，其中新加坡和印度尼西亚始终位列第一和第二。上述 3 国的进口总额占东南亚国家从澳大利亚进口总额的 72%，上述 3 国对澳大利亚的出口总额占东南亚国家出口总额的 73%。澳大利亚长期处于顺差地位，但从 1998 年开始转为逆差，且有不断上升的趋势。这主要是受东南亚金融危机和汇率变动两大因素影响。

在服务贸易方面，近年来澳大利亚的科学技术和其他服务业已悄悄打入东盟市场，如新加坡樟宜机场的导航系统、马来西亚银行的信用卡技术以及印度尼西亚的卫星网络等都是澳大利亚的技术。此外，澳大利亚对东南亚各国的劳务出口的发展也很快，其中旅游业和海外教育所占比重最大，运输、通信、金融、房地产则是发展速度最快的。目前，东南亚国家从澳大利亚服务业贸易进口比 20 世纪 90 年代初期增长了近 2 倍。

澳大利亚与东盟 2014 年双边贸易额为 704 亿美元，同比增加 3.4%。澳大利亚对东盟直接投资达到 57 亿美元，有 440 万澳大利亚游客前往东盟，同比增长 2.4%。

2014 年，双方修订了东盟—澳大利亚议定书，旨在使东盟—澳新自由贸易区协定（AANZFTA）更友善和透明，AANZFTA 经济合作支持计划（AECSP）是澳大利亚与东盟于 2010 年达成的，2015 年到期，但澳大利亚、新西兰和东盟考虑延长此计划到 2015 年之后。澳大利亚积极参与 RCEP 的谈判，2015 年澳大利亚已经考虑进一步向东盟提供技术援助。在东盟与澳大利亚发展合作方案的第二阶段（AADCP II）中，有一个资助项目是有可持续发展前景的东盟电力行业项目。东盟地区能源政策与规划（REPP-SSN）和澳大利亚也正在探索在清洁技术、天然气和煤炭方面合作的可能性。在交通方面，澳大利亚一直与东盟合作，以促进更高效的跨境运输和贸易，包括大湄公河次区域合作的运输与贸易便利化的项目。

2018 年 3 月 18 日为期两天的东盟—澳大利亚特别峰会在澳大利亚第一大城市悉尼落下帷幕[①]。与会各方联合发布了《悉尼声明》。声明说，此次特别峰会标志着东盟和澳大利亚走进关系日益紧密的新时代，澳大利亚政府 18 日宣布，在未来 5 年内提供 2 300 万美元，用于支持东盟国家建设智能、可持续发展的城市，2015—2016 财年，东盟与澳大利亚贸易总量升至 710 亿美元，使东盟超过日本、欧盟、美国等澳大利亚传统盟友成为澳大利亚第二大贸易伙伴。

东盟—澳大利亚联合合作委员会 2019 年 5 月 24 日在印度尼西亚首都雅加达东盟秘书处总部召开第 9 次会议，讨论东盟与澳大利亚合作情况及未来的发展方向。会议上，双方共同对在政治安全、经济、文化社会等领域上的合作所取得的成果作出评价。2017—2018 年，东盟与澳大利亚双向贸易额达 1 050 亿美元，澳大利亚为东盟第七大贸易伙伴和第五大外资来源地。澳大利亚向东盟—澳大利亚打击人口拐卖的合作、大湄公河次区域贸易和交通便利化、湄公河流域水源管理等项目提供援助。

---

① 峰会主要聚焦安全和经济领域合作。老挝总理通伦、印度尼西亚总统佐科、柬埔寨首相洪森、文莱苏丹哈桑纳尔、泰国总理巴育、新加坡总理李显龙、越南总理阮春福、马来西亚总理纳吉布、缅甸国务资政昂山素季、菲律宾外长卡耶塔诺与会。

2021 年，澳大利亚与东盟双边贸易金额达 1 270 亿美元。同时，双向投资规模超过 2 420 亿美元。新冠疫情以来，澳大利亚还加大了对东盟及湄公河国家的经济援助，2021—2022 财年援助总额达 4 040 万美元，明显高于上财年的 3 100 万美元。

（三）FTA 合作

2002 年 9 月以来，以东盟为一方、以澳大利亚和新西兰为另一方，建立的东盟自由贸易区（AFTA）与澳大利亚和新西兰比较密切的经济关系（CER），简称 AFTA—CER 连接关系。目前，这一关系已经成为东盟、澳大利亚和新西兰经济交往的平台。2009 年 2 月 28 日，东盟与澳大利亚与新西兰签订综合自由贸易协议（AANZFTA），并于 2009 年 7 月 1 日生效。该协议内容包括货物、投资、服务与经济合作。根据这项协议，未来 12 年内，许多商品将陆续降低关税或免关税，预估可以增加 120 亿美元的贸易额。东盟与澳大利亚和新西兰自贸协议从生效日开始至 2020 年，东盟逐渐对澳大利亚和新西兰解除 96% 货物的关税，剩下 4% 的敏感性产品则仅会将关税调降至 5% 或被排除在协定之外。

东盟与澳大利亚和新西兰签订自贸协议生效后，彼此间的贸易与投资预期增加。据统计，东盟与澳大利亚和新西兰 2007 年的贸易额达 478 亿美元，比 2006 年增长 15.7%；东盟至澳大利亚和新西兰的出口额，2007 年达 310 亿美元，较 2006 年增长 17%；澳大利亚和新西兰至东盟的出口额，2007 年达 168 亿美元，较 2006 年增长 13.5%。澳大利亚和新西兰对东盟 2001 年至 2007 年的直接投资金额则高达 100 亿美元。澳大利亚和新西兰最先与新加坡签订了自贸区协定，2012 年又分别与马来西亚和泰国签订了自贸区协定。

2022 年 3 月 16 日澳大利亚外交部助理部长蒂姆·沃茨（Tim Watts）在印度尼西亚三宝垄举行的第 28 届东盟经济部长会议和经济关系磋商会议期间签署了 AANZFTA 第二次修正案议定书。自 2010 年首次生效以来，AANZFTA 一直是澳大利亚与东盟成员国贸易和投资关系的核心支柱。东盟人口超过 6.6 亿，是世界上增长最快的市场之一。自 2010 年 AANZFTA 生效，该地区的 GDP 增长了 44%（当前 GDP 为 3.6 万亿美元），预计未来十年将继续增长。

二、东盟与新西兰

（一）背景

新西兰是东盟最初的对话伙伴。新西兰与东盟于 1975 年建立对话伙伴关系。首届东盟—新西兰首脑会议于 1977 年在吉隆坡举行。新西兰积极参加了东盟地区论坛，并多次担任东盟地区论坛的联合主席，包括有关维持和平的会议。双方参与一年一度的东盟各部长会议，对扩大对话和就相互关心及感兴趣的地区与国际问题交换意见有很大意义。

（二）经贸合作

在加快实施 CEP 项目/行动的框架过程中，东盟、澳大利亚和新西兰建立了"东盟自由贸易区—CER 商务理事会"（ACBC），以使 CEP 计划的商务参与具有新的活力。该理事会为 CEP 计划下的合作提供有关优先领域的商务意见。新西兰为东盟的发展需求作出了重要贡献。1975 年到 2003 年，新西兰为东盟提供了总数为 3 220 万新西兰元的发展援助。

在 2003—2004 财年，新西兰向东盟提供了 180 万新西兰元的援助。现在，东盟—新西兰的发展合作主要聚焦于支持《东盟一体化计划》（IAI）和海关、标准与一致性等领域的行动。新西兰还对湄公河流域的开发合作项目提供着长期的支持。东盟与新西兰的发展合作对东盟优先领域的发展具有适应性和响应性。新西兰已经成为《河内行动计划》的积极支持者。随着《河内行动计划》的结束，新西兰已经同意将其合作领域聚焦于促进《万象行动计划》，该计划是《河内行动计划》的延续。

根据 AANZFTA《东盟—澳大利亚—新西兰自由贸易协定》，减少关税全面逐步展开，到 2015 年 59 批 ECWP 项目中已经完成了 32 个。一般审查在 2016 年的协议中修改。该 ECWP 涵盖货物、服务、投资、知识产权等一系列活动。

2011 年 6 月，AFTA—CER（更紧密经贸关系）一体化合作论坛在马来西亚正式启动。该论坛提供了一个面向东盟、新西兰和澳大利亚合作的有效平台，分享经济一体化和连通性的经验，该论坛已经召开了 4 次。在 2012 年 11 月第 21 届东盟首脑会议上，东盟发起了建立 RCEP 建议，新西兰已积极加入该谈判中。

东盟与新西兰的贸易和投资不断发展，2014 年双向贸易额达到 107 亿美元，2013年外商直接投资 98 亿美元，增加 9.4%。新西兰直接投资到东盟的有 388 万美元。2014年新西兰到东盟游客超过 461 万。据新西兰统计局（Stats NZ）的统计数据，2016 年下半年和 2017 年上半年，新西兰与东盟双边贸易额达到 109 亿美元。在一年时间里，新西兰对东盟服务贸易出口额达 45 亿美元，进口额达 64 亿美元。新西兰对东盟出口乳制品、肉类、木材、水果、木屑等商品，从东盟进口石油类产品。

2018 年 7 月 2 日，东盟常驻代表委员会（CPR）第六次会议在印度尼西亚雅加达东盟秘书处总部举行，东盟秘书处代表和新西兰驻东盟大使帕姆·邓恩（Pam Dunn）参加会议。会议旨在评价东盟与新西兰关系近期取得的进展，尤其是《东盟—新西兰行动计划（2016—2020）》执行情况、关于繁荣与人文两项战略实施情况，进而有效落实《东盟与新西兰关于建立战略伙伴关系的联合声明（2016—2020）》；讨论促进双方关系的各项措施。

2020 年 2 月 20 日，第 27 届东盟与新西兰对话会在柬埔寨召开，东盟与新西兰对双方合作的积极成果表示肯定，同时承诺以双方建立伙伴关系 45 周年（1975—2020）为契机，继续促进 2020 年战略伙伴关系深入发展；密切配合，确保东亚峰会（EAS）、东盟地区论坛、东盟防长扩大会议（ADMM）等合作机制的成效。

AANZFTA 有效地建立了一个拥有超过 7.1 亿人口的自由贸易区，GDP 超过 4.5 万亿美元。2021 年，东盟与澳大利亚和新西兰的货物贸易总额为 927 亿美元，比 2020 年增长了 45%。澳大利亚和新西兰对东盟的外国直接投资额为 5.888 亿美元，比 2020 年增长了 86%。

（三）FTA 合作

2010 年 1 月 1 日建立东盟—澳大利亚—新西兰自由贸易区协定。2020 年，东盟与新西兰已举行双方建立对话伙伴关系 45 周年纪念活动和通过 2021—2025 年阶段新行动计划，谱写双方关系新篇章。2022 年 11 月 13 日，AANZFTA 协定各方宣布完成条款和条件的升级谈判。协定新增多个段落和多项规定以提高透明度；融入环球供应链，减少与进出口货物相关的成本和处理时间；鼓励开发贸易技术解决方案。

第五节　东盟地区论坛与东亚峰会

一、东盟地区论坛（ASEAN Regional Forum，ARF）

（一）起源与成员

东盟地区论坛成立于 1994 年，现有 27 个成员，是亚太地区主要的官方多边安全对话与合作平台，截至 2023 年 7 月已举行 30 届外长会。27 个成员分别是文莱、柬埔寨、印度尼西亚、老挝、马来西亚、缅甸、菲律宾、新加坡、泰国、越南、中国、日本、韩国、朝鲜、蒙古、印度、巴基斯坦、孟加拉国、斯里兰卡、俄罗斯、美国、加拿大、澳大利亚、新西兰、巴布亚新几内亚、东帝汶和欧盟。

（二）成立经过

"冷战"结束、两极格局解体后，亚太国家普遍认为有必要开展多边安全对话。1992 年初，东盟峰会就加强地区政治、安全对话达成共识。1993 年 7 月，第 26 届东盟外长会议在新加坡举行。会议特别安排了东盟 6 个成员国、7 个对话伙伴国、3 个观察员国和 2 个来宾国外长参加"非正式晚宴"。

各国外长同意于 1994 年在曼谷召开东盟地区论坛，就地区政治安全问题举行非正式磋商。1994 年 7 月 25 日，东盟地区论坛首次会议在曼谷召开。目前，东盟地区论坛已成为亚太地区主要的官方多边安全对话与合作平台。

（三）重要活动

东盟地区论坛每年轮流在东盟主席国举行外长会议。此外，每年举行 1 次高官会、1 次安全政策会议、1 次建立信任措施与预防性外交会间辅助（ISG）会议、5 次会间会（救灾会间会、反恐与打击跨国犯罪会间会、海上安全会间会、防扩散与裁军会间会、使用信息和通信技术安全会间会）和 2 次国防官员对话会（DOD）。

东盟地区论坛进程分为建立信任措施、开展预防性外交和探讨解决冲突的方式三个阶段。当前东盟地区论坛正迈向预防性外交阶段。2011 年 7 月，第 18 届东盟地区论坛外长会通过了《ARF 预防性外交工作计划》。东盟地区论坛已实施了 300 多个建立信任措施项目。

截至 2023 年 7 月，东盟地区论坛已举行 30 届外长会。2018 年以来，东盟地区论坛还举办了高官会、安全政策会议、建立信任措施与预防性外交会间辅助会议、两次国防官员对话会、第 1 届网络安全会间会、第 10 届海上安全会间会、第 17 届救灾会间会、第 10 届防扩散与裁军会间会、第 12 届专家名人小组会议、第 22 届国防院校长会，以及海上数据分析最佳实践、减少核生化物质风险、预防性外交、加强海上执法机构合作、海域态势感知国际合作、东南亚可持续渔业管理和粮食安全等研讨会活动，中国均派团参加。

东亚峰会是与东盟峰会同期举行的年会，由东盟轮值主席国主办，峰会的模式由东盟和东亚峰会所有参加国共同审议。东亚峰会是一个开放的、包容的、透明的和具有前瞻性的论坛；东盟在东亚峰会及东亚合作进程中发挥主导作用。

二、东亚峰会（East Asia Summit，EAS）

（一）背景与成员

东亚峰会是东盟倡议召开的、涵盖"10+3"之外国家的首脑会议。"东亚峰会"的构想可以追溯到 1990 年 12 月关贸总协定（WTO 的前身）乌拉圭回合谈判破裂。时任马来西亚总理的马哈蒂尔提出了建立包括东盟和中、日、韩在内的"东亚经济共同体"构想。参加者包括 13 个成员国，即该区域 13 个国家（东盟 10 国及中日韩）和 5 个观察员，即 5 个域外国家（美国、澳大利亚、新西兰、俄罗斯、印度），还有潜在的成员国蒙古、东帝汶和潜在的观察员巴基斯坦、欧盟。东盟轮值主席国为该会议的主办者。

（二）会议目标

东盟组织提出的参加东亚峰会的三个基本条件是：是东盟的全面对话伙伴；已加

入《东南亚友好合作条约》；与东盟组织有实质性的政治和经济关系。东亚峰会作为东亚地区一个新的合作形式，致力于推动东亚一体化进程、实现东亚共同体目标。

（三）会议机制

东亚峰会是年度领导人会议机制，由东盟轮值主席国主办和主持，迄今已举行 11届。峰会尚未建立正式的各领域和各层级支撑机制，主要通过外长及高官会晤回顾峰会合作，就未来发展方向交换意见。峰会确定能源、金融、教育、公共卫生、灾害管理、东盟互联互通为重点合作领域，并初步形成经贸、能源、环境、教育部长的定期会晤机制。

（四）会议成果

2005 年 12 月 14 日，第 1 届峰会在吉隆坡举行，此后每年都于东盟领导人会议之后举行。2023 年 9 月 7 日第 43 届东盟峰会及系列会议已取得圆满成功和丰硕成果。会议期间共举行近 20 场活动，约 90 个文件通过。东盟 10 国和各对话伙伴国的领导人本着"东盟要旨：增长的中心"主题就东盟和地区面临的战略问题进行讨论，就巩固和提升合作水平，为未来更强劲和突破发展步伐做准备的方向达成一致。越南外交部副部长杜雄越指出峰会和系列会议取得了三大突出成果。

一是东盟的地位更明显。今日东盟的地位是东盟 56 年来在团结、互信和合作等的基础上作出不懈努力的过程中取得的成果。二是实施东盟增长的中心的努力。这不仅是东盟的渴望，还是东盟更好、更有效地确保地区内 6.8 亿人合作与发展环境的使命。三是为东盟下个发展阶段做初步准备。峰会已审议和确认 2045 年东盟共同体愿景，确立了东盟未来 20 年的战略框架。各定向涵盖政治安全、经济和文化社会等支柱，2045年愿景为东盟走向"韧性、创造力、活跃和以人民为核心"的这一目标带来希望。

本章小结

在东盟的 10 个对话伙伴中，已经签订自由贸易协定的有中国、日本、韩国、澳大利亚和新西兰；与印度的协定已经形成，但因菲律宾和印度尼西亚担心影响工作机会问题致签字未能通过；与美国、加拿大、俄罗斯的自由贸易协定已在探讨中。一个以东盟为轴心的自由贸易合作架构正在形成。这不仅会推动东盟与对话伙伴的经贸合作，也会推动全球贸易自由化的进程。通过本章学习，将对东盟的对外经贸合作情况有一个比较全面的了解。时任轮值主席国的印度尼西亚的总统佐科·维多多在 2023 年 9 月第 43 届东盟峰会及系列会议闭幕式上发表讲话，呼吁把印太地区建设成为"和平和包容性舞台"。为东盟和世界开创更加美好的未来。他同时强调，东盟的使命仍未结束，东盟需同心协力把挑战化为机遇，把竞争化为合作，把独裁化为包容，把分歧化为统一。此外，东盟需成为"自己航船的船长"。

关键名词或概念

1. 对话伙伴国（CER）
2. 东亚峰会
3. 东盟地区论坛

思考题

1. 十个对话伙伴对东盟经贸合作起到了什么作用？
2. 东盟与十个对话伙伴在 FTA 的进展如何？
3. 什么是 CPTPP？它对东盟的影响有哪些？

第四章

越 南

◄ ◄ ◄

本章导读

本章先用一个基本情况分析表，简要地介绍越南总体的政经情况，之后分别介绍了越南的经济发展状况、贸易投资现状，以及中越经贸发展进程，使读者在学习的过程中，能广泛地、由浅到深地理解这个国家总体的发展情况。

学习目标

1. 了解越南的政治经济情况。

2. 基本了解越南的人文、社会、政治环境。

3. 了解越南的经济发展情况：①最新的经济概况；②天然资源；③基础设施现况；④产业概况。

4. 了解越南贸易投资现况：①对外贸易投资现况；②对外贸易的法规和政策。

5. 了解中越经贸发展进程：①中越政经关系；②中越经贸分析。

第一节　国家基本概况

越南位于中南半岛东南端，三面环海，地形狭长，略呈 S 型，自然环境优越，资源矿产丰富，煤炭、铁矿、铝土矿、铜矿、稀土等储量丰富。截至 2023 年底，越南人口为 1.003 亿。世界银行发布的《2020 年营商环境报告》显示，越南在全球 190 个经济体中排名第 70 位。世界经济论坛《2019 年全球竞争力报告》显示，越南在全球最具竞争力的 141 个国家和地区中，排第 67 位。

越南的基本情况见表4-1。

表 4-1　越南的基本情况

自然人文	
地理环境	越南位于中南半岛东部，北纬 8°10′~23°24′，东经 102°9′~109°30′
国土面积	33.14 万平方公里
气候	越南属于热带季风气候，北部夏热冬凉，每年 11 月至次年 2 月稍有寒意，与屏东、高雄相似。年降雨量为 1 500 毫米以上，湿度在 80% 左右，7 月至 10 月会有台风及水灾。南部终年温暖，另气候分干季与雨季，平均气温约 27 摄氏度以上
种族	越南共有 54 个民族，主要为京族，约占总人口的 86.2%，其他为岱依族（占 1.9%）、泰族（占 1.7%）、芒族（占 1.5%）、高棉族（占 1.4%）、华族（占 1.1%）、侬族（占 1.1%）等
人口结构	1.003 亿人（2023 年），男性占 49.8%，女性占 50.2%。全国人口平均年龄为 32 岁，平均寿命为 73.7 岁。15 岁以上劳动力 5 050 万人（2021 年）
教育普及程度	越南人口识字率为 97.3%
语言	越南普通话，以河内语音为标准
宗教	越南宗教信仰自由，多数人民信仰佛教，约占全国人口的 50%；天主教徒约占 10%，高台教徒约占 3%，和好教徒约占 4%，另有基督教徒及穆斯林，其余无宗教信仰偏好
首都及重要城市	河内（首都）、胡志明市、海防、岘港及芹苴
政治体制	社会主义、共产党领导
投资主管机关	计划投资部（Ministry of Planning and Investment）
经济概况	
币制	越南盾（VND）
国内生产总值	4 300 亿美元（2023 年）
经济增长率	8.02%（2021 年）
人均国内生产总值	4 284 美元（2023 年）
汇率	1 美元≈24 895 越南盾（2024 年 10 月）
国内生产总值增长率	5.05%
消费品价格上涨指数	3.25%（2023 年）
外汇存底	1 100 亿美元（2022 年）
出口总金额	3 362.5 亿美元（2021 年）
主要出口产品	纺织品及成衣、原油、电话机及其零件、鞋类、水产品、计算机电子产品及其零件、机械设备及其零件、木制品、稻米、橡胶、咖啡
主要出口国家	美国（956 亿美元）、中国（560 亿美元）、欧盟（401 亿美元）、东盟（288 亿美元）、日本（201 亿美元）（2021 年）

经济概况	
进口总金额	3 322.5 亿美元（2021 年）
主要进口产品	机械及其零件、计算机电子产品及其零件、布料、钢铁、电话机及其零件、塑料原料、各种汽油、纺织成衣鞋类及其配件、化学原料
主要进口国家/地区	中国（1 098 亿美元）、韩国（561 亿美元）、东盟（411 亿美元）、日本（226 亿美元）、中国台湾（207 亿美元）（2021 年）

资料来源：根据中国外交部与商务部官网及越南国家官网相关材料自行整理。

一、人文及社会环境

（一）人口数及结构

据世界银行最新统计，2023 年越南人口已达 1.003 亿，越南人均 GDP 提升至 1.066 亿越南盾（约 4 284 美元）。2021 年官方统计各级年龄人口的比例为男性占 49.8%，女性占 50.2%。全国人口平均年龄为 32 岁，平均寿命为 73.7 岁。15 岁以上劳动力 5 050 万人。

（二）语言

越南普通话，以河内语音为标准，具有 6 音，南北部发音略有差异。

（三）民族与宗教

越南有 54 个民族，京族占总人口 86%，岱依族、傣族、芒族、华人、侬族人口均超过 50 万。主要语言为越南语（官方语言、通用语言、主要民族语言）。主要宗教：佛教、天主教、和好教与高台教。

（四）国民教育水平

越南人口识字率约 97.3%，目前法定国民教育为 9 年，包含小学 5 年及中学 4 年，至 2018 年越南共有 388 家三专、551 家二专、1 035 家高职、2 811 家高中及 235 所大学与学院（170 家公立、60 家私立及 5 家外资学校）。

（五）首都及重要城市概况

1. 首都

河内市（Hanoi），面积 3 340 平方公里，人口 805 万人（2019 年）。夏季平均气温 28.9℃，冬季平均气温 18.9℃。

2. 主要工商城市

（1）胡志明市（Ho Chi Minh City）：越南最大都市，工商发达，人口约800万，面积2095平方公里。胡志明市兴建了许多高级酒店式公寓及大型购物中心，是观光旅游购物休闲胜地。胡志明市政府已着手兴建多条捷运，目前尚未通车。

（2）海防市（Haiphong）：越南重要商港，鞋业重镇，人口约190万，面积1523平方公里。河内与海防间的快速道路已于2014年竣工，来往两地时间由约3小时缩短为1.5小时，相当方便。

（3）岘港市（Danang）：中越最大都市，为天然良港，人口约100万，面积1285平方公里。

（4）芹苴市（Cantho）：湄公河三角洲上的最大都市，人口约120万，面积1409平方公里。

3. 对外商态度

近年来越南政府为吸引外来投资，对外商态度友好，加入WTO后，配合WTO要求开放市场，大幅改革经济体制及改善基础建设，并积极参与区域经济整合，如CPTTP，致力于吸引高附加价值企业进驻越南，提升国家竞争力。

二、政治环境

968年，越南成为独立的封建国家。1884年沦为法国保护国。1945年9月2日宣布独立，成立越南民主共和国。同年9月，法国再次入侵越南。1954年7月，关于恢复印度支那和平的日内瓦协定签署后，越南北方获得解放，南方仍由法国（后成立由美国扶植的南越政权）统治。20世纪60年代美国陷入越南战争，1973年1月越美在巴黎签订关于在越南结束战争、恢复和平的协定，美军开始从越南撤走。1975年4月30日越南全部解放，1976年4月组建统一的国会，7月宣布越南全国统一，确定国名为越南社会主义共和国。1986年，越南实行革新开放政策，经济实现较快发展。特别是越南在1995年加入东盟以后从东盟获得了政治、外交、安全和经济等多方面的利益，并逐渐在东盟占有重要的地位和发挥重要的作用。越南现行宪法是第五部宪法，于2013年11月在十三届国会第六次会议上通过，2014年1月1日正式生效，是1946年、1959年、1980年、1992年宪法的继承和发展，体现了越南社会主义过渡时期的国家建设纲领。

（一）政治体制

越南为社会主义国家，越南共产党（Communist Party of Vietnam，CPV）为越南唯一合法政党。越南总理掌握行政实权，任期5年，可连选连任1次；越南立法部门国会共500席次，国会议员任期5年，候选人由越南祖国阵线（Vietnam Fatherland Front，

VFF）审核并决定。

依据 1992 年宪法，越南共产党遵循马克思列宁主义与胡志明思想，实行以社会主义为导向的市场经济。宪法规定国会为国家最高权力机关，越共中央政治局为最高权力核心。2016 年 1 月越共召开"第 12 届全国党代表大会"，选出 180 名正式中央委员、19 名中央政治局委员并确认其他高层人事，越共总书记阮富仲（Nguyễn Phú Trọng）连任，为国家最高领导人[1]。苏林（Tô Lâm）2024 年 5 月 22 日就任国家主席，现任总理范明政（Phạm Minh Chính）（2021 年 4 月 5 日就任）掌握行政实权，任期 5 年，可连选连任 1 次。内阁设有相关部会处理国防、外交、内政、工商、投资等事务。

（二）立法部门

国会是国家最高权力机关，任期五年，通常每年举行两次例会。现为第 15 届国会。现任国会主席陈青敏（Tran Thanh Man），2024 年 5 月当选。

（三）司法机构

越南的司法机构由最高人民法院、最高人民检察院及地方法院、地方检察院和军事法院组成。最高人民法院院长黎明智（Le Minh Tri），2024 年 8 月就任。最高人民检察院检察长阮辉进（Nguyen Huy Tien），2024 年 8 月就任。

（四）政党

越南共产党是唯一政党，1930 年 2 月 3 日成立，同年 10 月改名为印度支那共产党，1951 年更名为越南劳动党，1976 年改用现名。现有党员约 540 多万人，基层组织近 5.6 万个，同世界上 180 多个政党建有党际关系。

（五）外交关系

越南奉行全方位、多样化、愿与各国交友的外交路线，保持与传统周边邻邦的友好关系，积极发展与东盟国家的友好合作，重点发展与中国、美国、俄罗斯、日本、印度和欧盟等大国以及世界银行、亚洲开发银行等国际组织的关系，积极参与国际事务，已同 193 个国家建交，同近 200 个国家和地区保持经贸往来，并于 2007 年加入WTO。2010 年、2020 年担任东盟轮值主席，2019 年 6 月当选联合国安理会 2020—2021 年非常任理事国。2016 年 2 月 4 日正式签署参加"跨太平洋伙伴关系协定（TPP）"。2017 年 1 月，美国退出 TPP，参与谈判的其他 11 国对原协定作出修改，形成 CPTPP，2018 年 12 月 30 日 CPTPP 正式生效。2019 年 6 月 30 日在河内签订《越南

---

[1] 越共中央保健委员会 2024 年 7 月 19 日发布消息，阮富仲当天因病逝世，享年 80 岁。2024 年 8 月 3 日，经越南共产党第十三届中央委员会会议并选举新任越共中央总书记，苏林全票当选。

与欧盟自由贸易协定》（EVFTA）和《越南与欧盟投资保护协定》（EVIPA）。

第二节 经济发展现况

越南坚持共产党领导，坚持社会主义制度，国内政局和宏观经济保持稳定。1986年以来，越南坚持革新开放，以发展经济为重心，加快融入国际关系。特别是在2006年11月加入WTO后，越南给予外资企业国民待遇，政府大力清理国内法律法规，力求与国际接轨。为加大吸引外资力度，越南第五次修订《投资法》，并于2015年7月1日正式生效。

2016年11月22日，越南国会通过《关于〈投资法〉附条件投资经营行业4号目录的修订草案》，决定自2017年1月1日起正式取消20项业务的投资经营限制条件，投资市场进一步开放，营商环境不断改善。2019年8月20日，越共中央政治局颁布第50号决议，决定以质量效益和工艺环保等优先条件吸引外资，旨在把利用外资推向新的高度。

越南政府政策着重发展经济自由化及市场导向的体制，并于2016—2020年实施国民经济与社会发展五年计划，加强开发国内民营企业及吸引外国投资、国有企业重整、金融市场重整、对重要生产因素（土地使用权、劳工、科技）进行市场重整等。借由经济结构调整，促进经济稳定、改善社会福利与民众生活水平。近年来，越南经济发展速度较快，成为地区经济发展亮点。2022年越南GDP首次突破4 000亿美元，达4 090亿美元，人均GDP约为4 110美元，全年经济增速为8.02%，为12年来最大增幅。

一、经济概况

越南于1986年施行革新开放后，经济体制开始与国际接轨。1987年颁布外国投资法，2007年加入WTO，2011年先后推出"2011—2020年社会经济发展战略（SEDS）"及"2011—2015年社会经济发展计划"，尝试更深层次、更广泛及更有效地融入国际经济，寻求实现快速及可持续发展的战略目标，从而跻身为现代的工业化经济体，提升越南在国际舞台上的地位。自此之后，越南FDI即由1988年的3亿美元迅速成长，至2018年已超过3 401亿美元（包括新投资案及增资案），同期对外出口额也由10亿美元增长至2 366亿美元，可见越南已从中央计划经济体制逐渐过渡至市场导向的经济体制。

2016年越共十二大通过了《2016—2020年经济社会发展战略》，提出2016—2020年经济年均增速达到6.5%~7%，至2020年人均GDP增至3 200~3 500美元。2021年越共十三大通过《2016—2020年经济社会发展任务实施评估和2021—2025年经济社会发展方向、任务的报告》，提出2021—2025年经济年均增速达到6.5~7%，至2025年人均GDP增至4 700~5 000美元。

2016 年越南经济政策延续与国际接轨精神,对外持续洽签自由贸易协议,对内进行体制改革,经由修法加速市场开放及竞争,已取得一定成绩。至 2022 年,越南已签署 15 项自由贸易协定,包括 CPTPP、RCEP、越欧自贸协定、越英自贸协定等。此外,越南还正在与欧洲自由贸易联盟(EFTA,包括瑞士、挪威、冰岛和列支敦士登)及以色列就签署自贸协定进行谈判。越南通过签署自贸协定与其重要经贸合作伙伴建立起自由贸易关系,为促进双边贸易和投资以及促进地区和全球经济一体化作出贡献。在经贸协定的框架下,越南辐射东南亚甚至全球市场,融入全球产业链、价值链。

FDI 仍然是越南贸易的重要驱动力。越南由于具有低劳动力成本、较高贸易开放程度和有利的地理位置,已成为 FDI 的主要目的地,过去外资以加工外销为主,近年国外企业逐渐看中越南人口红利,开始积极拓展本地市场,尤其是韩国厂商。除了资本投资,FDI 还为越南带来先进技术、管理能力和市场知识,有助于工业升级和生产力生长。不过外国公司与越南国内公司的联结仍然相对薄弱,对国内公私营部门在获得新科技和管理技术、示范效应和群聚效益方面的帮助颇为有限。

二、天然资源

(一)土地

越南国土总面积为 33.14 万平方公里,陆地约 31 万平方公里,水域 2 万平方公里。可耕作土地占陆地面积的 20.14%,实际耕作面积仅占 6.93%,其余则为林地、专用土地、住宅用地等。

(二)石油及天然气

2018 年,越南石油生产约为 1 400 万吨,较 2017 年减少 150 万吨。PetroVietnam 表示越南大部分油田业已开采多年,产量估计每年下降 15%~30%。其中越南最大、产能最高的白虎(Bạch Hổ)油田的产量占全国总产量的 60%,目前已处于枯竭状态,预计只能开采 4~5。此外,由于海平面升高,超过 6 成的近海油田面临在未来几年减产的挑战。

越南天然气资源十分丰富,目前最大的天然气开发计划为 Exxon Mobile 的蓝鲸计划(Blue Whale),预计储存量为 1 500 亿立方米。

(三)矿产

越南中北部地区矿产颇为丰富,主要有煤矿、稀土、钨矿、锡矿、石灰石及铁矿,因电力及产业需求,越南已于 2016 年起成为煤炭净输入国,越南国营 Vinacomin 集团及军属 Dong Bac 公司为煤矿主要开采公司。

三、基础设施现况

（一）公路

越南全国公路总里程为 66.8 万公里，85.8% 为农村交通道。国道约为 2.46 万公里。高速公路约为 1 800 公里，其中已建成通车 1163 公里。截至 2021 年底，公路货运量占越国内货物运输总量的 65% 以上。2021 年货物运输量为 16.205 亿吨，比上年下降 8.7%，周转量 3 334 亿吨公里，下降 1.8%。越南公路可与中国、老挝和柬埔寨联通。中越陆地边界线长达 1 450 公里，越南北部七省与中国广西、云南两省接壤，两国共设 28 对不同等级的陆上口岸，大部分口岸可通过公路连接，较大的公路连接口岸为东兴—芒街、友谊关—友谊、河口—老街等。

（二）铁路

越南铁路基础设施总体较为落后，全国仅 34 个省、直辖市有铁路经过，7 条主线、12 条支线总里程为 3 143 公里。85% 的路段为旧式米轨，标准轨仅占 6%，其余 9% 为套轨。铁路运输平均时速在 60 公里以下，运力十分有限，铁路货运量仅占全国货运总量的 0.6%。

随着廉价航空和高速公路的快速发展，铁路运输业因运行速度低、设施设备老旧、竞争力不足等陷入窘境，日益被边缘化。根据《至 2020 年铁路发展规划》，今后越南将重点发展城市铁路交通及连接城内与郊区的铁路运输，优先改造和升级河内—胡志明市铁路线。

2022 年 11 月 1 日，在越共中央总书记阮富仲访华时，中越双方发表了《关于进一步加强和深化中越全面战略伙伴关系的联合声明》，其中提到，中越双方将开展基础设施建设与互联互通合作，尽快完成老街—河内—海防标准轨铁路规划评审。河内市和胡志明市正在建设都市铁路系统，首条都市铁路——河内轻轨二号线已经建成并于 2021 年 11 月 6 日正式投入商业运行，其余 5 条城市轨道交通项目建设进度均大幅落后。

（三）空运

越南共有 22 个航空港正在运营，其中国际航空港 10 个。总运营能力为 9 500 万人次/年。河内内排机场和胡志明市新山一机场是目前越南两个最大的枢纽航空港，均达到 4E 标准（ICAO）。越南共有来自 25 个国家和地区的 68 家海外航空公司以及越航等 6 家本土航空公司从事国内及国际航空运营。

目前，除越南 6 家本土航空公司以外，还有 25 个国家的 68 家外国航空公司经营越南国际航线，已开通连接国内 20 多个城市与中国、韩国、日本、美国、泰国、马来西亚、俄罗斯、德国、澳大利亚、法国、英国、印度等28个国家的130多条航线。

中越间航空运输量近年增长较快。越南的越南航空（Vietnam Airlines）、越捷航空（Vietjet air）和捷星太平洋航空（Jestar Pacific）和中国的中国国际航空、南方航空、东方航空、四川航空、厦门航空、海南航空、奥凯航空等参与中越航线经营。越方航点主要有胡志明市、河内、岘港、芽庄、富国岛、海防、大叻和云屯，中方航点主要有北京、上海、广州、深圳、成都、重庆、昆明、长沙、厦门、南宁、杭州等地。

2015年6月，越南国会正式通过了投资建设龙城国际航空港的决议。位于南部同奈省的龙城国际航空港建设项目总投资336.63万亿越南盾（约合160.3亿美元），有望成为越南最大的机场和东南亚地区的航空枢纽中心之一。目前，该项目征地工作尚未结束，项目完工时间预计为2025年底。

（四）水运

1. 海洋运输

近年来，越南海洋运输发展较快。现有海港49个，其中一类港口17个，二类港口23个，三类港口9个。全国海港系统共有286个码头，第一是海防港，有50个，第二是巴地—头顿（45个），第三是胡志明市（43个）。2020年越南港口货物吞吐量为6.92亿吨，占越南港口运输总量的78.7%。越南港口可分为六大港口群，自北向南依次为广宁省至宁平省的北部港口群、清化省至河静省的北中部港口群、广平省至广义省的中部港口群、平定省至平顺省的南中部港口群、南部港口群和九龙江平原港口群，吞吐量主要集中在北部港口群和南部港口群，约占总吞吐量的80%。越南海运船队主要由国内自产新船和国外进口二手船组成，共有海运船只1 600余艘，总吨位620万吨，世界排名第31位。越南最大的海运企业为越南航海总公司（VINALINES）。

2. 内河运输

越南内河运输的货运量与客运量仅次于公路运输，在全国运输业中居第二位。内地水路港口共有131个，其中13个能停靠外国船舶。主要港口位于胡志明、河内、河北、越池、宁平、和平等省市。船队以5~20吨级到1 000~2 000吨级的船只为主。

（五）通信

越南国家通信基础设施已覆盖全境，2020年光缆和收发基站覆盖里程为80多万公里。移动网络覆盖率达99.7%，已广泛覆盖3G和4G移动网络，正在进行5G移动网络测试。2021年越南电信发展指数（IDI）排名74/176，比2020年上升3位。截至2022年4月，越南有7家企业提供移动通信业务，其中5家提供4G业务。63家企业提供互联网接入业务。全国移动用户达1.2亿，平均每人拥有1部以上移动电话。移动宽带用户达 6 820 万，固定宽带互联网用户为 1 795 万。

（六）电力

截至 2021 年底，越南电力总装机容量为 76 620 兆瓦，居东盟第 2 位（仅次于印度尼西亚），在世界排名第 23 位。全国乡镇通电率达 100%。2021 年越南电力集团（EVN）生产、购买电力约 2 567 亿千瓦时，同比增长 3.9%。越南全国高压电网 2.4 万多公里，其中 500 千伏电网全长 7 800 公里，220 千伏电网全长 17 000 公里，110 千伏电网全长 19 500 公里。2021 年从中国进口电力约 14 亿千瓦时。

四、产业概况

根据越南国家统计总局（General Department of Statistics）发布的资料，2022 年其 GDP 成长率为 8.02%，创 10 年来最高。2022 年越南三级产业（农林渔业、工业及营建业、服务业）GDP 成长率分别为 3.36%、7.78%、9.99%。2022 年的亮点为服务业得到恢复，并强劲增长 9.99%，为 2011 年以来最高增幅。

（一）产业结构

2021 年，越南农林水产业增长 2.9%，工业建筑业增长 4.05%，服务业增长 1.22%，对 GDP 增长贡献度分别为 13.9%、37.8% 和 22.2%，占 GDP 比重分别为 12.3%、37.8% 和 40.9%。经济增长的主要拉动力分别是加工制造业（增长 6.37%）、信息通信业（增长 5.97%），以及金融、银行和保险业（增长 9.42%）。

（二）重点/特色产业

1. 农林渔业

越南盛产大米、橡胶、胡椒、椰子、火龙果、西瓜、杧果、腰果、茶叶、咖啡等。2021 年越南出口大米约 620 万吨，出口额为 32 亿美元；蔬果出口额为 35.2 亿美元。全国森林面积约 1 017 万公顷。2021 年，新增造林面积 27.78 万公顷，开采木材 1 810 万立方米。越南渔业资源丰富，沿海有 1 200 种鱼、70 种虾，盛产红鱼、鲉鱼、鳖鱼等多种鱼类。中部沿海、南部东区沿海和暹罗湾等海域，每年的海鱼产量都可达到数十万吨。2021 年越南水产总量为 872.6 万吨，同比增长 1%。

2. 工业

2021 年，越南工业产值增长 4.82%。加工制造业产值增长 6.37%，电力生产与配送行业产值增长 5.24%，供水和污水、垃圾处理行业产值增长 4%，采矿业产值下降 6.21%。主要工业产品有电子产品、计算机、手机、机械设备、汽车、摩托车、纺织服装、石油天然产品、橡胶产品、塑料制品等。

3. 服务业

官方统计机构认为，在 2022 年越南经济全系统中，对越南经济贡献第一的是服务业（56.65%），第二是以房地产为代表的工业和建筑业（38.24%），第三是农林渔业（5.11%）。

4. 汽车工业

截至 2021 年底，全国汽车相关生产企业约有 360 家，其中汽车装配企业 50 家，底盘、车身和行李箱生产企业 45 家，汽车零配件生产企业 214 家。2021 年，越南汽车销售量为 41 万辆。越南汽车企业以进口部件组装为主，国产转化率较低，仅 5%～10%。2018 年，越南 VINFAST 公司推出首辆国产汽车。

5. 电子工业

近年来，越南手机、计算机及零部件生产出口的主导作用逐渐凸显。2021 年，越南手机及零部件出口额为 575 亿美元，电子、电脑及零部件出口额为 508 亿美元，合计达 1 083 亿美元，占出口总额的 32%。三星、LG、微软、富士康等大型企业均在越南投资设厂。其中，三星投资额近 185 亿美元，2021 年越南三星营收额约 742 亿美元，出口额为 655 亿美元，约占越南对外出口总额的 20%。

6. 油气工业

2021 年，越南开采原油 1 100 万吨，开采天然气 70.9 亿立方米。越南有两家炼油厂具备原油精炼能力，分别为义山和榕桔炼油厂，设计加工能力为 1 650 万吨/年，能满足越南 70% 的成品油需求量。

7. 电子商务

《2022 年越南电子商务白皮书》数据显示，2021 年电子商务交易增长率达 16%，交易额达 137 亿美元。电子商务交易额占全国商品零售和消费服务总额的 7%，较 2020 年增长了 27%。在 Facebook、Zalo 和 Instagram 等社交网站开展经营活动的企业占全国企业的比重从 2021 年的 41% 增至 2022 年的 57%。越南成为东南亚地区第二大电商市场，仅次于印度尼西亚。

第三节　贸易投资现况

一、对外贸易投资现况

（一）贸易进出口总量

2023 年货物进出口总额约 6 830 亿美元，同比下降 6.6%，其中出口额 3 555 亿美元，下降 4.4%；进出口额 3 275 亿美元，下降 8.9%，贸易顺差 280 亿美元，连续 8 年实现贸易顺差。

（二）贸易结构

2021 年越南主要出口产品：（1）手机及零配件，出口额 575 亿美元（外资企业占 97.9%），占出口总值的 17.1%，较上年增长 13.1%；（2）电子产品、计算机及零配件，出口额 508 亿美元（外资企业占 96.7%），增长 13.5%；（3）纺织品及服装，出口额 328 亿美元，增长 10.8%；（4）机械设备、工具及零配件，出口额 383 亿美元（外资企业占 86.5%），增长 41.8%；（5）制鞋业，出口额 177 亿美元（外资企业占 78.5%），增长 6.6%；（6）木材及木制品，出口额 148 亿美元，增长 20.3%。

2021 年越南主要进口商品：（1）计算机、电子产品及零配件，进口额 754 亿美元（占进口总额的 22.7%），比上年增长 17.8%；（2）机械设备、工具及零配件，进口额 463 亿美元，增长 23.7%；（3）手机及零配件，进口额 214 亿美元，增长 28.9%；（4）纺织面料，进口额 143 亿美元，增长 21.1%；（5）塑料，进口额 117 亿美元，增长 40.7%。

（三）主要贸易伙伴

越南主要贸易对象为中国、美国、欧盟、东盟、日本、韩国。主要出口商品有：原油、服装纺织品、水产品、鞋类、大米、木材、电子产品、咖啡。主要出口市场为欧盟、美国、东盟、日本、中国。主要进口商品有：汽车、机械设备及零件、成品油、钢材、纺织原料、电子产品和零件。主要进口市场为中国、东盟、韩国、日本、欧盟、美国。

（四）吸引外资

外资的进入对越南引进先进生产技术和管理经验，推动经济增长，解决就业起到了重要作用。2023 年外商对越投资合同金额 366 亿美元，同比增长 31.1%。实际利用外资 231.8 亿美元，同比增长 3.5%，创 5 年来新高。

（五）其他重要经贸数据

1. 外汇储备
截至 2022 年 1 月底，越南外汇储备约 1 100 亿美元。

2. 失业率
2021 年，越南适龄劳动人口失业率为 3.22%，其中，城市失业率为 4.42%，农村失业率为 2.48%。15～24 岁青年失业率为 8.48%，城市地区 11.91%，农村地区 6.76%。

3. 公共债务
截至 2021 年底，越南公共债务为 1 560 亿美元，相当于 GDP 的 43.1%，债务与

GDP 的比率仍在国会允许的安全范围之内。

4. 主权信用等级

2022 年 4 月，国际评级机构惠誉对越南主权信用评级为 BB，展望为正面；2022 年 5 月，国际评级机构标准普尔对越南主权信用评级为 BB+，展望为稳定。2021 年 4 月，国际评级机构穆迪对越南主权信用评级为 Ba3，展望为正面。

二、对外贸易的法规和政策

（一）贸易主管部门

越南主管贸易的部门是工贸部，设有 36 个司局和研究院，负责全国工业生产（包括机械、冶金、电力、能源、油气、矿产及食品、日用消费品等行业）、国内贸易、对外贸易、WTO 事务、自由贸易区谈判等。各省和直辖市设有工贸厅，主管辖区内的工业和贸易工作。此外，工贸部在各驻外使领馆和多边经贸组织派驻代表。

（二）贸易法规体系

越南主要贸易法律法规有《贸易法》（2005 年）、《民法典》（2015 年）、《投资法》（2014 年）、《电子交易法》（2005 年）、《海关法》（2014 年）、《进出口税法》、《知识产权法》（2005 年颁布，2019 年补充、修订）、《信息技术法》、《反倾销法》（2004 年）、《反补贴法》（2005 年）、《企业法》（2014 年）、《外贸管理法》（2017 年）等。外商在越南投资建立独资、合资和合作经营企业，建立贸易公司和分销机构等都有明确的法律规定。

（三）贸易管理的相关规定

1. 进口管理

根据加入 WTO 的承诺，越南逐步取消进口配额限制，基本按照市场原则管理。禁止进口的商品主要有武器、弹药、除工业用以外的易燃易爆物、毒品、有毒化学品、军事技术设备、麻醉剂、部分儿童玩具、规定禁止发行和散布的文化品、各类爆竹（交通运输部批准用于安全航海的除外）、烟草制品、二手消费品（纺织品、鞋类、衣物、电子产品、制冷设备、家用电器、医疗设备、室内装饰）、二手通信设备、右舵驾驶机动车、二手物资、低于 30 马力的二手内燃机、含有石棉的产品和材料、各类专用密码及各种密码软件等。

自 2016 年 7 月起，越南允许进口使用年限不超过 10 年的二手设备。该通知将取代 2014 年 7 月出台的第 20/2014/TT—BKHCN 号通知。进口的二手设备在安全、节能和环保方面，需符合越南国家技术标准或 G7 标准。此外，越南还禁止进口被权威机构认定为落后、质量差、污染环境的二手设备。生产企业需要维修、更换正在运行的设备，可允许进口二手零部件，可以自主进口或委托其他企业进口。此外，对于使用年限超过10年的二手设备，如生产企业仍需进口，也可向越南科技部提出申请。

2. 出口管理

关于出口，越南主要采取出口禁令、出口关税、数量限制等措施。禁止出口的商品主要有：武器、弹药、爆炸物和军事装备器材，毒品、有毒化学品，古玩，国内天然林的原木、锯材，来源为国内天然林的木材、木炭，野生动物和珍稀动物，用于保护国家秘密的专用密码和密码软件等。

3. 原产地规则

根据越南2018年3月出台的《外贸法商品原产地规定细则（31/2018/ND-CP）》，商品的本地增加值需超过30%方可认定原产地为越南。2019年，越南工贸部公布《关于确定越南产品或越南生产商品办法规定》草案，要求本地增加值超过30%方可使用"made in Vietnam"标识。

4. 进出口商品检验检疫

越南进出口商品检验检疫工作根据不同商品种类由不同部门负责，食品和药品检验由卫生部负责，动植物和其他农产品检验由农业与农村发展部负责，具体规定可在网上查询。

5. 海关管理规章制度

（1）管理制度

越南现行的关税制度包括4种税率：普通税率、最惠国税率、东盟自由贸易区税率及中国—东盟自由贸易区优惠税率。普通税率比最惠国税率高50%，适用于未与越南建立正常贸易关系国家的进口产品。原产于中国的商品享受中国—东盟自贸区优惠税率。根据中国—东盟自贸区货物贸易协议，越南2018年对90%的商品实现零关税，2020年前对其余商品削减5%~50%的税率。中国2011年实现95%的商品零关税，2018年对其余商品削减5%~50%关税。申报中国—东盟自贸区优惠关税应满足原产地规则和直接运输规则。2018年起，越南与东盟成员国之间的汽车、摩托车、食品等多数商品实现零关税。

（2）关税税率

根据不同商品的HS编码和不同自由贸易协定的优惠税率安排，可在越南海关总局网站上查询。

6. 投资主管部门

越南中央政府主管投资的部门是计划投资部，设有31个司局和研究院，主要负责对全国"计划和投资"的管理，为制定全国经济社会发展规划和经济管理政策提供综合参考，负责管理国内外投资，管理工业区和出口加工区建设，牵头管理对官方发展援助（ODA）的使用，负责管理部分项目的招投标、各个经济区企业的成立和发展、集体经济和合作社及统计归口职责等。各省、直辖市政府主管投资的部门是计划投资厅。

7. 投资方式的规定

根据越南《投资法》，外国投资者可选择投资领域、投资形式、融资渠道、投资地点和规模、投资伙伴及投资项目活动期限。外国投资者可登记注册经营一个或多个行业；根据法律规定成立企业；自主决定已登记注册的投资经营活动。

8. 外汇管理

外汇管理方面，外国投资者可根据越南外汇管理规定，在越南金融机构开设越南盾或外汇账户。居民组织如需在国外银行开设账户，需经越南国家银行批准。外国投资者可向从事外汇经营的金融机构购买外汇，以满足项目往来交易、资金交易及其他交易的需求。如外汇金融机构不能满足投资者的需要，政府将根据项目情况，解决其外汇平衡问题。此外，越南还存在金融机构以外的"利伯维尔场"，提供小额外币兑换服务。

越南海关规定，出入境时如携带5 000美元或其他等值外币、1 500万越南盾以上现金，300克以上黄金等必须申报，否则超出部分将按越南海关有关规定进行处罚。中国国内团组访越，如团费交由专人携带，出入境时超出标准部分应申报，或者分散保管，以免被罚没。

9. 融资条件

融资方面，外资企业与当地企业享有同等待遇。金融机构根据客户的贷款需求和还款能力及自身的资金能力决定贷款额度。金融机构对于单一客户的融资金融不得超过金融机构注册资本金的15%，集团关联企业不得超过金融机构注册资本金的25%。如对一个客户的贷款总余额超过金融机构自有资金的15%或客户有多种融资的需求，则各金融机构按越南国家银行的规定发放银团贷款。

美元贷款方面，越南有严格限制，规定企业申请的美元贷款必须用于支付商品或劳务进口且有能力用自有外汇收入支付还款。从2019年开始，越南央行允许各金融机构向客户提供短期外币贷款，以满足国内出口货物和生产经营需求。

10. 投资合作相关的主要法律

越南《民法典》规定了自然人之间、法人之间以及自然人与法人之间的财产关系，为私有财产提供保护。《投资法》规定了外商在越南投资的项目审批、权利、义务、税收、政策优惠等。《海关法》规定了商品进出越南的原则和方式，以及海关机构和进行商品外贸活动的人的权利和义务等。《竞争法》《企业法》《证券法》和《企业所得税法》对企业并购及外国投资者股权比例、外国投资税收优惠有明确规定。

第四节　中越经贸发展进程

一、中越政经关系

中越两国于 1950 年 1 月 18 日建交。两国在政治、军事、经济等领域进行广泛的合作。

1991 年 11 月，中越两国关系回归正常。近年来，中越关系总体保持良好发展趋势。两国领导人提出"长期稳定、面向未来、睦邻友好、全面合作"十六字方针和"好邻居、好伙伴、好同志、好朋友"四好精神，并在此基础上发展两国全面战略合作伙伴关系。

2009 年 11 月，两国完成陆地边界勘定工作。双方在外交、公安、国防和安全等部门的合作不断深化，两党理论交流和青少年交往进展良好。2015 年 4 月 7—10 日，越共总书记阮富仲访华，双方共同发表《联合公报》，同意共同推进各领域友好合作。同年 11 月 5—6 日，中共中央总书记、国家主席习近平首次访问越南，实现两国最高领导人年内的首次互访，两国领导人达成了积极推动中国共建"一带一路"倡议和越南"两廊一圈"的战略对接等一系列重要共识。

2017 年，两党两国继续保持高层互访势头，1 月 12—15 日越共中央总书记阮富仲访华，5 月 11—15 日越南国家主席陈大光访华并出席"一带一路"国际合作高峰论坛；11 月 10 日中共中央总书记、国家主席习近平赴越南出席亚太经合组织第 25 次领导人非正式会议并对越南进行国事访问。

2018 年 11 月 4 日至 5 日，越南政府总理阮春福赴华出席首届中国国际进口博览会，中共中央总书记、国家主席习近平 4 日同其会面。2019 年 4 月 25 日至 27 日，越南政府总理阮春福赴华出席第二届"一带一路"国际合作高峰论坛，国家主席习近平等中国领导人会见。2019 年 7 月 8 日至 12 日，越南国会主席阮氏金银率团访华，国家主席习近平、全国政协主席汪洋分别会见阮氏金银，栗战书委员长同阮氏金银举行会谈。

2022 年 10 月底，越共中央总书记阮富仲对华进行正式访问，成为中共二十大后首位访华的外国领导人，彰显中越两党两国关系的传统友谊。访问期间，中共中央总书记、国家主席习近平同阮富仲总书记举行会谈，并代表中国党和政府向阮富仲总书记颁授中华人民共和国"友谊勋章"。双方就中越两党两国关系及当前国际地区局势深入交换意见，达成一系列重要共识，双方发表了《关于进一步加强和深化中越全面战略伙伴关系的联合声明》。

2024 年 8 月 18 日至 20 日，越共中央总书记、国家主席苏林对中华人民共和国进行国事访问，中共中央总书记、国家主席习近平会见，国务院总理李强、全国人大常委会委员长赵乐际、全国政协主席王沪宁分别会见。双方发表了《中华人民共和国和越南社会主义共和国关于进一步加强全面战略合作伙伴关系、推进中越命运共同体建设的联合声明》。

2024 年 10 月 12 日至 14 日，时任国务院总理李强对越南进行正式访问，会见越共中央总书记、国家主席苏林，分别会见越南总理范明政、国会主席陈青敏。双方发表了《中华人民共和国和越南社会主义共和国联合声明》。

二、中越经贸分析

中越经贸合作关系持续稳定发展。目前，中国是越南第一大贸易伙伴、第一大进口来源地和第二大出口目的地。2011 年 10 月，两国签署《中越经贸合作五年发展规划》；2016 年 9 月签署《中越经贸合作五年发展规划补充和延期协定》，并重签《中越边境贸易协定》；2017 年 11 月签署共建"一带一路"倡议与"两廊一圈"规划发展战略对接协议，并就电子商务、基础设施合作等签署相关协议，制定五年规划重点项目清单；2021 年 9 月签署《关于成立中越贸易畅通工作组的谅解备忘录》。目前，两国政府有关部门正在制定关于共建"一带一路"倡议与"两廊一圈"规划战略对接的实施方案。

（一）双边贸易

中越两国互为重要贸易伙伴，两国产业链、供应链深度融合，双边贸易保持较快增长速度。据中国海关统计，中国对越南出口商品主要为机电产品、机械设备和面料、纺织纤维以及其他原辅料，从越南主要进口矿产资源和农产品等。2022 年，双边贸易额为 2 308.7 亿美元，同比增长 2.1%。其中，我国出口 1 429.3 亿美元，同比增长 6.8%，进口 879.4 亿美元，同比下降 4.7%。2023 年，中越双边贸易额 2 297.3 亿美元，同比下降 0.5%。其中我方出口额 1 376 亿美元，同比下降 3.7%；进口额 921.3 亿美元，同比增长 4.8%。2015—2021 年情况见表 4-2。越南是中国在东盟第一大贸易伙伴和全球第六大贸易伙伴。

表 4-2 2015—2021 年中越双边贸易统计

（单位：亿美元）

年份	进出口总额	中方出口额	中方进口额	差额	增长率（%）		
					进出口额	出口额	进口额
2015	959.6	661.2	298.4	364.8	14.7	3.8	49.9

年份	进出口总额	中方出口额	中方进口额	差额	增长率（%）		
					进出口额	出口额	进口额
2016	982.3	611.0	371.3	239.7	2.5	−7.5	24.5
2017	1 212.7	709.4	503.3	206.1	23.4	16.1	35.4
2018	1 478.6	839.0	639.6	199.4	21.2	17.2	27.0
2019	1 620.0	978.7	641.3	337.4	9.6	16.7	0.3
2020	1 922.9	1138.1	784.7	353.4	18.7	16.3	22.4
2021	2 302.0	1379.3	922.7	456.6	19.7	21.2	17.6

资料来源：中国海关。

（二）对越投资

据中国商务部统计，2021 年中国对越南直接投资流量为 22.08 亿美元；截至 2021 年底，中国对越南直接投资存量为 108.52 亿美元。另据越南计划投资部统计，2021 年中国对越南直接投资流量为 29.21 亿美元。其中，新批准项目 204 个，协议金额 16.6 亿美元；117 个项目增资协议金额 10.4 亿美元；433 个股权并购项目，协议金额 2 亿美元。截至 2021 年底，中国累计对越南投资 3325 个项目，协议金额 213.3 亿美元，分别占越南吸收外资项目总数和协议总额的 9.6% 和 5.2%，在 139 个对越南投资的国家和地区中排名第 7 位。

据越方统计，2023 年中方对越直接投资金额为 44.7 亿美元，截至 2023 年底，中方对越直接投资存量 278.18 亿美元。

（三）承包劳务

越南是中国在东盟重要的工程承包市场。近年来，中资企业在越南通过国际招标或投资等形式，承建了一批大型交通、电力、新能源等工程项目，总体进展顺利。中铁六局集团承建的河内轻轨二号线项目已投入商业运行。中国能建与马来西亚合作投资并总承包的海阳电厂的两台 60 万千瓦发电机组中，1 号机组已投入商业运营，2 号机组已并网发电。据中国商务部统计，2021 年中国企业在越南新签承包工程合同 434 份，新签承包工程合同额为 80.68 亿美元，同比增长 63.1%；完成营业额为 47.16 亿美元，同比增长 61.0%。截至 2021 年 12 月底，中资企业在越累计签订承包工程合同金额为 707.4 亿美元，完成营业额为 485.1 亿美元，累计派出各类劳务人员 2 391 人，年末在越南劳务人员 1 505 人。

中越经贸合作也存在一些问题。贸易方面，一是中越边境贸易在双方边贸政策不统一，口岸及边民互市点管理欠规范，基础设施较落后等；二是越南采取贸易保护措施频率加大；三是两国海关部门双边贸易额统计存在很大差异。投资合作方面，一是在越南的中资企业行政成本相对较高；二是纺织品、钢铁、水泥等部分产业趋于饱和，部分地区土地、劳动力等要素成本迅速上涨；三是我国对越南投资项目平均规模较小，高新技术产业项目较少；四是我国企业对当地法律法规了解不够，融入当地的意识有待增强，一些大型工业合作项目纠纷难以得到及时解决①。

本章小结

越南是东盟人口发展最快的国家之一，也是经济发展排在最前面的国家。越南已生效的自贸协定有 12 个，正在谈判或等待签署的自贸协定有 5 个，对外开放格局不断扩大。特别是在 CPTPP、《越南—欧盟自贸协定》、《越南—欧亚经济联盟自贸协定》等生效后，越南事实上已打通通向欧美等重要经济体的市场通道，这给越南企业带来巨大发展机遇。

在中国对东盟 10 国的对外贸易中，越南是中国第一大出口国和第二大进出口贸易伙伴。在越南、老挝、柬埔寨 3 国中，越南有着特殊的作用。越南与中国还有"两廊一圈"的合作机制。2015 年，越南签订了 4 个自贸区协定，特别是加入 TPP 和与欧盟签订了自贸区协议，使其成为亚洲签订自贸区涵盖范围最广的国家。这将加快越南的革新开放。越南正处在工业化过程中，与中国的贸易逆差最大。中越边境地区的跨境合作，对中国共建"一带一路"建设中南半岛经济走廊作用明显。在今后的合作中，中越经贸合作将会有更大的发展。

关键名词或概念

1. 两廊一圈
2. 口岸经济区
3. 跨境经济合作区

---

① 对外投资合作国别（地区）指南（2021 年、2022 年版）。

思考题

1. 越南签订自贸区的动向和效应是什么？
2. 越南投资环境的有利因素和不利因素是什么？
3. 越南与中国经贸合作的重点和注意事项有哪些？
4. 越南与中国边境地区的跨境合作有哪些作用？

第五章

老 挝

◀ ◀ ◀

本章导读

　　本章首先简单介绍老挝的基本情况，然后介绍老挝的经济发展现况、贸易投资现况以及中老经贸发展进程，使读者在学习的过程中，能广泛地、由浅到深地了解这个国家总体的发展情况。

学习目标

　　1. 了解老挝的政治经济情况。

　　2. 基本了解老挝的人文、社会、政治环境。

　　3. 了解老挝的经济发展情况：①最新的经济概况；②天然资源；③基础设施现况；④产业概况。

　　4. 了解老挝贸易投资现况：①对外贸易投资现况；②对外贸易的法规和政策。

　　5. 了解中老经贸发展进程：①中老政经关系；②中老经贸分析。

第一节　国家基本情况

　　老挝北邻中国，南接柬埔寨，东接越南，西北达缅甸，西南毗邻泰国，是中南半岛北部唯一的内陆国家。国土面积 23.68 万平方公里，人口 750 万。老挝矿产资源丰富，属中国三江成矿带延伸部分，金、银、铜、铁、钾盐、铝土、铅、锌等矿藏储量可观；水电资源充沛，湄公河水能蕴藏量 60% 以上在老挝境内，全国长度为 200 公里以上河流 20 余条，有 60 多个水能丰富的水电站建站点；土地资源丰厚，日照时间长，雨水充足，农业开发条件较好。近年来，在老挝人民革命党的"九大"方针政策的引导下，老挝政治保持稳定，经济快速发展。

老挝的基本情况见表5-1。

表5-1　老挝的基本情况

自然人文	
地理环境	位于中南半岛东北部，为半岛仅有之内陆国，东与越南接邻，南邻柬埔寨，西南邻泰国，西北接缅甸，北与中国云南省为界
国土面积	23.68万平方公里
气候	热带、亚热带季风气候，全年有雨。年降水量2 200~3 500毫米
种族	老挝共有50个民族，分属老泰语族系、孟—高棉语族系、苗—瑶语族系、汉—藏语族系，统称为老挝民族
人口结构	人口约750万，0~14岁约占34%、15~24岁约占21%、25~54岁约占36%、55~64岁约占5%、65岁以上约占4%（2022年）
教育普及程度	全国80%左右人口接受过教育
语言	语言以老挝语为主要官方语言，另通行法语、英语及其他少数民族语言
宗教	佛教、基督教、其他
首都及重要城市	万象
政治体制	老挝人民革命党是老挝唯一的政党
投资主管机关	计划投资部
经济概况	
币制	老挝基普（LAK，Lao Kip）
国内生产总值	141.86亿美元（2023年）
国内生产总值增长率	4.2%（2023年）
人均国内生产总值	2 172美元（2022年）
汇率	1美元≈18 717基普（2023全年）
利率	7.5%（基准利率）（2022年）
通货膨胀率	23.0%（2022年）
外汇存底	11.2亿美元（2022年）
出口总金额	81.98亿美元（2022年）
主要出口产品	电力、黄金、纸和纸制品
主要出口国家	泰国、中国、越南、澳大利亚、印度（2022年）
进口总金额	68.08亿美元（2022年）
主要进口产品	柴油、机械设备（车辆除外）、陆地车辆（机车、拖拉机除外）
主要进口国家	泰国、中国、越南、美国、瑞士（2022年）

资料来源：根据中国外交部、商务部网站和老挝国家网站相关材料自行整理。

一、人文及社会环境

（一）人口数及结构

根据老挝最新的人口普查统计结果，老挝人口为 750 万（2022 年）。华侨华人为 3 万多人。2021 年老挝男性人口为 370.3 万，占比为 50.2%，女性人口为 367.6 万，占比为 49.8%。男女性别比（以女性为 100，男性对女性的比例）为 100.7[①]。

（二）语言

官方语言为老挝语，英语正逐步普及，部分人会法语。资格较老的政府官员大多会说俄语或越南语，近年来随着中老两国经贸合作不断加强，老挝国内出现了学习汉语的热潮。

（三）宗教

宗教信仰以南传佛教为主，信徒占 67%，基督教信徒占 1.5%，其他信徒占 31.5%。佛教系于 8 世纪由老听族僧人引进，后成为国教，老挝最重要的寺庙是塔銮寺，老挝的佛教弟子是非常虔诚的，几乎每个老挝男人都要入寺庙当沙弥至少几星期，他们也以布施僧人积德，老挝的寺庙一度被视为大学。

（四）国民教育水平

老挝学制为小学五年，初中三年，高中四年。老挝国立大学是老挝第一所综合性本科大学，1995 年由 9 个独立学院合并而成，位于首都万象，设有 13 个学院。老挝国内另有苏发努冯大学、沙湾拿吉大学、占巴塞大学等院校。

（五）首都及重要城市概况

万象为老挝首都，也是唯一的院辖市，始建于公元前 4 世纪，古名"赛豊"，1560 年赛塔蒂拉国王迁都于此后成为老挝行政首都。

万象市是历史古城和佛教圣地，也是老挝政治、经济、文化中心。位于中寮永珍平原南端湄公河左岸，隔河与泰国相望。城市沿湄公河延伸，呈新月形，故有月亮城之称。

万象市西湄公河畔的瓦岱机场，可起降大型飞机，国内航班可通往老挝主要城市，国际航线可达昆明、河内、金边、曼谷、清迈等地。老挝 13 号公路和湄公河都经过万

---

① 数据来源：世界银行，华经产业研究院整理。

象贯通南北，从万象可驱车通过湄公河友谊大桥直达泰国廊开、泰东北等地。

老挝全国共有 17 个省、1 个直辖市。全国自北向南分为上寮、中寮和下寮三大区。首都万象是全国的政治、经济、文化和科研中心，其他主要经济中心城市包括位于老挝北部的古都琅勃拉邦市、中部的沙湾拿吉市以及南部占巴塞省的巴色市。

老挝已加入 WTO 与世界经济接轨，善用外国援赠，改善公共设施，健全金融体系，协助中小企业及农户取得融资，为吸引外国投资，2010 年老挝修正外国投资法，除了给予投资者更多关税及土地优惠，还设置投资单一窗口及简化投资申请流程，以便外国投资人顺利办理投资申请手续。已生效的洽签自由贸易协议有东盟自由贸易区（AFTA）、亚太贸易协议（APTA）、RCEP。

二、政治环境

老挝实行社会主义制度，人民革命党是老挝唯一政党。1991 年老挝人民革命党"五大"确定"有原则的全面革新路线"，提出坚持党的领导和社会主义方向等六项基本原则，实行对外开放政策。2001 年老挝人民革命党"七大"制定了至 2010 年基本消除贫困，到 2020 年摆脱不发达状态的奋斗目标。2011 年老挝人民革命党"九大"成功召开，选举产生新一届中央领导集体，确立了今后 5 年党和国家的主要目标和任务。2011 年 6 月，老挝第七届国会第一次会议通过"七五"规划（2011—2015 年），规定在"七五"规划期间，GDP 年均增长 8% 以上，到 2015 年人均 GDP 达 1 700 美元，实现联合国千年发展目标，基本解决贫困问题，为 2020 年摆脱最不发达国家状态打下坚实基础。2016 年 2 月，老挝人民革命党举行"十大"，提出争取在 2020 年摆脱欠发达状态，2025 年成为中等收入发达国家，2030 年成为中高收入的发展中国家。

（一）政治体制

1991 年 8 月，老挝最高人民议会第二届第六次会议通过了老挝人民民主共和国第一部宪法。宪法明确规定，老挝人民民主共和国是人民民主国家，全部权力归人民，各族人民在老挝人民革命党领导下行使当家作主的权利。最高领导人是老挝人民革命党中央委员会总书记，其除了主持召开老挝人民革命党中央政治局会议和领导老挝人民革命党中央书记处工作，亦兼任国防和治安委员会主席，统帅老挝人民军。国家主席为国家之元首，拥有任命总理、部会首长以及军事将领等的实权，中央政治局则为老挝政治权力核心，主导国家政策与内阁人事布局，国会采取一院制，有议员 99 席，任期 5 年。现任老挝人民革命党总书记兼国家主席是通伦·西苏里，国家副主席是巴妮·雅陶都和本通·吉玛尼，政府总理是宋赛·西潘敦，国会主席为赛宋蓬·丰威汉。

（二）立法部门

国家最高权力机构和立法机构（原称最高人民议会，1992 年 8 月改为现名），负责制定宪法和法律。国会每届任期 5 年，每年召开 2 次会议，特别会议由国会常委会决定或由 2/3 以上的议员提议召开。国会议员由地方直接选举产生。第八届国会第一次会议于 2016 年 4 月 20 日上午在万象召开，会议选举中央政治局委员巴妮·亚托杜为老挝第八届国会主席，并选举产生 1 名国家副主席、4 名国会副主席和 3 名副总理。此外，会议还通过一份包括 18 名部长的内阁名单。第九届国会于 2021 年 3 月选举产生，国会议员 164 名，主席赛宋蓬·丰威汉。

（三）政党

老挝人民革命党是老挝唯一政党和执政党。1955 年 3 月 22 日建立，原称老挝人民党，1972 年召开"二大"时改为现名。2021 年，老挝人革党十一大选举通伦·西苏里为新一任党中央总书记。

（四）外交关系

老挝对外关系奉行和平、独立和与各国友好的方针，主张在和平共处五项原则基础上同世界各国发展友好关系，重视发展同周边邻国的关系，改善和发展同西方国家的关系，为国内建设营造良好外部环境。截至 2019 年，老挝共与 141 个国家建立外交关系，在海外常设 40 个外交机构，其中包括 26 个使馆，3 个代表处和 11 个领馆。

第二节　经济发展现况

老挝自然资源丰富，矿产资源多未开发。属中国三江成矿带延伸部分，主要矿藏有金、银、铜铁、钾盐、铝土、铅及锌等，水电资源丰富。老挝是东南亚地区水能蕴藏量最丰富的国家之一。湄公河水能蕴藏量 60% 以上在老挝境内，全国长度为 200 公里以上河流 20 余条，农业资源条件良好。老挝土地资源丰富，人口密度为每平方公里 28 人，属热带季风气候，日照时间长，雨水充足，农业开发条件较好。世界银行《2020 年营商环境报告》显示，按照投资难易程度排名，2019 年世界 190 个纳入统计的经济体中，老挝排第 154 位。

一、经济概况

老挝自 1986 年开始改革开放，已逐渐显现成效，于 2004 年取得美国正常贸易地位，经过 15 年的努力，已于 2013 年 2 月正式成为 WTO 第 158 个会员国。老挝政府正积极从事经贸制度改革，并健全其金融体系，希望带动经济成长。老挝于 2016 年 5 月进行政府重组，新政府以推动经济发展作为未来施政的重要政策目标，据世界银行预估，老挝可望于 2024 年自低度开发国家名单中除名。投资方面，老挝最大投资来源国为中国，占整体外国投资近 80%。由于国内基础建设不足，行政效率不彰，相关统计数据较为落后。近年来在老挝政府积极改善投资环境与扩大基础设施情况下，投资环境已有改善，外资逐渐进驻矿产开采、水利发电与观光业，并开始取得成果。

据老方统计，2022 年老挝经济增长率为 2.7%，全年 GDP 约 157.2 亿美元，国内人均 GDP 2 088.4 美元。由于政府预算困难，老挝经济增长率低于 2021 年，但由于在水电项目、基础设施、中老铁路以及制造业等领域引入外国投资，经济增速仍保持在 5% 以上（见表 5-2）。

表 5-2　2015—2022 年老挝经济增长情况

年份	GDP（亿美元）	经济增长率（%）	人均 GDP（美元）
2015	120.0	7.5	1 725.0
2016	133.5	7.0	2 408.0
2017	168.0	6.8	2 472.0
2018	181.0	6.5	2 599.0
2019	191.7	5.5	2 654.0
2020	189.8	0.5	2 593.4
2021	188.3	2.5	2 535.6
2022	157.2	2.7	2 088.4

资料来源：世界银行 https://data.worldbank.org.cn/?locations=VN-LA、老挝计划投资部。

二、天然资源

老挝资源有锡、铅、钾、铜、铁、金、石膏、煤等矿藏。迄今得到少量开采的有锡、石膏、钾、煤等。老挝水力资源丰富。盛产柚木和紫檀等名贵木材，森林面积约 1940 万公顷，全国森林覆盖率约 80%。农业是老挝的经济支柱，农业人口约占全国人口的 90%。主要农作物有水稻、玉米、薯类、咖啡、烟叶、花生和棉花等。全国可耕地面积约 800 万公顷，农业用地约 470 万公顷。

三、基础设施现况

老挝是内陆国，基础设施比较落后，近年来政府加大对基础设施的投入，贯通南北的 13 号公路保持通畅，中心城市基础设施有所改善。已修建 4 座连接泰国的跨湄公河大桥（万象—廊开、沙湾拿吉省—穆达汉府、甘蒙他曲—那空伯侬府、波乔会晒—泰国清孔）。2015 年 5 月 9 日，老挝、缅甸两国间第一座跨湄公河友谊大桥正式通车。

（一）公路

老挝全国公路里程 43 604 公里，其中混凝土路 866 公里，柏油路 6 496 公里，碎石路 15 324 公里，土路 20 919 公里。老挝全国没有高速公路，公路运输占全国运输总量的 79%。昆曼公路的贯通降低了中国与东南亚国家的陆路运输成本，有利于中国与东南亚国家的经贸往来。

（二）铁路

老挝首条铁路仅 3.5 公里，从首都万象的塔那凉车站通往老泰边境的友谊大桥，由泰国政府投资 1.97 亿泰铢修建，于 2008 年 5 月完工，2009 年 3 月正式通车。2014 年 12 月，中老启动铁路合作。2015 年底中老铁路举行开工奠基仪式，2016 年 12 月正式举行全面开工仪式，2021 年 12 月 3 日，中老铁路全线通车。截至 2022 年 12 月 2 日，中老铁路开通营运满一年，交出客货齐旺"成绩单"，累计发送旅客 850 万人次，其中国内段 720 万人次、老挝段 130 万人次；发送货物 1 120 万吨，其中跨境货物超 190 万吨[1]。

（三）空运

老挝有 12 个机场，20 多条航线，首都万象机场能起降大飞机。国际航线有万象—昆明、万象—南宁、万象—广州、万象—常州、万象—曼谷、万象—仁川、万象—河内、万象—胡志明市、巴色—暹粒、万象—吉隆坡、万象—新加坡、琅勃拉邦—曼谷、琅勃拉邦—景洪、琅勃拉邦—成都，客运量为 44 万人次/年，货运量为 2 万吨/年。较大的机场有万象瓦岱机场、琅勃拉邦机场和巴色机场等。

（四）水运

老挝的水路运输全长 3 000 公里。湄公河在老挝境内全长 1 800 多公里，流经 13 个省（市），沿湄公河有 20 多个小型码头，占运输总量的 18%。上湄公河部分航道整治后，旱季能通行 150 吨级船只，雨季能通行 300 吨级船只，下湄公河航段从会晒以下仍未畅通。

（五）通信

老挝基本建成全国通信网络，光缆分南北和东西走向，全长 6 000 公里。全国固话

---

[1]　中老铁路由昆玉段、玉磨段、磨万段组成，其中昆玉段由昆明南站至玉溪站，全长 79 千米，设计速度 200 千米/小时；玉磨段由玉溪站至磨憨站，全长 507 千米，设计速度 160 千米/小时；磨万段由磨丁站至万象站，全长 418 千米；设计速度 160 千米/小时。

容量 100 万部，移动电话容量 300 万部，3G 网于 2008 年开始投入使用，目前容量 28 万，主要集中在首都万象等大城市，2012 年，老挝开通由中国华为公司提供设备并承建的 LTE 网络（4G）。2015 年，老挝发放 4G 牌照，正式启动 4G 网络业务。老挝境内大型通信网络运营商有三家，分别为 LTC、UNITL、ETL。

（六）电力

据分析，老挝境内水电资源理论蕴藏量为 26 000MW，技术可开发总量为 23 000MW，其中湄公河干流超过 10 000MW。煤炭储量方面，老挝探明可开采储量为 2.26 亿吨，主要分布在北部和中部地区，具备一定的发展燃煤电站的潜力。新能源开发方面，老挝全境大部分地区风速达不到风力发电的要求，但大部分地区太阳能资源较好。

四、产业概况

（一）产业结构

近年来老挝的产业结构不断优化，2022 年前 9 个月受全球新冠疫情的影响，农业、工业及服务业产值占 GDP 比例约为 17.5%、34.1%、37.1%。主要贸易伙伴为泰国、中国及越南。

老挝仍属经济管制型国家，虽然 1986 年实行了改革开放，但其改革的脚步相较于邻国越南与柬埔寨缓慢许多。由于国家人口较少，面积较小，老挝政府对于经济的控制力相对较大，许多产业仍由国家控制。

（二）重点/特色产业

1. 旅游业

老挝的旅游业是仅次于矿业的第二大产业，老挝琅勃拉邦市、巴色瓦普寺已被列入世界文化遗产名录，著名景点还有万象塔銮寺、玉佛寺，占巴塞孔埠瀑布、琅勃拉邦光西瀑布等。2011 年至 2015 年，赴老挝游客达 1 800 万人次，旅游观光收入达 20 亿美元，每年赴老挝游客多达 300 万人，每年可创造 5.5 亿至 6 亿美元收入。过去 10 年来，入境游客尤其是来自亚太地区的游客数量稳步上升，其中绝大多数旅客的目的地是邻近泰国的较发达边境城市。入境游客数量及旅游收入均增长了 4 倍，大多数游客来自亚太地区（93%），然后是欧洲（5%）。前两大游客来源国是泰国（50%）及越南（25%）。

老挝政府制定了 2021—2025 年老挝旅游发展计划。按照全球可持续旅游委员会制定的标准，老挝从提高旅游从业者专业技能、改善旅游基础设施建设、旅游签证申请便利化等方面入手，努力提升其在全球旅游市场的知名度。此外，老挝还积极融入东盟区域旅游一体化进程，与泰国、缅甸、越南等国合作打造一体化旅游线路。

2. 纺织成衣业

老挝政治稳定，土地、人工及能源成本低廉，又获欧盟、美国及日本等 50 多个国家给予的普遍化优惠关税待遇（GSP），纺织成衣业已成为其最主要及最具代表性的产业，老挝成衣公会（Association of the Lao Garment Industry）表示，纺织成衣业为老挝的五大主要出口产业之一。

老挝共有 77 家服装厂，其中，万象市 72 家，沙湾拿吉省及占巴赛省各 2 家，万象省 1 家。这 77 家工厂中，有 50 家服装厂以经营出口业务为主，出口对象主要是欧美、日韩等国家，其中欧洲占 80%、日本占 9%、美国占 4%、加拿大占 2%。老挝纺织业每年出口额高达 2 亿美元。全国纺织业员工共有 2.5 万人，90% 为女性。

3. 矿业

近年来老挝的矿业已经被公认为在亚洲最有开发潜力，有超过 570 种的矿产已经在老挝被探勘出来，包括黄金、铜、锌以及铅。据最新可取得的数据统计，老挝采矿和采石业对该国 GDP 的贡献度达 7.0%。目前该国矿产储存有黄金 500 吨，铜 800 万吨，锌 200 万吨。采矿业占政府收入的 12%，也分别占国民收入与外商直接投资的 80% 及 10%。此外，矿业出口贡献了该国出口总额的 45%。车邦及普坎两省的矿区贡献了全国 90% 的矿产量。

老挝的矿产和采矿项目占地面积超过 700 万公顷，占全国土地总面积的 30% 以上。老挝有超过 214 家公司投资于地质科学和采矿，80 家运营商参与采矿作业。目前有 21 家公司从事搜索业务，70 家公司从事调查和勘探活动，43 家公司进行可行性研究。根据老挝能源与矿业部（Ministry of Energy and Mines）最新数据，目前老挝共有 170 个矿业开发项目正在进行中，全国尚有 650 处矿藏未探勘确认，仅有 30% 的矿藏被开采，尚余 70% 的开采潜力。

4. 电力产业

老挝拥有丰富的水能源，有 20 多条流程 200 公里的河流。其中最长的是湄公河，下游河流在老挝境内长达 777.4 公里。调查显示，老挝利用河流可开发的水电装机容量高达 17 267.8MW。老挝水电站目前主要由国有企业 EDL 开发和管理。新的水电站需要得到政府批准，由水资源和环境局综合评估，然后由财政部拨款，计划与投资部监督建设并发放开发许可证。

水力发电是老挝电力开发的重点，总体电力开发仅 10% 左右为火力发电。老挝为内陆热带季风气候，天气炎热，常年气温在 22~45℃，年日照时数达 1 800~2 000 小时，拥有丰富太阳能资源；若以太阳能 10% 日照效率计算，每年可产生 1 460KWh/m² 的能量，有极大潜力发展太阳能供电。2022 年，老挝电力出口收入超过 17.6 亿美元，比 2021 年增长 7.5%。长期以来，老挝与中国、泰国、越南、柬埔寨、新加坡等国都存在电力交易。

第三节　贸易投资现况

一、对外贸易投资现况

（一）贸易进出口总量

老挝同 50 多个国家和地区有贸易关系，与约 20 个国家签署了贸易协定，中国、日本、韩国、俄罗斯、澳大利亚、新西兰、欧盟、瑞士、加拿大等 30 多个国家（地区）向老挝提供优惠关税待遇。主要外贸对象为泰国、越南、中国、日本、欧盟、美国、加拿大和其他东盟国家。2012 年 10 月，老挝正式加入世界贸易组织。2023 年老挝进出口贸易额 155.59 亿美元，同比增长 2%。其中出口总额 83.7 亿美元，同比下降 1%，进口总额 71.89 亿美元，同比增长 5.0%，全年实现贸易顺差 11.81 亿美元。

（二）贸易结构

2021 年主要出口货品为矿物燃料（26%）；被覆贵金属的金属及其制品（11%）；矿石及矿灰（11%）；纸及纸板（9%）；食用蔬菜及根茎作物（5%）。主要进口货品为矿物燃料（15%）；车辆及其零附件（11%）；电机与设备及其零件（8%）；机器及机械用具（8%）；被覆贵金属的金属及其制品（5%）。

（三）主要贸易伙伴

2021 年老挝主要出口国为泰国（34.7%）、中国（31.7%）、越南（11.9%）、澳大利亚（5.9%）、柬埔寨（2.1%）；主要进口国为泰国（46.5%）、中国（22.7%）、越南（7.8%）、瑞士（4.7%）、美国（4.5%）。

（四）吸引外资

老挝计划与投资部最近公布的数据显示，1989 年至 2019 年，投资项目总数为 6 144 个，总投资额为 368 亿美元，在实行开放政策之后，政府在 20 世纪 80 年代中期开始鼓励私人投资，这使私人部门在推动经济增长和国家发展方面发挥了更大的作用。中国是对老挝直接投资最多的国家，然后是泰国、越南、韩国、法国、美国、日本、马来西亚、澳大利亚等。

2019 年，老挝全社会总投资额为 44 347 万亿基普（约 51.57 亿美元），占 GDP 的 26.80%。根据联合国贸发会《2020 年世界投资报告》，2019 年老挝吸引外资 5.57 亿美元，2022 年外商直接投资 6.35 亿美元。截至 2022 年末，累计吸引外资 114.12 亿美元①。

（五）其他重要经贸数据

1. 通货膨胀率

据老方统计，2022 年老挝通货膨胀率达到 23.0%，其经济发展面临全球贸易波动、财政赤字、自然灾害等因素影响。

2. 外汇储备

根据老挝国家银行发布的 2018 年度经济报告，其外汇储备为 8.73 亿美元，可满足 3.23 个月的进口需求。2019 年外汇储备为 8.3 亿美元，可满足 3.69 个月的进口需求，2022 年外汇储备为 11.2 亿美元。

3. 失业率

据世界银行统计，近年老挝失业率呈逐年下降趋势，2019 年，老挝劳动力人口失业率约为 9.4%。2022 年为 2.63%。

4. 公共债务

根据老挝国家银行发布的 2018 年度经济报告，截至 2018 年底，政府外债余额为 97.6 亿美元，同比增长 14.02%。2019 年，老挝财政收入约 28 亿美元，支出约 37 亿美元，财政赤字约 9 亿美元，全年偿还债务 4 630 万亿基普（约 5.35 亿美元），占 GDP 的 2.82%，2022 年政府外债余额为 102.3 亿美元。

5. 主权信用等级

根据 2020 年公布的主权信用评级情况，国际评级机构惠誉对老挝国家主权信用评级为 B-，穆迪评级为 B3，标普暂无评级。

二、对外贸易的法规和政策

（一）贸易主管部门

老挝的贸易主管部门为老挝工业与贸易部（下设省市工业与贸易厅、县工业与贸易办公室），主要职责是制定、实施有关法律法规，发展与各国、地区及世界的经济贸易联系与合作，管理进出口、边贸及过境贸易，管理市场、商品及价格，对商会或经济咨询机构进行指导以及企业与产品原产地证明管理等。

---

① 老挝贸易统计资料网站：http://www.moic.gov.la/?page_id=1103&lang=en；世界银行网站：http://www.worldbank.org/data/countrydata/countrydata.html.

（二）贸易法规体系

老挝与贸易相关的法律有《投资促进管理法》《关税法》《企业法》《进出口管理令》和《进口关税统一与税率制度商品目录条例》等。

（三）贸易管理的相关规定

老挝所有经济实体享有经营对外经济贸易的同等权利，除少数商品受禁止和许可证限制以外，其余商品均可进出口。

1. 禁止进口商品

枪支、弹药、战争用武器及车辆；鸦片、大麻；危险性杀虫剂；不良性游戏；淫秽刊物5类商品禁止进口。

2. 禁止出口商品

枪支、弹药、战争用武器及车辆；鸦片、大麻；法律禁止出口的动物及其制品；原木、锯材、自然林出产的沉香木；自然采摘的石斛花和龙血树；藤条；硝石；古董、佛像、古代圣物等9类商品禁止出口。

3. 进口许可证管理商品

活体动物、鱼、水生物；食用肉及其制品；奶制品；稻谷、大米；食用粮食、蔬菜及其制品；饮料、酒、醋；养殖饲料；水泥及其制品；燃油；天然气；损害臭氧层化学物品及其制品；生物化学制品；药品及医疗器械；化肥；部分化妆品；杀虫剂、毒鼠药、细菌；锯材；原木及树苗；书籍、课本；未加工宝石；银块、金条；钢材；车辆及其配件（自行车及手扶犁田机除外）；游戏机；爆炸物25类商品进口需许可证。

4. 出口许可证管理商品

活体动物（含鱼及水生物）；稻谷、大米；虫胶、树脂、林产品；矿产品；木材及其制品；未加工宝石；金条、银块7类商品出口需许可证。

（三）贸易管理的相关规定

1. 进出口商品检验检疫

老挝对各类动植物产品的进口有检疫要求，要求对进口产品的特征及进口商的相关信息进行检查。

（1）动物检疫。根据老挝动物检疫规定，活体动物、鲜冻肉及肉罐头等进口商须向农林部动物检疫司申请动物检疫许可证。商品入境时由驻口岸的动物检疫员查验产地国签发的动物检疫证和老挝农林部签发的检疫许可证。

（2）植物检疫。老挝农林部负责植物检疫工作。进口植物及其产品须在老挝的边境口岸接受驻口岸检查员检查，并出示产品原产国有关机构签发的植物检疫证。

2．海关管理规章制度

（1）管理制度。老挝政府于 1994 年 12 月颁布实施《统一制度和进口关税商品目录条令》，2005 年 5 月颁布实施《关税法》，2001 年 10 月颁布实施《商品进出口管理法令》等法律法规，对海关管理作了规定。其中《关税法》对进出口商品限制、禁止种类、报关、纳税、仓储、提货、出关、关税文件管理及报关复核等作了规定。

（2）关税税率。老挝关税分自主关税、协定关税、优惠关税、减让关税和零关税 5 种不同的税率。详情可参见《统一制度和进口关税商品目录条令》及有关关税调整通知等文件。

3．投资主管部门

老挝工贸部、计划投资部分别负责外国投资中的一般投资、特许经营投资和经济特区投资。

4．投资行业的规定

除危及国家稳定，严重影响环境、人民身体健康和民族文化的行业和领域以外，老挝政府鼓励外国公司及个人对各行业各领域投资，并出台了《老挝鼓励外国投资法》。老挝现行的外国投资法律是 2009 年颁布的《投资促进法》，2011 年 4 月颁布了《投资促进法实施条例》，对投资促进法部分条款作出了进一步的规定。时任老挝国家主席本扬·沃拉吉在 2016 年 11 月的国民议会上颁布了新修订的《投资促进法》。修改后的法案共有 12 个部分，109 个条款。新的法规旨在为投资者扩大特许权范围，最大限度刺激老挝的投资效益。

5．投资方式的规定

外国投资者可以按照"协议联合经营"、与老挝投资者成立"混合企业"和"外国独资企业"3 种方式到老挝投资。"协议联合经营"是指老挝投资人与外方在不成立新法人的基础上联合经营。

"混合企业"是指由外国投资者和老挝投资者依照老挝法律成立、注册并共同经营、共同拥有所有权的企业。外国投资者所持股份不得低于注册资金的 30%。"外国独资企业"是指由外国投资者独立在老挝成立的企业，形式可以是新法人或者分公司。

老挝的投资环境总体开放，尚未通过不同的审查方式过多干预外资进入。矿产、水电行业为外资在老挝主要投资领域。资金来源地主要为周边国家。中国、越南、泰国分别为老挝前三大投资国。

6．税收体系和制度

老挝目前实行全国统一的税收制度，外国企业和个人与老挝本国的企业和个人同等纳税。老挝共有 6 个税种，其中间税含增值税和消费税，直接税含利润税、所得税、定额税、环境税、手续和服务费等。

7．地区鼓励政策

老挝吸引外资较多的省（市）有万象市、万象省、甘蒙省、沙湾拿吉省等，琅勃拉邦省、乌多姆赛省、华潘省、波利坎赛省、色拉湾省、阿速坡省、占巴色省等也有较大潜力吸引外资,主要引资行业有农业、农产品加工、贸易、能源、矿产、旅游业等。

8. 特殊经济区域规定

2011 年底,老挝政府颁布《2011 年至 2020 年老挝开发经济特区和专业经济区战略规划》,规划到 2015 年建立 14 个经济特区和专业经济区。截至 2016 年,老挝政府批准设立 12 个经济开发区,即沙湾—色诺经济特区、金三角经济特区、磨丁—磨憨跨境经济合作区、万象嫩通工业贸易园、赛色塔综合开发区、东坡西专业经济区、万象隆天专业经济区、普乔专业经济区、塔銮湖专业经济区、他曲专业经济区、占巴塞经济专区和琅勃拉邦经济专区。

据老挝官方披露,截至 2020 年初,老挝全国共有 12 个经济特区,共吸引 806 家企业入驻,投资工业、贸易和服务领域的企业分别占 26.34%、25.26% 和 48.4%,实际投资 56.9 亿美元,共纳税 3 491.4 亿基普(约合 3 923 万美元),为 55 771 人提供就业岗位,其中老挝员工 12 596 人。

第四节　中老经贸发展进程

一、中老政经关系

中国和老挝于 1961 年 4 月 25 日建交。20 世纪 70 年代末至 80 年代中,双方关系曾出现曲折。1989 年以来,中老关系全面恢复和发展,双方在政治、经济、军事、文化、卫生等领域友好交流与合作不断深化,在国际和地区事务中密切协调与合作。老挝政府坚持一个中国立场,支持中国人民和平统一大业。2017 年 11 月 13 日至 14 日,中共中央总书记、国家主席习近平应邀对老挝进行国事访问。此访是中国共产党和国家最高领导人 11 年来再次访老,也是中共十九大胜利闭幕后,习近平同志作为党和国家最高领导人的首次出访。访问期间,习近平同老挝人民革命党中央委员会总书记、国家主席本扬·沃拉吉举行会谈并共同见证了两国 17 份合作文件的签署,双方发表了《中老联合声明》。此次访问取得圆满成功,进一步巩固了中老传统友谊,推动长期稳定的中老全面战略合作伙伴关系迈上了新台阶,具有重要里程碑意义。

2019 年 4 月,老挝人民革命党中央委员会总书记、国家主席本扬·沃拉吉出席第二届"一带一路"国际合作高峰论坛并对华进行国事访问。在此期间,中共中央总书记、国家主席习近平与老挝人民革命党中央总书记、国家主席本扬·沃拉吉签署《中国共产党和老挝人民革命党关于构建中老命运共同体行动计划》,为中老关系长远发展提供指引和遵循,共同开启中老关系新时代。

近年来，随着中老两国经济快速发展，双方经贸合作成绩显著，中资企业对老挝的投资迈出可喜步伐，一批有实力的中资企业进入老挝市场，投资领域不断扩大，投资方式呈现多样化。主要投资领域包括基建、矿产、水电、农林、房地产、园区开发和酒店业等。2021年12月3日下午，中共中央总书记、国家主席习近平在北京同老挝人民革命党中央总书记、国家主席通伦·西苏里通过视频连线共同出席中老铁路通车仪式。

此外，中老铁路连接的赛色塔综合开发区和磨憨—磨丁经济合作区的建设稳步推进。位于老挝首都万象的赛色塔综合开发区计划总投资额约30亿美元，共引入企业79家，企业投资总额约12亿美元，随着多家重点企业于2020年投产运营，预计年底实现产值18亿美元，创造就业岗位超过5000个。磨憨—磨丁经济合作区建设也在积极推进中，磨丁经济区计划投资100亿美元，目前签约入园企业320家，解决近5000人的就业问题①。

二、中老经贸分析

（一）双边贸易

21世纪以来中老贸易保持稳步增长，据中国商务部统计，2022年中国与老挝双边货物进出口额为56.82亿美元，相比2021年增长了13.37亿美元，增长31%。2022年中国对老挝出口商品总值为23.40亿美元，相比2021年增长了6.71亿美元，增长40.9%；中国自老挝进口商品总值为33.42亿美元，相比2021年增长了6.66亿美元，增长24.9%（见表5-3）。2023年中老双边贸易额71亿美元，同比增长26.6%。其中中国对老挝出口33.51亿美元，同比增长48.4%；进口37.49亿美元，同比增长11.9%。2024年1至9月，双边贸易额60.7亿美元，同比增长22.2%。其中中国对老挝出口27.9亿美元，同比增长23.5%；进口32.8亿美元，同比增长21.1%。

表5-3　2015—2022年中老贸易统计

（单位：亿美元）

年份	进出口总额		中国出口		中国进口	
	金额	同比（%）	金额	同比（%）	金额	同比（%）
2015	27.8	−23.1	12.3	−33.4	15.5	−12.4
2016	23.4	−15.7	9.9	−19.6	13.5	−12.6
2017	30.2	28.6	14.3	44.5	15.9	17.0
2018	34.7	14.9	14.5	2.5	20.2	25.8

---

① 对外投资合作国别（地区）指南2020年12月，中国驻老挝大使馆经济商务处。

续表

年份	进出口总额		中国出口		中国进口	
	金额	同比（%）	金额	同比（%）	金额	同比（%）
2019	39.2	12.9	17.6	21.2	21.6	7.0
2020	35.5	-9.2	14.9	-15.2	20.6	-4.3
2021	43.5	21.4	16.7	11.9	26.7	28.2
2022	56.8	31.0	23.4	40.9	33.4	24.9

资料来源：中国海关。

（二）投资

老挝计划与投资部公布的数据显示，1989 年至 2019 年，投资项目总数为 6 144 个，总投资额为 368 亿美元。2016 年中国超过越南，成为对老挝直接投资最多的国家，目前共有 862 个项目，总投资额达 100 亿美元。泰国和越南分别为老挝的第二大和第三大外国投资来源国，投资额分别为 47 亿美元和 39 亿美元。在 1989 年至 2019 年的其他投资来源国还有韩国、法国、美国、日本、马来西亚和澳大利亚等。

1989 年至 2019 年，老挝和外国公司中最受欢迎的投资部门是发电行业，共吸引约 140 亿美元的投资，是最大的投资领域。吸引老挝和外国大量投资资金的第二部门是矿业，总投资额为 75 亿美元。其他吸引大量投资的行业是服务业、农业、工业和手工业。由于土地肥沃，老挝另一个潜力巨大的部门是农业部门。

据中国商务部统计，中国企业于 20 世纪 90 年代开始赴老投资办厂，目前是老挝最大投资国。投资领域涉及水电、矿产开发、服务贸易、建材、种植养殖、药品生产等。截至 2022 年 2 月，我方对老挝各类投资累计 132.7 亿美元，主要投资领域包括水电、矿产、农业、房地产、园区开发等。老方累计对华投资额 5 700 万美元。

（三）承包工程和劳务合作

据中国商务部统计，2019 年，中国企业在老挝新签承包工程合同 136 份，新签合同额 21.55 亿美元，完成营业额 52.07 亿美元。累计派出各类劳务人员 14 930 人，年末在老挝劳务人员 24 974 人。

（四）货币互换协议

2020 年 1 月 6 日，中国人民银行与老挝银行签署了双边本币合作协议，允许在两国已经放开的所有经常和资本项下交易中直接使用双方本币结算，以进一步深化中老货币金融合作，提升双边本币使用水平，促进贸易投资便利化。

（五）中老经济合作区

2012 年 7 月，中老两国政府签署《关于万象赛色塔综合开发区的协定》，总协议投资 3.6 亿美元，主要涉及能源化工、机械制造、农产品加工、仓储物流等行业。2020 年 3 月 30 日，已有 79 家中外企业入驻，涵盖 7 个国家（中国、日本、老挝、泰国、新加坡、马来西亚、美国），入驻企业计划投资总额超过 10 亿美元，用地面积超过 2 000 亩。

2015 年 8 月，中老双方签署《中老磨憨—磨丁经济合作区建设共同总体方案》。2016 年 4 月，该合作区正式获得国务院批复同意设立，成为中国西南方向建设的第一个跨境经济合作区。2017 年 3 月，在老挝总理通伦·西苏里访华期间，中老双方在北京签订了《中老磨憨—磨丁经济合作区总体规划》。

本章小结

老挝位于中南半岛东北部，为半岛仅有的内陆国，东与越南接邻，南邻柬埔寨，西南邻泰国，西北接缅甸，北与中国云南省为界。面积为 23.68 万平方公里，其陆地面积为 23 万平方公里，湖泊 6 000 平方公里，境内大部分为山地和丘陵，地势自东北向西南倾斜，山地、丘陵占全国面积的 70%，截至 2023 年，人口约为 750 万。

老挝于 1997 年 7 月提出申请加入 WTO，1998 年 2 月被列为观察国，2001 年完成外贸备忘录，2013 年 2 月 2 日正式成为 WTO 第 158 个会员国。

1997 年 7 月老挝正式加入东盟，成为东盟新四国之一。目前是中国—东盟自贸区成员（"10+1"）及大湄公河次区域合作成员。同时，老挝也是 RCEP 的重要参与方。RCEP 作为当前世界上人口最多、潜力巨大的自贸协定，对于促进区域内产业分工、经济融合，拓展各国发展空间、增进人民福祉具有重要意义。

2016 年 12 月 25 日，中老铁路全线开工仪式在琅勃拉邦举行。项目已于 2021 年 12 月 3 日竣工通车，中国国家主席习近平同老挝国家主席通伦·西苏里共同出席通车仪式。截至 2023 年 4 月 9 日，中老铁路累计发送旅客 1 393 万人次、货物 1 838 万吨，其中，跨境货物 359 万吨。

关键名词或概念

1. 老挝的经济特区
2. 中老磨憨—磨丁经济合作区

思考题

1. 老挝的国家环境特色是什么？

2. 老挝贸易投资环境的有利因素和不利因素是什么？

3. 老挝与中国经贸合作现况如何？

4. 中老铁路的建设，对老挝经济发展会起到什么样的作用？

5. 中老磨憨—磨丁经济合作区对中老经贸合作有何作用与成果？

第六章

柬埔寨

◀ ◀ ◀

本章导读

本章首先介绍柬埔寨的基本情况，然后介绍柬埔寨的经济发展现况、贸易投资现况以及中柬经贸发展进程。使读者在学习的过程中，能广泛地、由浅到深地了解这个国家总体的发展情况。

学习目标

1. 了解柬埔寨的政治经济基本情况。

2. 基本了解柬埔寨的人文、社会、政治环境。

3. 了解柬埔寨的经济发展情况：①最新的经济概况；②天然资源；③基础设施现况；④产业概况。

4. 了解柬埔寨贸易投资现况：①对外贸易投资现况；②对外贸易的法规和政策。

5. 了解中柬经贸发展进程：①中柬政经关系；②中柬经贸分析。

第一节　国家基本概况

柬埔寨（Kingdom of Cambodia）原名高棉，公元 1 世纪下半叶建国，历经扶南、真腊、吴哥等王朝。1863 年沦为法国保护国，1940 年被日本占领，1945 年日本投降后被法国重新占领，1953 年 11 月 9 日宣布独立。

1970 年 3 月 18 日，朗诺集团发动政变推翻西哈努克政权，改国名为"高棉共和国"。3 月 23 日，西哈努克在北京成立柬埔寨民族统一阵线，开展抗美救国斗争。5 月

5 日，成立以宾努亲王为首相的柬埔寨王国民族团结政府。1975 年 4 月 17 日，柬埔寨抗击美国救国斗争取得胜利。

1976 年 1 月，柬埔寨颁布新宪法，改国名为"民主柬埔寨"。1978 年 12 月，越南出兵柬埔寨，成立"柬埔寨人民共和国"。1982 年 7 月，西哈努克亲王、宋双、乔森潘三方组成民主柬埔寨联合政府。

1990 年 9 月，成立柬埔寨全国最高委员会，西哈努克出任主席，同年 10 月 23 日，在巴黎召开关于和平解决柬埔寨问题的国际会议，签署了《柬埔寨冲突全面政治解决协定》。1993 年 5 月，柬埔寨在联合国主持下举行首次全国大选。9 月，颁布新宪法，改国名为"柬埔寨王国"，西哈努克重登王位。11 月，柬埔寨王国政府成立，拉那烈、洪森分别任第一首相、第二首相。

1998 年 7 月和 2004 年 7 月，人民党和奉辛比克党联合组成第二、第三届联合王国政府。2008 年 7 月，洪森领导的人民党在第四届大选中以绝对优势获胜，洪森出任首相。2013 年和 2018 年，人民党连续胜选，洪森连任首相。1998 年第二届王国政府成立以来，政府致力于稳定政局、发展经济，奉行独立、和平、永久中立和不结盟的外交政策。1999 年柬埔寨正式加入东盟后，以东盟为依托，积极发展与周边国家、西方发达国家和国际组织之间的关系。世界银行自 2016 年 7 月 1 日起，将柬埔寨视为中等偏下收入国家。

柬埔寨基本情况见表 6-1。

表 6-1　柬埔寨的基本情况

自然人文	
地理环境	位于中南半岛南部，东面和东南面与越南接壤，边境长约 1 270 公里，北面与老挝相邻，边境长约 540 公里，西面和西北面与泰国毗连，边境长约 805 公里，西南毗邻暹罗湾
国土面积	18.10 万平方公里
气候	热带气候
种族	高棉族占 90%，还有占族、普农族等少数民族，外侨则以华侨（1%）、越侨（5%）为主
人口结构	1 694.64 万人（2021）；0~14 岁占 30.7%、65 岁以上占 5%
教育普及程度	柬国成人有 80.5% 的识字率，其中 21% 为高中毕业，仅 2% 有高中以上的学历
语言	高棉语（Khmer）为官方语言
宗教	信仰"上座部"佛教者占全国人口的 90%，华侨则信仰大乘佛教，天主教徒大部分为越南裔，占族与马来人则多信仰伊斯兰教
首都及重要城市	首都金边市，重要城市有西哈努克市、马德望市、暹粒市
政治体制	君主立宪内阁制
投资主管机关	柬埔寨发展委员会（CDC）下设的柬埔寨投资局（CIB）

续表

经济概况	
币制	RIEL（柬埔寨瑞尔）
国内生产总值	276.41 亿美元（2022 年）
经济增长率	5.5%（2022 年）
人均国内生产总值	1 673 美元（2022 年）
汇率	1 美元＝4 131 柬埔寨瑞尔（2023 年 10 月 5 日）
利率	柬埔寨瑞尔（Riel）2.5%（1 年定期）（2019 年 4 月 9 日）
通货膨胀率	5.3%（2022 年）
外汇存底	190.3 亿美元（2022 年）
出口总金额	205.7 亿美元（2022 年）
主要出口产品	女用外套、男用外套、衬衫、女用无袖衬衣、自行车、鞋类、稻米、衣箱、手提箱、电话机、餐巾布、变压器
主要出口国家	美国 43.6%、中国 6%、日本 5.7%、加拿大 5.4%、德国 5.3%、英国 4.3%（2022 年）
进口总金额	299.4 亿美元（2022 年）
主要进口产品	针织品、石油、合成纤维梭织物、小客车、机车、烟草、棉梭织物、货车、生毛皮、电线电缆、医药制剂、矿泉水
主要进口国家	中国 34.9%、越南 13.2%、泰国 12.8%、新加坡 10.8%、瑞士 4.8%（2022 年）

资料来源：根据中国外交部与商务部官网及柬埔寨国家官网相关材料自行整理。

一、人文及社会环境

（一）人口数及结构

2021 年柬埔寨人口为 1 694.64 万，比上年增长了 22.74 万，人口增长率为 1.35%。与 2011 年人口数据相比，柬埔寨人口增长了 240.5 万。65 岁及以上人口占比为 5%，尚未步入老龄化社会，0～14 岁人口比重为 30.7%，男性人口为 826.98 万，占比为 48.8%；女性人口为 867.1 万，占比为 51.2%。

（二）语言

高棉语（Khmer）为官方语言。柬埔寨是一个多民族国家，共有 20 多个民族。高棉族是主体民族，占总人口的 80%。少数民族有占族、普农族、老族、泰族、华族、京族、缅族、马来族、斯丁族等。柬埔寨现有华人、华侨约 110 万人，约占全国总人数的 7.2%，主要分布在金边及马德望、干拉、贡不、茶胶等省。首都金边市的华人、华侨最多，有 30 万人左右。

（三）宗教

柬埔寨人信仰"上座部"佛教者占全国人口的 90%，华侨则信仰大乘佛教，天主教徒大部分为越南裔，占族与马来族人则多信仰伊斯兰教。

（四）国民教育水平

柬国成人有 80.5% 的识字率，其中 21% 为高中毕业，仅 2% 有高中以上的学历。柬埔寨实行九年制义务教育。教育体制包括小学（1~6 年级）、初中（7~9 年级）、高中（10~12 年级）、大学及其他高等教育机构。小学入学率，尤其是城市入学率相当高，净入学率达到 91%。全国共有 4 014 所幼儿园，7 144 所小学，1 731 所中学，63 所高等学院（其中 18 所公立院校，45 所私立院校）。

（五）首都及重要城市概况

1. 首都

首都是金边（Phnom Penh）市，位于洞里萨河和湄公河的汇合处。金边虽位于干拉省境内，但归中央政府直接管辖，共有 7 个地方行政区，是政治、经济中心和交通枢纽，人口约 230 万。

2. 其他重要城市

（1）西哈努克市（Shianukville）又称磅逊市（Kompong Som），唯一港口城市，其港口水深港阔，是最大的海港和对外贸易的咽喉。

（2）马德望市（Battambamg）是西北部重镇，为马德望省会所在，也是富饶的洞里萨湖地区稻米、玉米等农产品之集散地。

（3）暹粒市（Siem Reap），举世闻名的吴哥窟古迹即在该市附近，是一个国际旅游城市。

3. 对外商的态度

柬埔寨的低工资以及低企业营所税（20%）能够减少外商在柬国的制造成本。柬国为吸引外资，已于 1994 年制定投资法，设置柬国发展委员会（Council for the Development of Cambodia，CDC），作为私人及公共投资的最高决策机构，其下设立柬国投资局（Cambodian Investment Board，CIB），作为职掌吸引外资及核准私人投资的行政机构。柬国为联合国认定的"低度开发国家"，急需外商资金注入协助发展。尤其是在农业、食品加工、观光等产业。在观光产业方面，柬国拥有著名的文化资产"吴哥窟"（Angkor Complex）。

二、政治环境

（一）政治体制

1993 年起，柬埔寨恢复君主立宪制度，实行多党自由民主制，立法、司法和行政三权分立。

1．国王

终身国家元首、武装力量最高统帅、国家统一和永存的象征，有权宣布大赦，在首相建议并征得国会主席同意后有权解散国会。王位不世袭。国王因故不能理政或不在国内期间由参议院主席代理国家元首职务。国王去世、退休或退位后，由首相、佛教两派僧王、参议院和国会主席、副主席组成 9 人王位委员会，从王族后裔中推选产生新国王。诺罗敦·西哈莫尼国王（Norodom Sihamoni）2004 年 10 月登基。

2．政府

最高行政机构，领导军队、警察、其他武装力量和行政机构。其任务是根据宪法制定的基本原则，保证法律执行、国家政策实施及领导全国的行政工作。政府由首相、副首相、国务大臣、大臣、国务秘书组成，所有成员需由国会举行信任投票，通过后由国王颁发委任令。首相是政府首脑，带领全体政府成员，就全面政策和政府的活动对国会负责。国会议员有权向政府提出质疑的动议，并以书面形式通过国会主席呈交，根据问题所涉责任，由首相、一个或多个大臣在 7 日内作出答复。2023 年 8 月 22 日，柬埔寨国会对洪马内进行信任投票，125 名议员中有 123 人投票支持，他正式成为柬埔寨首相[①]。

（二）立法部门

柬埔寨实行国会和参议院两院制。国会是国家最高权力机构和立法机构，由 120 名议员组成，每届任期 5 年。首届国会成立于 1993 年。国会议员均由普选产生。宪法赋予国会的职权主要有立法权、财政控制权、监督权和议会自治权。第六届国会成立于 2018 年 9 月，由 125 名议员组成，韩桑林连任国会主席。

参议院是国家立法机关，每届任期 6 年。下设 9 个专门委员会。首届成立于 1999 年 3 月 25 日。议员一部分由国王任命，一部分以非普选的形式选出。宪法赋予参议院的主要职权有立法权和议会自治权。本届国会成立于 2023 年 8 月，由 125 名议员组成，人民党获 120 个席位，奉辛比克党获 5 个席位。昆索达莉任国会主席。

---

①　洪马内，柬埔寨政治人物与军人、现任柬埔寨亲王、柬埔寨总理、柬埔寨国民议会议员兼四星上将。他是前任柬埔寨总理洪森与文拉妮的长子。

（三）司法机构

柬埔寨司法独立。法院系统有初级法院、上诉法院和最高法院三级。最高法官委员会是司法系统的管理部门，负责监督法院工作，拥有遴选、任免法官的职权。该委员会由国王主持，由国王、最高法院院长、总检察长、上诉法院院长和检察长、金边法院院长和检察长以及两位法官共九人组成。最高法院院长为迪蒙蒂（Dit Munty）。柬埔寨无独立检察院，各级法院设检察官，行使相关职能。

（四）政党

柬埔寨是多党制国家。目前共有 59 个政党，其中合法注册的有 42 个。柬埔寨政党派别纷繁复杂，但各党基本能在宪法的范围内开展活动。人民党、奉辛比克党是主要政党。

1. 柬埔寨人民党（Cambodia People's Party）

该党前身为成立于 1951 年 6 月 28 日的柬埔寨人民革命党，1991 年 10 月改为现名。2018 年大选获胜，获得 125 个国会议席，洪森蝉联首相。2023 年大选获胜，获得 120 个国会议席，洪玛奈出任首相。

2. 奉辛比克党（FUNCINPEC Party）

该党前身为争取柬埔寨独立、中立、和平与合作的民族团结阵线，由西哈努克于 1981 年创建，并任主席。1992 年改为现名，盖博拉斯美任主席。现有党员约 40 万人。

（五）外交关系

柬埔寨奉行独立、和平、永久中立和不结盟的外交政策，反对外国侵略和干涉，在和平共处五项原则的基础上，同所有国家建立和发展友好关系。主张相互尊重国家主权，通过和平谈判解决与邻国的边界问题及国与国之间的争端。迄今，柬埔寨与 172 个国家建交，其中，62 个国家向柬埔寨派出大使，常驻金边使馆 28 家；柬埔寨向 22 个国家派出大使，开设 8 个领事馆，任命 3 个名誉领事。柬埔寨于 1999 年加入东盟，2002 年、2012 年、2022 年担任东盟轮值主席国。

第二节　经济发展现况

柬埔寨自 20 世纪 90 年代内战结束后奉行利伯维尔场主义[①]，力图与周遭国家如泰国与越南建立友善关系，以融入东盟区域整合与世界贸易体系。柬埔寨以其极低廉的

[①] 利伯维尔场主义就是古典自由主义，是对个人经济、思想、政治、信仰自由的保护。"个人为个人，上帝为大家"，是完全依靠市场自我均衡的代表性经济理论。

工资、年轻劳力以及优惠税率等有利条件，持续吸引外资。近年来泰国、越南等国工资快速上涨，因而一部分劳力密集产业自泰、越转移至柬国境内。柬埔寨近 20 年来政局相对稳定，经济逐渐起飞。1999 年至 2008 年平均经济增长率为 9.5%。2009 年因金融风暴跌至谷底，但随即恢复动能，2011 年至 2018 年平均经济增长率为 7%。2021 年，柬埔寨贸易总额为 462 亿美元，总出口金额为 175 亿美元，总进口金额为 287 亿美元。

一、经济概况

2000 年柬埔寨人均 GDP 低于 300 美元，2004—2007 年 GDP 增长率超过 10%，人均 GDP 以年平均增长 14% 的速度增加，至 2013 年跨过 1 000 美元门坎。2018 年整体 GDP 达 241.4 亿美元，人均 GDP 为 1 499 美元（见表 6-2）。2021 年，受新冠疫情影响，柬埔寨旅游、工业、建筑和投资等领域发展情况不佳。柬埔寨政府积极采取应对措施，保持稳定的政治局面，持续推出纾困政策，努力降低新冠疫情对人民生活和经济社会的影响，推动经济尽快复苏。

2019 年，柬埔寨继续保持稳定的政治经济环境，积极融入区域、次区域合作，重点参与区域连通计划的软硬设施建设，加大吸引投资特别是私人领域参与国家建设，"四驾马车"（农业、以纺织和建筑为主导的工业、旅游业和外国直接投资）拉动经济稳步前行。

表 6-2　2015—2021 年柬埔寨近年人均 GDP 成长情况

年份	GDP 总额（亿美元）	GDP 增长率（%）	人均 GDP（美元）	人均 GDP 增长率（%）
2015	185.2	7.0	1 168	6.6
2016	198.2	7.0	1 330	13.0
2017	222.8	6.9	1 435	7.0
2018	241.4	7.5	1 499	4.4
2019	272.2	7.1	1 706	13.8
2020	262.2	-3.7	1 680	-6.0
2021	286.4	2.4	1 730	3.0

资料来源：柬埔寨财经部。

世界银行预测，柬埔寨未来 3 年的经济增长率均将维持在 6.8%~6.9%，出口仍将持续支撑柬埔寨的经济增长。国际货币基金组织和世界银行对柬埔寨政府债务管理能力评价，已从中级风险调降至低风险，显示出国际金融机构对柬政府财务管理能力的肯定。

二、天然资源

柬埔寨盛产柚木、铁木、紫檀、黑檀等高级木材，并有多种竹类。木材储量 11 亿多立方米。森林覆盖率为 61.4%，主要分布在东、北和西部山区。矿藏主要有石油、天然气、磷酸盐、宝石、金、铁、铝土等。水资源丰富，洞里萨湖为东南亚最大的天然淡水湖，素有"鱼湖"之称。西南沿海地区也是重要渔场，多产鱼虾。柬埔寨目前有 80% 的人居住在农村，以农业为生。2018 年柬埔寨农业产值占 GDP 的 23.5%，比例已低于工业（33.7%），农业技术仍相当落后。橡胶产值占农作物产值的 5%，一直是柬埔寨赚取外汇的重要项目，柬国 2018 年橡胶出口量为 21 万吨，出口数量较 2017 年增长 15%，马来西亚、越南、中国大陆、韩国和其他欧盟国家为柬埔寨橡胶的进口大国。

三、基础设施现况

（一）公路

公路运输是柬埔寨最主要的运输方式，占客运总量的 87%，货运总量的 65%。截至 2021 年 11 月，柬埔寨全国公路里程为 61 810 公里，其中一级路 2 254 公里，二级路 5 007 公里，三、四级路 9 308 公里，乡村道路 45 241 公里。国道主要是以首都金边为中心的 8 条公路，路面铺设沥青。柬政府优先推动金边—西哈努克港高速公路项目，该项目由中国路桥集团采用 BOT 方式投资建设，全长 187.05 公里，于 2019 年 3 月开工建设，2022 年 11 月 9 日，时任国务院总理李克强与时任柬埔寨首相洪森共同出席金边—西哈努克港高速公路通车暨配套民生工程项目移交仪式，标志着金港高速公路正式通车运营。

（二）铁路

目前，柬埔寨仅有南北两条铁路线，总长 655 公里，均为单线米轨。北线从金边至西北部城市诗梳风，全长 385 公里，建于 1931 年；南线从金边至西哈努克港，全长 270 公里，建于 1960 年。由于持续几十年的战乱破坏，柬埔寨的铁路长期处于荒废状态。2009 年，柬埔寨政府开始复建工作，并给予王家铁路公司 30 年的特许经营权。2010 年起，柬埔寨政府利用亚洲开发银行的低息贷款和澳大利亚政府提供的无偿援助以及自身财政资金，开始修复现有两条铁路。其中，南线已于 2016 年 4 月 30 日恢复客运。

（三）空运

柬埔寨空运主要为客运，货运不发达。柬埔寨在金边、暹粒和西哈努克省有 3 个国际机场。目前，由中建三局总承包建设的新金边国际机场和由云南省投资控股集团投资建设的暹粒吴哥国际机场，计划于 2024 年底和 2023 年底完工。近年来，由于柬埔寨政府执行航空开放政策，开通柬埔寨航线的航空公司数量稳步增长，在柬运营的国内外航空公司约 50 家。2018 年航班数达 10.5 万个，客流量 1 055 万人次，同比增长 21.1%。

（四）水运

柬埔寨水运分为海运与河运。西哈努克港是柬埔寨唯一的深水海港，有 2 个泊位，码头长度分别为 240 米和 160 米，前沿水深 9 米。该港海运线路可抵达美国、欧盟、中国、中国香港、印度尼西亚、日本、马来西亚、菲律宾、新加坡、韩国、泰国、越南等国家和地区（多通过新加坡中转）。

2021 年，金边港和西哈努克港两大港口吞吐量为 1 083.62 万吨，同比增长 4.5%。其中，金边港吞吐量为 384.58 万吨，同比下降 2%；西哈努克港港口吞吐量为 699.04 万吨，同比增长 8.5%。柬埔寨内陆水系主要包括湄公河、洞里萨河和巴萨河，雨季时总长度约 1 750 公里，旱季则缩减为 580 公里。全国有 7 个主要河运港口，分别是金边港、磅湛码头、桔井码头、上丁码头、奈良码头、磅清扬码头和重涅码头。

（五）通信

1. 电信

柬埔寨的电信市场竞争激烈。前三大移动（蜂窝）网络供应商分别为 Smart Axiata（马来西亚投资）、Metfone（越南投资）和 Cellcard（柬埔寨本地投资）。柬埔寨电信服务价格实惠，流量和电话套餐费用均低于全球平均水平。

2. 互联网

互联网服务于 1997 年引入柬埔寨，由邮电通信部下设的 CamNet 公司提供互联网接入服务。柬埔寨主要城市的带宽足够支持电子商务活动，许多活跃的互联网服务供应商（ISPs）正在增加全国宽带容量。市场上活跃的互联网服务供应商有十几个，最大的有 S. I. Net 和 Ezecom，然后有 Digi、ONLINE、WiCAM、MekongNet、Opennet 和 TodayCommunication。

（六）电力

据柬埔寨矿产能源部统计，2021 年，柬电力总装机容量达到 3 033MW，电力供应量达 126.01 亿 KWh，同比增长 1.61%，其中自主供电量 92.56 亿 KWh，进口电量 33.45 亿 KWh。在柬埔寨部分城市和大部分农村地区，电力供应质量仍不稳定，无法保证 24 小时供电，季节性缺电的情况仍然存在。柬埔寨供电价格较高，电价为 0.15~0.2 美元/KWh。

四、产业概况

（一）产业结构

世界银行数据显示，2021 年，柬埔寨三大产业占 GDP 的比重分别为：农业占 24.4%，工业占 34.7%，服务业占 36.2%。

（二）重点/特色产业

产业可划分为三类：农业、工业（主要是纺织服装产业和建筑业）、服务业（主要是旅游业）。

1. 农业

2021 年，柬埔寨农业 GDP 达 61.12 亿美元，其中，种植业占 57.4%，水产养殖业占 24.3%，畜牧业占 11.3%。2021 年，全国水稻种植面积为 355 万公顷，稻谷总产量近 1 221.0 万吨，同比增加 11.7%；柬埔寨政府高度重视稻谷生产和大米出口，2021 年，出口大米 61.7 万吨（同比下降 10.7%），出口稻谷 352.7 万吨（同比增长 61.2%）；2021 年橡胶种植面积为 40.4 万公顷，割胶面积为 29.3 万公顷，产量为 36.8 万吨，几乎全部用于出口，收入 6.1 亿美元；此外，出口玉米 20.0 万吨、干木薯片 164.5 万吨、新鲜木薯 110.0 万吨、腰果 93.8 万吨、胡椒 2.8 吨、香蕉 42.3 万吨（增长 27.02%）、杧果 24.2 万吨（增长 148.38%）。

2. 工业

制衣业和建筑业是柬埔寨的两大支柱产业。柬埔寨充分利用美国、欧盟、日本等 28 个国家/地区给予柬埔寨的普惠制待遇（GSP），凭借本国劳工成本低廉的优势，积极吸引外资投入制衣和制鞋业。

据柬埔寨工业、科学、技术和创新部统计，2021 年，全国共有工厂 1879 家，雇佣工人 98.6 万人。其中新注册登记工厂 163 家，同比下降 30.6%；新开的小型工业工厂和加工作坊 1 230 家，同比增长 371.3%；继续经营的工业工厂和手工作坊 1 301 家，同比增长 643.4%。工业领域投资额 138.11 亿美元，同比增长 1.89%。据柬埔寨国土、城市规划和建设部统计，2021 年，全国共批准 4 303 个建筑项目，同比下降 23.4%，投资额 53.34 亿美元，同比下降 31.21%。

3. 旅游业

柬埔寨是旅游资源丰富的国家。首都金边有塔仔山、王宫等名胜古迹；北部暹粒省吴哥王朝遗址群的吴哥窟是世界七大奇观之一；西南部的西哈努克港是著名的海滨休闲胜地。受新冠疫情影响，2021 年，柬埔寨共接待外国游客 19.6 万人次，同比下降 85%，接待中国游客 4.58 万人次，同比下降 86.1%。泰国是柬埔寨第一大国际游客来源国，2021 年接待泰国游客 8.18 万人次，同比下降 61.2%。

第三节　贸易投资现况

一、对外贸易投资现况

（一）贸易进出口总量

柬埔寨自成为东盟成员国和加入 WTO 后，经济发展较快，进出口贸易连年增长。据柬埔寨海关统计，2021 年，柬埔寨对外货物贸易总额为 464.2 亿美元。其中，出口额为 180.1 亿美元，同比增长 2.1%；进口额为 284.1 亿美元，同比增长 48.1%（见表6-3）。据柬埔寨商业部统计，2021 年，中柬双边贸易总额为 111.44 亿美元，同比增长 37.28%。其中，柬对华出口额为 15.1 亿美元，同比增长 39%；自华进口额为 96.3 亿美元，同比增长 37%。中国是柬埔寨最大的进口来源国，占柬埔寨进口额为 37.2%。

表 6-3　2014—2021 年柬埔寨贸易情况

（单位：亿美元）

年份	2014	2015	2016	2017	2018	2019	2020	2021
进出口总额	181.35	205.34	224.40	305.80	367.20	350.72	370.10	464.20
出口额	76.96	89.90	100.70	128.70	145.30	151.21	177.20	180.10
进口额	104.39	115.44	123.70	177.10	221.90	199.51	193.00	284.10
进出口差额	-27.43	-25.54	-23.00	-48.40	-76.60	-48.30	-16.20	-104.00

资料来源：中国海关。

（二）贸易结构

2021 年，柬埔寨主要出口商品为女用外套、男用外套、衬衫、女用无袖衬衣、自行车、鞋类、大米、衣箱、手提箱、电话机、餐巾布、变压器等；主要进口商品为针织品、石油、合成纤维梭织物、小客车、机车、烟草、棉梭织物、货车、生毛皮、电线电缆、医药制剂、矿泉水等。

（三）主要贸易伙伴

根据柬埔寨商业部统计，柬埔寨主要出口市场为美国、中国、日本、加拿大和德国等；主要进口来源地为中国、新加坡、泰国和越南等。

（四）吸引外资

1. 联合国统计数据

联合国贸发会议发布的 2022 年《世界投资报告》显示，截至 2021 年底，柬埔寨当年吸收外资流量为 34.84 亿美元，吸收外资存量为 410.25 亿美元。

2. 柬政府统计数据

据柬埔寨国家银行统计，截至 2021 年底，柬埔寨当年吸收外资流量为 43.5 亿美元，柬埔寨吸收外资存量为 410 亿美元，前五大外资来源国为中国、韩国、新加坡、越南、日本。

3. 主要中资企业

据柬埔寨发展理事会（CDC）统计，2021 年，在投资流量方面，中国大陆（内地）为 23.26 亿美元，中国台湾为 1.02 亿美元，中国香港为 1.50 亿美元，中国澳门为 214 万美元。截至 2021 年底对柬投资存量方面，中国大陆（内地）为 232.07 亿美元、中国台湾为 14.82 亿美元、中国香港为 25.90 亿美元、中国澳门为 1 059 万美元。

（五）其他重要经贸数据

1. 经济增长率

2021 年，柬埔寨经济从新冠疫情影响中逐步复苏，全年 GDP 约合 286.43 亿美元，同比增长 2.4%，人均 GDP 增至 1 730 美元。

2. 外汇储备

截至 2021 年底，柬埔寨外汇储备为 216.14 亿美元。

3. 财政收支

2021 年，柬埔寨财政预算执行收入约 53.01 亿美元，预算执行支出约 57.3 亿美元，财政赤字约 4.29 亿美元。

4. 通货膨胀率

2021 年，柬埔寨年均通货膨胀率为 3.4%。

5. 债务情况

据柬埔寨财经部统计，截至 2021 年底，柬埔寨政府外债累计 94.9 亿美元，主要用于交通、水利、电力、港口等基础设施建设。借款主要来源于中国、日本、韩国、法国、印度、世界银行、亚洲开发银行等。

6. 主权债务等级

2022 年 2 月，国际评级机构穆迪对柬埔寨主权信用评级为 B2 级，展望为稳定。

二、对外贸易的法规和政策

（一）贸易主管部门

柬埔寨商业部为柬埔寨贸易主管部门。投资主管部门是柬埔寨发展理事会，负责重建、发展和投资监管事务，由柬埔寨重建和发展委员会以及柬埔寨投资委员会组成。该机构负责对全部重建、发展工作和投资项目活动进行评估和决策，批准投资人注册申请的合格投资项目，并颁发最终注册证书。需提交内阁办公厅批准的项目：（1）投资额超过 5000 万美元；（2）涉及政治敏感问题；（3）矿产及自然资源的勘探与开发；（4）可能对环境产生不利影响；（5）基础设施项目，包括 BOT、BOOT、BOO 和 BLT 项目；（6）长期开发战略。

（二）贸易法规体系

柬埔寨与贸易相关法律法规主要包括《进出口商品关税管理法》《关于颁发服装原产地证明、商业发票和出口许可证法令》《关于实施货物装运前验货检查工作管理条例》《加入世界贸易组织法》《关于风险管理的次法令》《关于成立海关与税收署风险管理办公室的规定》和《有关商业公司从事贸易活动的法令》等。

（三）贸易管理的相关规定

柬埔寨商业部负责出口审批手续办理。在多数情况下，进口货物无需许可证。但部分产品需要获得相关政府部门特别出口授权或许可后方可出口。

1. 出口优惠

世界银行 7 月 1 日发布 2016 年最新人均 GNI 的划分标准，2015 年柬埔寨人均国民总收入（GNI）已经超过 1 020 美元，已脱离低收入国家行列，上升为中等偏下收入国家。欧盟驻柬埔寨大使乔治·艾德加表示，如果一个国家被联合国规定要退出欠发达国家（LDC）行列之后，这个国家还有 3 年时间享受欧盟的"除武器外全部免税"（EBA）政策，尽管柬埔寨在未来几年内将脱离最不发达国家行列，但柬埔寨还有一定时间享受欧盟优惠关税政策。目前，柬埔寨享受了欧盟"除武器外全部免税"和美国普惠制等优惠关税，使符合条件的产品可以免除配额和关税进入欧盟和美国市场，这两种优惠占柬埔寨出口总额的 60% 以上。

2020年2月12日，欧盟决定撤销柬埔寨部分商品关税优惠，受影响商品占柬埔寨输往欧盟商品总额的两成。

2. 出口商品当地含量及原产地原则

柬埔寨目前无当地含量要求，即不限制使用进口原材料、零部件（对健康、环境或社会有害的原材料、零部件除外）。在柬埔寨，出口商应重视普惠制的原产地规则。普惠制下出口至美国的产品，原产地规则对当地含量的最低要求为35%（符合条件的东盟成员国，即柬埔寨、泰国、印度尼西亚和菲律宾，在原产地规则要求中视为同一国家）。在"除武器外全部免税"政策下，原产地规则要求出口产品至少有40%出自出口国。

3. 出口优惠

根据投资法修正法，由柬埔寨投资委员会批准的出口型合格投资项目可享受免税期或特别折旧。其出口产品增值税享受退税或贷记出口产品的原材料。

4. 出口限制

禁止或严格限制出口的产品包括文物、麻醉品和有毒物质、原木、贵重金属和宝石、武器等，2013年初，柬埔寨政府明令禁止红木的贸易与流通。半成品或成品木材制品、橡胶、生皮或熟皮、鱼类（生鲜、冷冻或切片）及动物活体需缴纳10%的出口税。服装出口需向商业部缴纳管理费。普惠制下服装出口至美国或欧盟的，需获得出口许可证。

5. 进出口商品检验检疫

柬埔寨财经部海关与关税署、商业部进出口检验与反欺诈局联合负责进出口商品检验。检验地点为工厂或进出口港口。目前，柬埔寨进出口货物均需接受检验，政府正计划逐年降低检验比率。价值5000美元或以上的进口货物，在出口国进行装运前检验。检验报告和其他装船前检验文件将被递交至柬埔寨海关，货物抵达柬埔寨后，货主凭检验单据到海关交纳税款并提出货物。

6. 海关管理规章制度

柬埔寨政府近年来不断改进海关管理制度，致力于实现简洁、高效、透明和可预测的海关管理。为简化海关程序，政府决定推行使用"海关一站式服务系统"，并计划在西哈努克港安装自动海关数据系统终端。

7. 关税税率

除天然橡胶、宝石、半成品或成品木材、海产品、沙石5类产品以外，一般出口货物不需缴纳关税。所有货物在进入柬埔寨时均应缴纳进口税，投资法或其他特殊法规规定享受免税待遇的除外。进口关税主要由四种汇率组成：7%、15%、35%和50%。在东盟自由贸易协定的共同有效关税体制下，从东盟其他成员国进口、满足原产地规则规定的产品可享受较低的关税税率。

8. 投资方式的规定

在柬埔寨进行投资活动比较宽松，不受国籍限制（土地法有关土地产权的规定除外）。除禁止或限制外国人介入的领域外，外国投资人可以个人、合伙、公司等商业组织形式在商业部注册并取得相关营业许可，自由实施投资项目。但拟享受投资优惠项目，需向柬埔寨发展理事会申请投资注册并获得最终注册证书后方可实施。获投资许可的投资项目称为"合格投资项目"。

9. 特别经济区域规定

2005年12月，《关于特别经济区设立和管理的148号次法令》颁布，特别经济区体制在柬埔寨开始施行。柬埔寨发展理事会下设的柬埔寨特别经济区委员会是负责特别经济区开发、管理和监督的"一站式"服务机构，特别经济区管委会是在特别经济区现场执行一站式服务机制的国家行政管理单位，由柬埔寨特别经济区委员会设立，并在各特别经济区常驻。该法令规定特别经济区委员会应向全部特别经济区提供优惠政策。《投资法修正法》规定，位于特别经济区的合格投资项目有权享受与其他合格投资项目相同的法定优惠政策和待遇。经济区开发商和区内投资企业可享受优惠投资政策。

第四节 中柬经贸发展进程

中国提出的共建"一带一路"倡议与柬埔寨"四角战略"以及《2015—2025工业发展计划》高度契合，柬埔寨政府及社会各界对积极参与共建"一带一路"倡议有着高度共识，热情高涨。双方在经贸投资、互联互通、能源资源等重点领域合作潜力巨大。1996年7月，中柬两国政府签署了《贸易协定》和《投资保护协定》。2010年1月1日，中国—东盟自贸区的全面建成，进一步为中柬经贸合作开辟了更加宽广和畅通的渠道，提供了更多的机会。2019年1月，中柬双方领导人共同设定了2023年双边贸易额达到100亿美元的目标。

一、中柬政经关系

中柬两国有着深厚的传统友谊，1958年7月19日两国正式建交。目前，双方既无历史遗留问题，也不存在现实争端，中柬党际和两国关系处于上升、发展新时期。近年来，双方保持高层往来，政治关系日益密切。两国在重大国际问题和地区问题上持有相同或相似的看法，在多边外交中配合良好。2010年12月，柬埔寨时任首相洪森访华期间，两国宣布建立全面战略合作伙伴关系，两国关系进入新的发展阶段。2016年10月，中国国家主席习近平访柬，将两国全面战略合作伙伴关系推上新的历史高度。

2018年1月，中国时任国务院总理李克强访柬，为中柬关系发展注入了新的强大动力。9月，洪森来华出席第 15 届中国—东盟博览会。柬埔寨参议院第二副主席迪翁来华出席第 17 届中国西部国际博览会。2019 年 1 月，洪森对华进行正式访问。4 月，洪森来华访问，出席第二届"一带一路"国际合作高峰论坛及北京世界园艺博览会开幕式。4 月 28 日，中柬构建命运共同体计划在北京正式签署。5 月 14 日，中国国家主席习近平在人民大会堂会见柬埔寨国王西哈莫尼。

二、中柬经贸分析

（一）双边贸易

中柬双边经贸规模不断扩大，中国已连续多年是柬埔寨最大外资来源国。近年来，双边贸易呈持续增长态势。据中国海关统计，2022 年中国与柬埔寨双边货物进出口额为 160.2 亿美元，相比 2021 年增长了 23.5 亿美元，同比增长 17.5%（见表 6-4）。

表 6-4　2015—2022 年中国和柬埔寨货物贸易情况

（单位：亿美元）

年份	进出口总额		中国出口		中国进口	
	金额	同比（%）	金额	同比（%）	金额	同比（%）
2015	44.32	17.95	37.65	14.98	6.67	38.07
2016	47.59	7.40	39.29	4.40	8.30	24.50
2017	57.90	21.70	47.80	21.70	10.10	21.30
2018	73.90	27.60	60.10	25.70	13.80	36.70
2019	94.30	27.70	79.80	32.90	14.50	4.90
2020	95.60	1.40	80.60	0.90	15.00	3.70
2021	136.70	43.10	115.70	43.60	21.00	4.00
2022	160.20	17.50	141.80	23.00	18.30	-12.50

资料来源：中国海关总署。

柬埔寨政府重视经济发展，迫切希望加强与中方在路桥、水利、电网、港口、码头、机场、通信等基础设施建设领域的合作；加强在农产品出口、深加工、仓储、物流等方面的合作；发展轻工业、高新技术产业，完善上下游产业链、实现产业多元化等。柬埔寨政府对外资持欢迎和鼓励态度。为鼓励外商投资，柬埔寨政府出台了一系列政策措施，不断改善投资环境。

（二）对柬援助

据经合组织（OECD）统计，1960 年以来，柬埔寨共接受外国援助承诺总额 291.9

亿美元，实际援款支出 181.6 亿美元，日本、美国、亚洲开发银行、联合国机构、法国、德国、欧盟等为其主要援助方。中国向柬埔寨提供的援助和优惠贷款用于修建超过 3000 公里公路、8 座大桥、上万公里输变电线路和数十万公顷农田水利项目，支持其建设医院、学校、体育场等惠及民生的基础设施，为柬培训各类官员和技术人员。并为柬抗击新冠疫情提供大量疫苗和医疗物资，为柬政府发展经济、改善民生、削减贫困作出重要贡献。

（三）对柬投资

据中国商务部统计，截至 2021 年末，中国当年对柬埔寨直接投资 4.7 亿美元，中国对柬埔寨直接投资存量 69.7 亿美元。投资行业主要分布在能源、电网、通信、金融、旅游、纺织业、农业、烟草、医药、矿业和产业园区等领域（见表6-5）。

表 6-5　2017—2021 年中国对柬埔寨直接投资情况

（单位：亿美元）

年份	2017	2018	2019	2020	2021
当年流量	7.4	7.8	7.5	9.5	4.7
年末存量	54.5	59.8	64.6	70.4	69.7

资料来源：商务部、国家统计局和国家外汇管理局《2021 年度中国对外直接投资统计公报》。

（四）承包劳务

据中国商务部统计，2021 年中国企业在柬埔寨新签承包工程合同 128 份，新签承包工程合同额约 32.99 亿美元，完成营业额约 26.8 亿美元，同比分别下降 50.2% 和 23.2%。累计派出各类劳务人员 2 470 人，年末在柬埔寨务工人员为 5 796 人（见表6-6）。

表 6-6　2015—2021 年中国在柬埔寨承包工程及劳务合作情况

（单位：亿美元）

年份	对外承包工程		对外劳务合作	
	合同额	营业额	当年派出人数	年末在外人数
2015	14.18	12.14	4 546	7 884
2016	21.33	16.56	3 871	6 744
2017	33.01	17.64	2 604	5 877
2018	28.81	18.01	3 931	6 593
2019	55.76	22.75	7 092	10 399

续表

年份	对外承包工程		对外劳务合作	
	合同额	营业额	当年派出人数	年末在外人数
2020	66.22	34.88	5 213	6 571
2021	32.99	26.80	2 470	5 796

资料来源：商务部（注：承包工程统计中含设计咨询合作）。

本章小结

　　柬埔寨经过 20 世纪 80 年代初期连续不断的战火以及 1997 年内战，基础建设被破坏，投资环境不佳，但在多个国家的援助下其经济发展潜力很大，尤其是旅游业，为了吸引外资，实行了宽松的投资政策，1994 年至 2018 年，柬埔寨共吸引 381.78 亿美元的投资，中国是其最大投资国。

　　中国与柬埔寨是传统友好邻邦关系。2016 年中国国家主席习近平成功访柬，将两国全面战略合作伙伴关系推上新的历史高度。2017 年柬埔寨时任首相洪森赴华出席"一带一路"国际合作高峰论坛并正式访华，双方就全面推进共建"一带一路"合作、深化产能与投资合作达成重要共识。2018 年 1 月，中国时任国务院总理李克强成功访柬，为中柬关系发展注入了新的强大动力。2019 年 4 月，中柬两国签订构建命运共同体行动计划。中柬自贸协定在 2020 年正式签署。

　　2023 年 2 月，时任柬埔寨首相洪森对中国进行正式访问。同年 9 月，柬埔寨新任首相洪玛奈对中国进行正式访问并出席中国—东盟博览会。西哈莫尼国王出席杭州第十九届亚运会开幕式，中国国家主席习近平会见西哈莫尼国王。10 月，洪玛奈来华出席第三届"一带一路"国际合作高峰论坛。

　　中柬签署的双边自贸协定已于 2022 年 1 月 1 日生效，这是柬对外签署的首个双边自贸安排。据中国海关总署统计，据中国海关总署统计，2023 年中柬双边贸易额 148.2 亿美元，同比下降 5.3%。其中，中国对柬出口 127.5 亿美元，自柬进口 20.7 亿美元。2024 年 1—8 月，双边贸易额 118.1 亿美元，同比增长 19.9%，其中中国对柬出口 102.1 亿美元，自柬进口 16 亿美元。

关键名词或概念

　　1. 柬埔寨的经济特区
　　2. 四角战略

思考题

1. 柬埔寨的国家环境特色是什么？
2. 柬埔寨贸易投资环境的有利因素和不利因素是什么？
3. 柬埔寨与中国经贸合作现况与成果是什么？

第七章

缅 甸

◄◄◄

本章导读

本章首先简单介绍缅甸的基本情况，然后介绍缅甸的经济发展现况、贸易投资现况以及中缅经贸发展进程，使读者在学习的过程中，能广泛地、由浅到深地了解这个国家总体的发展情况。

学习目标

1. 了解缅甸的政治经济情况。

2. 基本了解缅甸的人文、社会、政治环境。

3. 了解缅甸的经济发展情况：①最新的经济概况；②天然资源；③基础设施现况；④产业概况。

4. 了解缅甸贸易投资现况：①对外贸易投资现况；②对外贸易的法规和政策。

5. 了解中缅经贸发展进程：①中缅政经关系；②中缅经贸分析。

第一节　国家基本概况

缅甸是东南亚国家联盟成员国之一，位于中南半岛西侧，西南临孟加拉湾和安达曼海，西北与印度和孟加拉国为邻，东北与中国毗邻，东南与泰国和老挝接壤，面积为67.66 万平方公里，是东南亚陆地区面积最大的国家。人口约 5 417 万，共有 135 个民族。首都为内比都。

缅甸自然资源极为丰富，拥有丰富的镍、铜、锡、黄金、翡翠、宝石等矿产资源，柚木、花梨等林业资源，滋养缅甸的伊洛瓦底江、萨尔温江、钦敦江和湄公河等，不仅蕴藏着丰富的水力发电潜能，还为农业灌溉提供了天然有利条件。此外，缅甸丰富的海洋资源和近海天然气油田也为其未来经济发展奠定良好基础。

2019 年，缅甸各项法律法规进一步完善。先后密集颁布了《商标法》《工业设计法》《专利法》和《著作权法》等，在消费者保护领域，缅甸于 2019 年 3 月颁布《消费者保护法》，规定自 2020 年 3 月起，在缅销售的商品必须标有缅文说明，包括使用方法、储存方式、过敏警告及可能产生的副作用等。为进一步改善营商环境，2019 年 3 月 24 日，缅甸投资和公司管理局（DICA）在仰光设立了一站式服务中心，为投资者办理进出口许可证、税务、签证及工作许可等手续。缅甸的努力得到了国际社会的认可，并被列为世界银行《2020 年营商环境报告》中营商改善成绩最突出的 20 个国家之一，在纳入评价的 190 个经济体中，缅甸排名第 165 位。

2020 年 2 月，缅甸发布 2020—2025 年第二个五年国家出口战略（NES），将宝石和珠宝、基础农产品、纺织服装、机械电器设备、林渔业以及数字产品 6 个行业列为优先行业，5 个服务行业——数字产品、物流、质量控制、贸易信息以及创新创业也将获得支持。中缅两国山水相连，胞波情谊源远流长。中国是缅甸第一大贸易伙伴、最大的进口来源国以及最大的出口市场，同时也是缅甸第二大投资来源国，双边经贸合作互补性强，市场潜力广阔。中资企业在基础设施建设、电力能源、通信、纺织制衣、餐饮、农业等领域积极同缅开展务实合作。

缅甸基本情况见表 7-1。

表 7-1　缅甸的基本情况

自然人文	
地理环境	东南与泰国和老挝接壤，东北与中国交界，西北与印度、孟加拉国为邻，西南毗邻孟加拉湾和安达曼海
国土面积	67.66 万平方公里
气候	热带季风型气候、多雨潮湿。6~9 月为雨季，12 月至次年 4 月较干爽
种族	共 135 个民族，包括缅甸族、掸族、克钦族、钦族、孟族、若开族等
人口结构	5 417 万人（2024 年）
教育普及程度	识字率 89.9%（男性 93.9%、女性 86.4%）、平均受教育 8 年
语言	缅甸语
宗教	佛教、基督教、伊斯兰教、其他
首都及重要城市	内比都（2005 年自仰光迁都于此）
政治体制	1974 年缅甸制定了《缅甸社会主义联邦宪法》。1988 年军政府接管政权后，宣布废除宪法，并于 1993 年起召开国民大会制定新宪法。2008 年 5 月，新宪法草案经全民公决通过，并于 2011 年 1 月 31 日正式生效。

续表

自然人文	
投资主管机关	缅甸投资与对外经济关系部（Ministry of Investment and Foreign Economic Relations，MIFER） 缅甸投资委员会（Myanmar Investment Commission）

经济概况	
币制	缅甸元（Kyat）
国内生产总值	793 亿美元（2023/2024 财年）
经济增长率	6.8%（2017 年）、6.2%（2018 年）、2.0%（2022 年）
人均国内生产总值	1 095.70 美元（2022 年）
汇率	1 美元＝2 100.0 缅甸元（2023 年 8 月）
利率	存款 8%～10%（2018 年）、贷款利率 13%～16%
通货膨胀率	5.1%（2017 年）、7%（2018 年）、8.8%（2019 年）、11.79%（2022 年 5 月）
外汇存底	至 2018/2019 财年末，缅甸外汇储备为 56.67 亿美元，约为 3.6 个月的预期进口额
出口总金额	152 亿美元（2021 年）
主要出口产品	矿物燃料（21%）、非针织及非钩针织的成衣品（17%）、食用蔬菜及根茎作物（10%）、针织或钩针织的成衣品（9%）、谷类（9%）（2021 年）
主要出口国家	中国（29.5%）、泰国（23.1%）、日本（6%）、印度（5.7%）、美国（3.9%）（2021 年）
进口总金额	143 亿美元（2021 年）
主要进口产品	矿物燃料（20%）、机器及机械用具（9%）、动植物油脂及其分解物（6%）、电机与设备及其零件（5%）、人造纤维棉（5%）（2021 年）
主要进口国家	中国（29.4%）、新加坡（19.1%）、泰国（14.4%）、印度尼西亚（8.4%）、马来西亚（6%）（2021 年）

资料来源：根据中国外交部与商务部官网及其他相关材料自行整理。

一、人文及社会环境

（一）人口数及结构

缅甸约有 5 417 万人（2024 年），共 135 个民族。人口最多的省邦分别是仰光省、曼德勒省、伊洛瓦底省、掸邦、实皆省和勃固省。缅甸 15～64 岁的劳动力人口约占 66%，人力资源极为丰富。缅甸与中国山水相连，19 世纪中叶，有大量中国人移居缅甸。目前缅甸华侨华人及其后裔约为 250 万人。他们主要来自云南、福建、广东，亦有少数来自广西、四川、山东、湖南、湖北和浙江等地。云南籍侨胞主要集中在曼德勒、腊戍、当阳、景栋、密支那、八莫、木姐、大其力等缅北地区。福建和广东籍侨胞集中在仰光、勃生、彬文那、毛淡棉、土瓦、丹老、妙瓦底等缅东南地区。

（二）语言

缅甸共有 135 个民族，100 多种民族语言。官方语言为缅语、英语，主要的民族语言包括缅、克钦、克耶、克伦、钦、孟、若开、掸等民族的语言，英语是流行的主要外国语。

（三）宗教

缅甸是个信仰自由的国家，不同宗教享有平等发展的权利。每年都有各种宗教的仪式、节日。信仰佛教人数最多，缅甸佛教是上座部佛教（俗称小乘教），与中国的佛教（大众部，俗称大乘教）是同一宗教的不同教派。85% 以上的缅甸人信仰佛教，且十分虔诚，每天早晚均要念经一次，每逢缅历初一、十五或斋戒日都要到寺庙朝拜、布施钱财、物品。缅甸视佛塔、寺庙为圣地，上至国家元首、外国贵宾，下至平民百姓，进入佛寺一律赤脚，否则将被视为对佛教不敬。

（四）国民教育水平

缅甸政府重视发展教育和扫盲工作，成人识字率约 94.75%。实行小学义务教育。教育分学前教育、基础教育和高等教育。学前教育包括日托幼儿园和学前学校招收 3~5 岁儿童；基础教育学制为 10 年，1~4 年级为小学，5~8 年级为普通初级中学，9~10 年级为高级中学；高等教育学制 4~6 年不等。缅甸现共有基础教育学校 40 876 所，大学与学院 108 所，师范学院 20 所，科技与技术大学 63 所，部属大学与学院 22 所。著名学府有仰光大学、曼德勒大学等。

（五）首都及重要城市概况

1. 首都

2005 年 11 月，缅甸行政首都由仰光迁至内比都。内比都坐落在勃固山脉与本弄山脉之间锡唐河谷的狭长地带，北依山势，距古都曼德勒 320 公里，南望平川，距仰光 390 公里，属缅甸中部地区，战略地位重要。内比都全市总面积 7 057.72 平方公里，下辖 1 个内比都市政区和彬马那、达贡和雷威 8 个镇，人口约 115 万。

2. 其他重要城市

缅甸全国分为 7 个省、7 个邦和 1 个中央直辖市。7 个省分别为：仰光、曼德勒、勃固马圭、实皆、伊洛瓦底、德林达依；7 个邦分别为掸邦、克钦邦、克耶邦、孟邦、克伦邦、钦邦、若开邦；1 个直辖市为内比都。

3. 对外商态度

2020 年 3 月 6 日，缅甸正式加入东盟单一窗口系统。缅甸可在东盟区域内以电子化方式交换原产地证书，以减少纸面文书工作，缅甸进出口商可以更轻松地获取和填报原产地证书。2020 年 4 月 1 日，缅甸商务部宣布，即日起进出口商可通过网站申请进出口许可证。91 种进口商品和 73 种出口商品在网上办理申请手续。《缅甸投资法》规定，缅甸投资委将制定并及时修订限制投资的行业。2017 年 4 月发布的限制投资行业分为 4 类：只允许国营的行业、禁止外商经营的行业、外商只能与本地企业合资经营的行业、必须经相关部门批准才能经营的行业。

二、政治环境

1044 年缅甸形成统一的国家，经历了蒲甘、东吁和贡榜三个封建王朝。

19 世纪英国发动三次侵略战争后占领了缅甸，1886 年将缅甸划为英属印度的一个省。1937 年缅甸脱离英属印度，直接受英国总督统治。1942 年 5 月被日本占领。1945 年 3 月全国总起义，缅甸光复。后英国重新控制缅甸。1948 年 1 月 4 日，缅脱离英联邦宣布独立。以吴努（U Nu）为首的政府实行多党民主议会制。1962 年，缅国防军总参谋长奈温（Ne Win）将军发动政变，推翻吴努政府，成立革命委员会。1974 年 1 月，颁布新宪法，成立人民议会，组建了"社会主义纲领党"（简称"纲领党"），奈温任"纲领党"主席，定国名为"缅甸联邦社会主义共和国"。1988 年 9 月军队接管政权，成立"国家恢复法律与秩序委员会"（后改为"国家和平与发展委员会"，简称"和发委"），改国名为"缅甸联邦"。1990 年 5 月缅甸举行大选，由昂山素季领导的"全国民主联盟"（National League for Democracy，NLD）获压倒性胜利[①]，但军政府以先制宪为由，拒交政权，继续执政，1992 年丹瑞将军出任"恢委会"主席，采取了一系列较为灵活务实的政策，通过和平谈判先后同 17 个反政府武装达成停火协议，基本结束了自缅甸独立以来的内战。

2010 年 11 月 7 日，缅甸举行全国多党制大选，联邦巩固与发展党（巩发党）获胜。2011 年 1 月 31 日，缅甸联邦议会举行首次会议，新宪法生效，国名更名为"缅甸联邦共和国"。2 月 4 日，联邦议会选举吴登盛为总统，吴丁昂敏乌、赛茂康为副总统。2012 年 4 月 1 日，缅甸举行议会补选，昂山素季领导的民盟赢得多数补选议席，成为议会第一大反对党。

2016 年 3 月 15 日，新一届联邦议会选举吴廷觉为总统，吴敏瑞、亨利班提育为副总统。在新政府中，全国民主联盟主席昂山素季担任外交部长兼任总统府部长。4 月，缅甸联邦议会通过议案并经吴廷觉总统批准生效，昂山素季被任命为国务资政，主要负责联系内阁部长、各部委、机构、组织和个人，并就相关工作提出建议。2018 年 3 月 21 日，缅甸总统吴廷觉在任期临近届满 2 年时突然宣布辞职，同日，缅甸联邦议会

---

① 昂山素季于 1989—1995 年、2000—2002 年、2003 年 5 月—2010 年 11 月、2021 年 2 月多次遭到软禁。

人民院议长吴温敏也宣布辞职。3 月 28 日，经过缅甸联邦议会选举，吴温敏当选缅甸新一任总统。

2020 年 11 月，缅甸举行新一轮全国大选。2021 年 2 月 1 日，缅甸国防军接管政权。2 月 2 日，成立国家管理委员会。8 月 1 日，成立看守政府。

（一）政治体制

根据 2008 年宪法，缅甸是一个总统制的联邦制国家，实行多党民主制度。总统既是国家元首，也是政府首脑，由全体联邦议员按各自意愿从 3 名副总统中投票选出总统①。缅甸联邦议会实行两院制，由人民院和民族院组成，每届议会任期五年。议会选举制度是当前缅甸政治的基本特征。

1974 年缅甸制定了《缅甸社会主义联邦宪法》。1988 年军政府接管政权后，宣布废除该宪法，并于 1993 年起召开国民大会制定新宪法。2008 年 5 月，新宪法草案经全民公决通过，并于 2011 年 1 月 31 日正式生效。

缅甸现在是一个军政府统治的国家，最高领导机构为"缅甸国家管理委员会"。名义上的国家元首和政府首脑是缅甸总统，任期五年，由缅甸议会两院选出。实际上的政府首脑是缅甸总理，2021 年恢复，由缅甸国防军总司令兼国家管理委员会主席敏昂莱担任。

（二）立法部门

议会是缅甸的立法机构。2012 年 4 月 1 日，缅甸举行议会补选（克钦邦 3 个选区因安全原因取消投票）。民盟获得联邦议会 45 个可选空缺议席中的 43 个，成为议会第一大反对党②。5 月 2 日，昂山素季与其他新当选的议员宣誓就职。2015 年 11 月 8 日，民盟在全国大选中获得人民院 440 个席位中的 255 个，以及民族院 224 个席位中的 135 个。2016 年 2 月 1 日，民盟组建新一届议会并召开首次会议。

（三）司法机构

缅甸法院和检察机关共分 4 级。设最高法院和总检察长办公室，下设省邦、县及

---

① 按照缅甸宪法，缅甸总统由联邦议会选出。联邦议会包括三个团体：经选举当选的人民院议员团、民族院议员团和不经选举产生的军人议员团。每个团体均可以推举一名副总统作为总统候选人，最后在联邦议会集体投票表决，得票最多者任总统，另外两人为副总统。2018 年 3 月 28 日缅甸举行总统选举，全体联邦议员按各自意愿从 3 名副总统中投票选出总统。吴温敏最终赢得胜利，当选新总统。

② 缅甸的联邦议会有 664 个议席，分为民族院和人民院，其中有 25% 不经选举产生的军人议员，此次大选，普通选民会拿到三张选票，分别投票选出民族院、人民院和省邦议会的议员，少数民族的选民会有四张选票，第四张用来选举少数民族议员。

镇区 3 级法院和检察机关。最高法院为国家最高司法机关。总检察长办公室为国家最高检察机关。

（四）政党

1988 年 9 月 18 日，缅甸军队接管国家政权，宣布废除一党制，实行多党民主制。主要政党如下。

1. 全国民主联盟（National League for Democracy）

简称"民盟"，主席昂山素季，名誉主席吴丁乌。总部设在仰光。宗旨是实现法治社会、推动国内和平、修改宪法，建立自由、稳定、公平的市场经济，提高教育质量，推动农村地区发展，维护妇女、儿童权益。该联盟办有《民主浪潮》周刊。昂山素季领导民盟参加 2015 年大选并获胜，成为缅甸执政党，并于 2020 年大选中再次获胜。2021 年 2 月 1 日，主席昂山素季被军方扣押。

2. 联邦巩固与发展党（The Union Solidarity and Development Party）

简称"巩发党"，2010 年 4 月成立，总部设在内比都，由 1993 年成立的缅甸联邦巩固与发展协会转变而成，时任政府总理的吴登盛担任该党主席。吴登盛领导巩发党参加 2010 年 11 月举行的大选，获胜后成为缅甸执政党。2015 年 11 月大选失败，失去执政党地位。2022 年 10 月 4 日至 6 日巩发党召开第三次代表大会，产生新一届中央执行委员会，吴钦依任主席。

3. 若开民族发展党（The Rakhine Nationalities Development Party）

总部设在若开邦博达坦镇区。由若开邦和仰光省的若开族人组成，2014 年 3 月，该党与若开民主联盟合并为若开民族发展党，在 2015 年大选中赢得联邦议会 22 个席位、省邦议会 23 个，成为联邦议会第三大党。若开民族发展党前主席埃貌（Aye Maung）因在 2018 年 1 月的一场反缅甸政府的集会上发表"煽动性言论"，被控叛国与诽谤罪，2019 年 3 月被判处 22 年有期徒刑，在 2020 年大赦中被释放。

（五）外交关系

缅甸奉行"不结盟、积极、独立"的外交政策，按照和平共处五项原则处理国与国之间关系。不依附任何大国和大国集团，在国际关系中保持中立，不允许外国在缅甸驻军，不侵犯别国，不干涉他国内政，不对国际和地区和平与安全构成威胁，是"和平共处五项原则"的共同倡导者之一。1988 年军政府上台后，以美国为首的西方国家对缅甸实施经济制裁和贸易禁运，终止对缅甸经济技术援助，禁止对缅甸进行投资。1997 年缅甸加入东盟后，与东盟及周边国家关系有较大改善。截至 2019 年 7 月，缅甸已与 123 个国家建立了外交关系。

第二节 经济发展现况

一、经济概况

缅甸 2011 年对外开放,在国际社会协助下发展经济,外资与旅客大量流入,推动电信、营造、制造业及服务业大幅成长,推动经济快速成长,连续数年保持 7% 以上的经济增长率。2015 年至 2019 年受缅甸国内及全球经贸形势变化影响,缅甸的经济增长率仍维持在 6%~7%;2020 年新冠疫情暴发重挫缅甸的经济及公共卫生,使经济增长率跌至 3.2%。2021 年 2 月军方接管政权加上疫情持续,使 2021 年缅甸经济衰退 18%,世界银行估计,缅甸 2022 年经济增长 3%,然而人均 GDP 仍比 2019 年低 13% 左右,显示近期冲击对供需的持续影响。

根据亚洲开发银行 2019 年 4 月的报告,2018 年财政年度(2018 年 4 月 1 日至 9 月 30 日)经济增长率为 6.2%;另依据世界银行 2018 年 12 月的报告,2018—2019 年度经济成长率为 6.2%,2022 年为 2.0%[①]。

二、天然资源

缅甸领土面积 67.66 万平方公里,排名全球第 40 位,是东南亚地区大陆面积最大的国家,其领土东西最宽为 936 公里,南北最远距离为 2 051 公里;北、东、西三面为山区,南部为平原,形成对南开口的马蹄状,海岸线沿孟加拉湾及安达曼海长达 2 832 公里。缅甸主要自然资源有矿产资源、石油和天然气资源、林业资源、水利资源、渔业和海洋资源。

(一)渔产

缅甸海岸线长 2 832 公里,专属经济区为 48.6 万平方公里,适宜捕捞海域约 22.5 万平方公里。内陆湖泊众多,渔业资源丰富,受资金、技术、捕捞、加工、养殖水平等条件限制,对外合作开发潜力大。

(二)石油与天然气

主要分布在缅甸中央盆地的伊洛瓦底江沿岸,以及缅甸沿海的大陆棚地区,缅甸在亚太地区天然气储量占比由 2.6% 上升至 4.14%,成为该地区天然气储量第七的国家。

---

① 数据来源:https://www.adb.org/sites/default/files/publication/875291/basic-statistics-2023.pdf.

（三）矿产资源

主要有锡、钨、锌、铝、锑、锰、金、银、铜、大理石、石灰石等，宝石和玉石在世界上享有盛誉。缅甸东部掸邦—德林达依（Shan-Terasserim）高地集中分布着铅、锌、银、锡、钨、锑、宝石和玉石等矿产，其中有著名的包德温（Bawdwin）铅锌银矿（"二战"前为世界最大的有色多金属矿）、抹谷—孟密（Mogok-Momeik）地区的宝石玉石。

（四）林业资源

主要分布在北、西、南部。中部勃固山脉是柚木的主要产区，储量世界领先。缅甸林木约 2 300 种，其中乔木 1 200 余种，质地坚固，耐腐蚀，膨胀和收缩系数极小，花纹美观，可用于造船，建桥梁、码头、房屋，制家具等。除柚木以外，缅甸还盛产檀木、鸡翅木、铁力木、酸枝木、花梨木等各种硬木。2014 年 4 月开始，缅甸政府禁止原木出口。缅甸民盟政府注重林业资源保护，2017 年 11 月底，缅甸国家投资委员会暂停审批使用缅甸原始森林出产的木材原料加工厂项目。

（五）水利资源

缅甸国内河流密布，主要河流有伊洛瓦底江、萨尔温江、钦敦江和湄公河，支流遍布全国。其中伊洛瓦底江、萨尔温江和湄公河均发源于中国。伊洛瓦底江为缅甸第一大河，流域面积 43 万平方公里，水量充沛，水流平缓，从北向南依次流经克钦邦、曼德勒和仰光等 6 个省份，最后从仰光注入印度洋，全长 2200 公里。截至目前，水力发电依然是缅甸的主力电源，截至 2018 年 9 月，缅甸水力发电装机占总装机的 57.7%。

三、基础设施现况

（一）公路

近年来，缅甸陆路交通有所改善，据缅甸建设部高速公路局公布的数据，截至2018 财年，缅甸公路总里程为 4.19 万公里，其中沥青路 2.59 万公里，碎石路 3 011公里，土路 4 491 公里，货运量为 113.9 万吨。缅甸与中国、老挝、泰国、印度、孟加拉国接壤。连接中国与缅甸的公路主要有腾密公路。腾密公路缅甸段起点为云南腾冲与缅甸接壤的中缅南四号界桩，终点是缅甸北部重镇密支那，公路全部由中国援建。

（二）铁路

缅甸铁路基础设施较差，路网陈旧，主要线路有仰光—曼德勒、仰光—勃固、仰光—毛淡棉，仰光—卑谬、曼德勒—密支那等。据缅甸交通与通讯部铁路局公布的数据，截至 2019 年 9 月，缅甸铁路全长 6 077 公里，多为窄轨，有 960 个站点。拥有火车机车 437 辆，其中蒸汽机车 23 辆，柴油机车 414 辆，客车厢 1 021 节、货车厢 1 847 节。2018/2019 财年客运量为 3 686 万人次，客运收入 316.61 亿缅币，货运量为 193.5 万吨，货运收入 133.36 亿缅币。缅甸仰光有环城铁路，全长约 45.9 公里，连接缅甸市区与城郊，全程耗时约 3 小时。目前尚无城市地铁。

（三）空运

主要航空公司有缅甸航空公司、缅甸国际航空公司、曼德勒航空公司、仰光航空公司、甘波扎航空公司、蒲甘航空公司、亚洲之翼航空公司、金色缅甸航空公司等。缅甸全国有国际机场 3 个，国内机场 31 个，主要机场有仰光机场、曼德勒机场、内比都机场、黑河机场、蒲甘机场、丹兑机场等。仰光、内比都和曼德勒机场为国际机场。

（四）水运

缅甸主要港口有仰光港、勃生港和毛淡棉港，其中仰光港是缅甸最大的海港。缅甸交通与通讯部数据显示，内河航道约 14 842.6 公里，仰光港口包括仰光港和迪洛瓦港。2018/2019 财年，缅甸港口总吞吐量为 1 719.1 万吨，其中仰光 1 061.4 万吨；内河运输量 110 万吨，货运收入 29.79 亿缅币，运输旅客 1 040.5 万人次，客运收入约 14.02 亿缅币。

（五）通信

缅甸交通与通讯部公布的数据显示，缅甸全国共有 1 388 个邮局。电话交换台中 442 个为自动交换台，6 个为人工接线台；缅甸网络用户为 4 027.17 万，移动电话用户为 3 998.87 万。在国际通信方面，缅甸不仅开通了国际卫星电话，而且可以通过亚欧海底光缆 2 万条线路与 33 个国家和地区直接连通，并能通过这些国家和地区同世界其他国家和地区进行通话。目前，中国移动和联通 GSM 电话可在缅甸使用。

（六）电力

据《2020 年缅甸年鉴》，截至 2019 年 9 月，缅甸全国电力总装机容量为 5 838MW，较上年增加 187MW。总装机容量中，水电 3 262MW，占 55.87%；天然气 1 924MW，占

32.9%；火电 496MW，占 8.5%；柴油 116MW，占 2.0%；太阳能 40MW，占 0.68%。2020 年缅甸全国发电总装机容量为 7 091MW。据缅甸电力部统计，2022 年缅甸已实现全国 60% 家庭通电。

四、产业概况

（一）产业结构

2020 年 2 月，缅甸发布 2020—2025 年第二个五年国家出口战略（NES），将宝石和珠宝、基础农产品、纺织服装、机械电器设备、林渔业以及数字产品 6 个行业列为优先行业，5 个服务行业——数字产品、物流、质量控制、贸易信息以及创新创业也将获得支持。

（二）重点/特色产业

缅甸重点/特色产业的基本情况如下。

1. 农业

农业是缅甸国民经济的基础，也是民盟政府优先发展的重要产业。目前，缅甸乡村人口约占总人口的 70%，大多以农业和畜牧业为生。缅甸的主要农作物包括水稻、小麦、玉米、豆类等常规作物，和橡胶、甘蔗、棉花、棕榈等工业作物。近年来，豆类已超过大米成为缅甸出口创汇的最主要农产品。

2. 加工制造业

近年来，随着欧盟及美国对缅甸解除经济制裁，缅甸劳动力资源丰富且成本较低的优势不断凸显，加之欧美给予缅甸的普惠制待遇，以纺织制衣业为代表的劳动密集型加工制造业在缅甸蓬勃发展，2018/2019 财年，缅甸纺织品出口额达 48.3 亿美元，占缅甸同期出口总额的 28.3%，出口额位居各行业之首。2022/2023 财年前 6 个月成衣出口 16 亿美元。2018/2019 财年，缅甸制造企业 49 842 万家，加工制造业实现产值（现价）26.06 万亿缅币，同比增长 15.95%。

3. 能源

能源结构方面，根据世界银行的《缅甸能源基础设施监测报告》，缅甸人均能源供应总量为 18.2GJ。缅甸能源结构占比分别为生物质能 53%、石油 34%、电力 8%、天然气 3% 和煤炭 2%。2019 年人均年用电量仅为 420KWh，约为世界平均水平的 1/10。液化石油气（LPG）等现代能源消费仅限于城市地区，传统生物质能源（木材和木炭）约占一次能源消费的 2/3。

4. 交通通信业

近年来，缅甸交通通信业发展较快，2018 年过渡财年，缅甸交通通信业吸引外资

3.14 亿美元，吸引外资额仅次于制造业，排名第二。其中，通信业发展态势尤为迅猛。2018 年，越南军队电信集团通过与缅甸当地企业合资，进军缅甸电信市场，成为继 MPT、Ooredoo 和 Telenor 之后缅甸第四家电信运营商。2021 年政局发生变化后，Mytel、Ooredoo 陆续出售业务退出缅甸市场。截至 2022 年 8 月 31 日，外国企业在缅甸交通通信领域投资额为 113.45 亿美元，占外商在缅甸投资的 12.29%。

5. 旅游业

缅甸风景优美，名胜古迹多。主要景点有世界闻名的仰光大金塔、文化古都曼德勒、万塔之城蒲甘、茵莱湖水上村庄以及额布里海滩等。政府大力发展旅游业，积极吸引外资。2018 年过渡财年赴缅国际游客达 159.45 万人次，自仰光、曼德勒、内比都国际机场入境的中国游客为 57.7 万人次。据缅甸官方数据，截至 2018 年过渡财年末，缅甸在酒店旅游业的外商投资存量为 26.38 亿美元。2019 年缅甸游客人数增长迅猛，达 436 万人次，同比增长 22%。

第三节 贸易投资现况

缅甸总统为国家领导及政府首脑，政府设有国家投资委员会，国内外的重要投资项目必须由投资委员会审批并报经内阁会议批准。政府管理机构共设 23 个部，其中经济主管部门主要有计划、财政与工业部、投资与对外经济关系部、商务部、农业畜牧与灌溉部、电力与能源部、资源与环保部、交通与通讯部、建设部、国际合作部等。2018 年 11 月，新成立投资与对外经济关系部。2019 年 11 月，将工业部和计划与财政部合并为计划、财政与工业部。

一、对外贸易投资现况

缅甸作为东盟成员国，已加入东盟自贸区、中国—东盟自贸区、韩国—东盟自贸区、日本—东盟自贸区、印度—东盟自贸区等。同时，享受美国、欧盟等给予的贸易普惠制待遇。在过去几十年里，缅甸对外贸易主要用美元、英镑、瑞士法郎、日元以及欧元进行结算。2019 年 1 月 30 日，缅甸中央银行发布 2019 年第 4 号令，批准将人民币和日元纳入其合法的国际结算货币。2021 年 10 月，缅甸宣布允许境内持外币结算牌照、兑换牌照的银行和非银行货币兑换机构兑换人民币。2021 年 12 月，缅甸将人民币纳入合法国内结算货币。

（一）贸易进出口总量

缅甸商务部数据显示，2020/2021 财年，缅甸货物贸易总额达 295 亿美元（见表 7-2），总出口达 152 亿美元，总进口达 143 亿美元。

表 7-2 2015—2019 年缅甸进出口总额

（单位：亿美元）

财年	2015/2016	2016/2017	2017/2018	2018/2019	2019/2020	2020/2021
进出口总额	277.14	292.09	335.37	351.47	367.31	295.00

资料来源：缅甸商务部。

（二）贸易结构

缅甸主要出口农产品、畜牧产品、林产品、矿产、海产品、制成品等，包括天然气、大米、玉米、各种豆类、橡胶、木材、珍珠、宝石等商品；主要进口生产资料、工业原料、消费品，诸如日用消费品、电子设备、汽车和汽车配件以及中间产品等。缅甸通过木姐、雷基、甘拜地、清水河、景栋、德穆、里德、实兑、孟都、大其力、妙瓦迪、高当、丹老、提基、茂当和眉色 16 个边境贸易点，与中国、印度、孟加拉国和泰国等邻国开展边境贸易。其中，坐落在中缅边境的木姐口岸是缅甸最大的边境贸易点。

（三）主要贸易伙伴

缅甸主要与东盟成员国、东亚国家、部分欧洲国家和非洲国家开展贸易，与邻国的贸易占缅甸外贸总额的 90%。缅甸中央统计局最新数据显示，中国为缅甸第一大贸易伙伴。位居前 5 位的贸易伙伴依次为中国、泰国、新加坡、日本和印度。

2019/2020 财年，缅甸与东盟各贸易伙伴国的贸易总额达 124.21 亿美元，其中缅甸出口额为 45.36 亿美元，进口额为 78.85 亿美元，占缅甸全财年进出口总额的 33.8%。

（四）吸引外资

据缅甸投资与公司管理局统计，截至 2022 年 8 月底，缅甸批准外资 945.02 亿美元，前五位直接投资来源地为新加坡、中国、泰国、中国香港、英国。其中，中国对缅投资 217.67 亿美元，占缅外资总额的 23.58%。

表 7-3 外商投资情况（截至 2020 年 4 月 30 日）

排序	行业名称	项目数（个）	批准外资额（亿美元）	占比（%）
1	石油天然气	154	227.73	26.74
2	电力	27	222.04	26.07
3	制造业	1 282	120.56	14.16
4	交通通信业	62	111.20	13.06

续表

排序	行业名称	项目数（个）	批准外资额（亿美元）	占比（%）
5	房地产	63	63.63	7.47
6	酒店旅游业	85	31.51	3.70
7	矿业	71	29.05	3.41
8	畜牧及渔业	70	7.89	0.93
9	农业	35	4.27	0.50
10	工业园区	7	3.27	0.38
11	建筑业	2	0.38	0.04
12	其他行业	141	30.14	3.54
	总额	1 999	851.67	100.00

资料来源：缅甸投资与对外经济关系部。

据缅方统计，截至 2020 年 4 月底，共有 51 个国家和地区在缅甸 12 个领域投资 1 999 个项目，总投资额为 851.67 亿美元。前五位直接投资来源地分别为：新加坡（230.13 亿美元）、中国（212.89 亿美元）、泰国（113.75 亿美元）、中国香港（96.67 亿美元）和英国（49.04 亿美元）。另据联合国贸发会议公布的《2020 年世界投资报告》，2019 年缅甸吸收外国直接投资 27.7 亿美元，截至 2019 年底，吸收外国直接投资 341.3 亿美元（见表 7-3）。

（五）其他重要经贸数据

1. 经济增长率

新冠疫情前，缅甸经济保持较高增速。2021 年受政局变化和疫情影响，经济开始下行，2022 年逐步恢复。

2. GDP 产业结构

根据世界银行统计数据，2021 年缅甸农业、工业和服务业占 GDP 的比重依次为 23.46%、35.22%、41.33%。

3. 通货膨胀

根据《2021 年缅甸年鉴》，缅甸 2017/2018 财年、2018 年过渡财年、2018/2019 财年、2019/2020 财年，年均消费者价格指数（CPI）同比增长 4.03%、7.10%、8.60% 和 5.73%。缅中央统计局数据显示，2020/2021 财年通胀率约 6.0%。世界银行预计到 2022 年 10 月，缅甸通货膨胀率将达到 8.7%。

4. 失业率

2019 年缅甸劳动力调查结果显示，全国共有劳动适龄人口 3 750 万，其中男性 1 709 万，女性 2 041 万；就业人口 2 228 万，其中男性 1 288 万人，女性 940 万人；劳动参与率为 59.4%，其中男性为 75.4%，女性为 46.1%；总体失业率为 0.5%，其中男性为 0.4%，女性为 0.6%。

5. 外汇储备

根据《2021 年缅甸年鉴》，截至 2020 年 12 月末，缅外汇储备 10.188 万亿缅币，其中黄金 0.587 万亿缅币，外币 9.601 万亿缅币。据国际货币基金组织估算，截至 2020 年底，缅甸外汇储备约 66 亿美元，约为 4.2 个月的预期进口额。

6. 三个经济特区

缅甸正同期推进土瓦经济特区、迪洛瓦经济特区及皎漂经济特区 3 个特区的建设。

（1）土瓦经济特区。位于德林达依省。缅甸和泰国于 2008 年 5 月 19 日在新加坡签署《谅解备忘录》，原计划于 2015 年竣工。由于盘子大、资金短缺及缺乏外资投入等，项目搁浅。2017 年初，缅甸成立由副总统亨利范迪友牵头的高级别委员会和特别小组来重启和加快推进土瓦经济特区项目。2017 年 5 月，日本国际协力机构（JICA）重新制订土瓦经济特区项目总体规划。2018 年 9 月，缅甸工业部长钦貌秋表示，缅甸经济特区中央委员会正与土瓦经济特区管委会就加快实施该特区项目进行谈判。

（2）迪洛瓦经济特区。位于仰光省丁茵—皎丹镇区，规划面积 2 400 公顷，由缅甸和日本私人企业及政府组织于 2014 年 1 月 10 日联合组建的"缅甸—日本迪洛瓦开发有限公司"负责运营，计划吸引高新技术产业、劳动密集型产业、纺织业和制造业方面的投资。截至 2019 年 5 月 1 日，在签订土地预订协议的 106 家企业中，90 家为外资企业，13 家为合资企业，3 家为缅甸本土企业。其中，104 家已获得投资许可，89 家已开工建设，70 家已开始商业运营。入驻企业主要来自日本（54 家）、泰国（15 家）、韩国（8 家）、中国台湾（5 家）、新加坡（5 家）等国家和地区。

（3）皎漂经济特区。位于若开邦境内，皎漂东南部 6.4 公里，实高村和梅都村附近，面积约 404.69 公顷。特区开发分为 3 个项目，即港口项目、工业区项目、包括住宅及基础设施在内的居住区项目。皎漂深水港项目将由缅中双方共同投资的公司以特许经营方式开发建设和运营，其中中方占股 70%，缅方占股 30%，缅方股权将先由皎漂管委会持有，在条件成熟时管委会将把 15% 的股权转让给政府指定实体。2020 年 1 月，中缅双方签署皎漂深水港框架协议和特许权经营协议。位于孟邦的皎丹工业园区于 2018 年 3 月 26 日正式开放。经过两年的建设，工业园区的基础设施包括路桥、水电等都已经完成，约有 10 家公司已经开始在园内运营。

二、对外贸易的法规和政策

（一）贸易主管部门

缅甸贸易主管部门为缅甸商务部，负责办理进出口营业执照、签发进出口许可证、举办国内外展览会、办理边境贸易许可、研究缅甸对外经济贸易问题、制定和颁布各种法令法规等。下设部长办、贸易司、消费者事务司和缅甸贸易促进组织。缅甸私营企业从事对外贸易需向进出口贸易注册办公室申领进出口许可证，在国家政策许可范围内自由从事对外贸易活动。

（二）贸易法规体系

现行与贸易管理相关的法律和规定有《缅甸联邦进出口贸易法》（2012 年）、《缅甸联邦贸易部关于进出口商必须遵守和了解的有关规定》（1989 年）、《缅甸联邦关于边境贸易的规定》（1991 年）、《缅甸联邦进出口贸易实施细则》（1992 年）、《缅甸联邦进出口贸易修正法》（1992 年）、《重要商品服务法》（2012 年）、《竞争法》（2015 年）、《竞争法》实施细则（2017 年）、《消费者保护法》（2019 年）、《进口保护法》、《破产法》（2020 年）。

（三）贸易管理的相关规定

1988 年以来，缅甸政府实行市场经济，允许私人从事对外贸易，对外贸易实行许可证管理制度。1989 年 3 月 31 日，政府颁布《国营企业法》，宣布实行市场经济，并逐步对外开放，军政府放宽了对外贸的限制，允许外商投资，农民可自由经营农产品，私人可经营进出口贸易，并开放了同邻国的边境贸易。2006 年以来，在中缅边境地区出口的木材及矿产品贸易，需获得由缅甸商务部、林业部木材公司出具的证明及中国驻缅甸使馆经商处的证明。

（四）进出口商品检验检疫

缅甸进出口检验检疫工作由农业、畜牧与灌溉部主管。《缅甸植物检疫法》（1993 年）规定禁止有害生物通过各种方法进入缅甸；切实有效抵制有害生物；对准备运往国外的植物、植物产品，给予必要的消毒、灭菌处理，并颁发植物检疫证书。无论是从国外进口的货物，还是旅客自己携带物品入境，都必须接受缅甸农业服务公司的检查检疫。2020 年 1 月 18 日，中国国家主席习近平对缅甸进行国事访问期间，中缅双方签署《中华人民共和国海关总署与缅甸联邦共和国农业、畜牧业和灌溉部关于缅甸大米输华植物检验检疫要求议定书》《中华人民共和国海关总署和缅甸联邦共和国农牧灌溉部关于中国从缅甸输入屠宰用肉牛的检疫和卫生要求议定书》《中华人民共和国海关总署与缅甸联邦共和国农业、畜牧灌溉部关于中国从缅甸输入热加工蚕茧检疫和卫生要求议定书》，缅甸碎米、屠宰用肉牛、热处理蚕茧可在检验检疫后正式对华出口。

（五）海关管理规章制度

《缅甸海关进出口程序》（1991年）对禁止进出口的物品做了详细规定，《缅甸海关计征制度及通关程序》对进出口关税、通关程序做了详细规定。与海关管理相关的法规还有《海洋关税法》（1978年）、《陆地海关法》（1924年）、《关税法》（1953年）、《国家治安建设委员会1989年第4号令》、《商业税法》（1990年）、《进出口管制暂行条例》（1947年）和《外汇管制法》（1974年）。

2017年缅甸根据世界海关组织海关商品编码协调制度（H. S. Cook）及2017年东盟统一关税命名法（AHTN）编制新版关税表。世界海关组织所有成员国关税代码都是6位数字，东盟所有成员国关税代码都是8位数字。2017年缅甸海关税则为10位数字，在AHTN8位数字的基础上增加2位数字进行统计。

（六）投资主管部门

缅甸投资委员会（Myanmar Investment Commission）是主管投资的部门。其主要职能是根据《缅甸投资法》的规定，投资委对申报项目的资信情况、项目核算、工业技术等进行审批、核准并颁发项目许可证，在项目实施过程中提供必要帮助、监督和指导，受理许可证协定时限的延长、缩短或变更的申请等。

（七）投资方式的规定

1. 自然人合作

缅甸法律法规并不禁止自然人在当地开展投资合作。但是，出于项目风险隔离以及规范操作的考虑，通常投资者会设立项目公司进行项目的落地操作。项目公司的股东可以是法人也可以是自然人。

2. 外商投资方式

外商在缅投资可以根据缅甸公司法设立子公司（私人有限公司或公众有限公司）、海外法人（Overseas Corporation，相当于分公司或代表处，缅甸公司法不再区分前两者的注册形式）。在不违反限制投资行业有关规定的前提下，外商可以选择独资、合资、合作或者并购等方式进入缅甸。

第四节　中缅经贸发展进程

一、中缅政经关系

中缅两国于1950年6月8日正式建交。20世纪50年代，中缅共同倡导了和平共处五项原则。60年代，两国本着友好协商、互谅互让精神，通过友好协商圆满解决历史遗留的边界问题，为国与国解决边界问题树立典范。建交以来，双边关系平稳向前发展。2020 年 1 月，两国领导人宣布构建中缅命运共同体。

2015 年 4 月，国家主席习近平在印度尼西亚雅加达出席亚非领导人会议期间会见缅甸总统吴登盛。6 月，应中国共产党邀请，由主席昂山素季率领的缅甸全国民主联盟代表团访华，这是这位缅甸政治家的首次访华。9 月，时任缅甸总统吴登盛专程来华出席中国人民抗日战争暨世界反法西斯战争胜利 70 周年纪念活动。

2016 年 3 月，时任国务院总理李克强在三亚会见代表缅甸总统吴登盛来华出席澜沧江—湄公河合作首次领导人会议及博鳌亚洲论坛 2016 年年会的时任缅甸副总统赛茂康。

2017 年 4 月，缅总统廷觉访华，中国国家主席习近平和时任国务院总理李克强分别会见了廷觉。5 月，昂山素季访华出席"一带一路"国际合作高峰论坛；8 月，中共中央对外联络部部长宋涛率中共代表团访问缅甸，拜会缅甸执政党全国民主联盟（民盟）主席、国务资政昂山素季。

2020 年 1 月，中国国家主席习近平对缅甸进行国事访问，会见缅甸总统温敏、国务资政昂山素季、国防军总司令敏昂莱大将等，两国领导人共同宣布构建中缅命运共同体，启动中缅建交 70 周年及中缅文化旅游年系列活动，并与昂山素季共同见证 29 项合作成果的交换仪式。这是中国国家主席时隔 19 年再次历史性访问缅甸。

二、中缅经贸分析

2001 年 12 月 12 日，中缅双方签署《中华人民共和国政府和缅甸联邦政府关于鼓励促进和保护投资协定》，明确规定了给予彼此国家投资者最惠国待遇、国民待遇及例外、征收、损害及损失补偿等内容。此外，缅甸作为东盟成员国，还享有中国—东盟自贸区协定框架下的权利和义务。中缅尚未签署产能合作协议和基础设施合作协议。

2020 年 1 月 18 日，中国国家主席习近平对缅甸进行国事访问，中缅双方签署并交换了《中华人民共和国商务部与缅甸联邦共和国商务部关于成立中缅贸易畅通工作组的谅解备忘录》明确工作组主要职责，拓展双边贸易规模，支持互相开展贸易促进活动，及时磋商双边贸易领域重点关注、妥善处理贸易摩擦等。

（一）双边贸易

据中国海关统计，2022 年中国与缅甸双边货物进出口额为 251.1 亿美元（见表 7-4），相比 2021 年增长了 6.5 亿美元，同比增长 34.9%。中国对缅甸主要出口成套设备和机电产品、纺织品、摩托车配件和化工产品等，从缅甸主要进口农产品和矿产品等。中国为缅甸第一大贸易伙伴、第一大出口市场和第一大进口来源地。

表 7-4　2015—2022 年中缅双边贸易情况

（单位：亿美元）

年份	贸易总额	同比（％）	从缅进口	同比（％）	对缅出口	同比（％）
2015	152.8	−38.8	56.2	−64.0	96.5	3.1
2016	122.8	−18.6	41.0	−24.8	81.9	−15.2
2017	135.4	10.2	45.3	10.5	90.1	10.0
2018	152.4	13.1	46.9	3.6	105.5	17.9
2019	187.0	22.8	63.9	36.4	123.1	16.7
2020	188.9	1.0	63.4	−0.7	125.5	1.9
2021	186.1	−1.5	80.8	27.3	105.3	−16.0
2022	251.1	34.9	114.9	41.5	136.1	29.9

资料来源：中国海关。

（二）双边投资

据中国商务部统计，2021 年中国对缅甸直接投资流量为 0.2 亿美元。截至 2021 年底，中国对缅甸直接投资存量为 39.9 亿美元。目前中资企业在缅甸主要投资注册独资或合资公司，投资领域主要集中在油气资源勘探开发、油气管道、电力能源开发、矿业资源开发及纺织制衣等加工制造业领域，到缅甸考察加工制造业并投资建厂的中资企业逐渐增多。投资项目主要采用 BOT、PPP 或产品分成合同（PSC）的方式运营（见表 7-5）。

表 7-5　2017—2021 年中国对缅甸直接投资情况

（单位：亿美元）

年份	2017	2018	2019	2020	2021
年度流量	4.3	−2.0	−0.4	2.5	0.2
年末存量	55.2	46.8	41.3	38.1	39.9

资料来源：商务部、国家统计局和国家外汇管理局《2021 年度中国对外直接投资统计公报》。

（三）承包工程

据中国商务部统计，2021 年中国企业在缅甸新签承包工程合同 39 份，新签承包合同金额 9.7 亿美元，同比下降 82.0%；完成营业额 6.3 亿美元，同比下降 66.0%。派出各类劳务人员 707 人，期末在缅甸劳务人员 1 146 人。2022 年 1—5 月，中国企业在缅甸新签承包合同金额 3.1 亿美元，同比下降 50.1%；完成营业额 1.2 亿美元，同比下降 61.8%。派出各类劳务人员 216 人，期末在缅甸劳务人员 1 291 人。

（四）劳务合作

中国与缅甸纯劳务合作的市场较小，主要是向矿山开采项目派遣技术人员。中国在缅甸的劳务人员多为承包工程和境外投资所带动的劳务输出以及中资企业长期派驻缅甸合作企业的管理和技术人员。加之缅甸普通工人的工资水平很低，非技术型工人月薪平均 100 多美元，此工资水平对中国劳务人员吸引力较小。

（五）产能合作协议

2020 年 1 月 18 日，中国国家主席习近平对缅甸进行国事访问期间，中缅双方签署并交换了《中华人民共和国国家发展和改革委员会与缅甸联邦共和国计划、财政与工业部关于促进产能与投资合作的谅解备忘录》，引导两国企业在纺织、食品加工、建材、电子、汽车、船舶、机械、化工、冶金、产业园区、高附加值生产等领域推动产能与投资合作。

本章小结

缅甸领土面积 67.66 万平方公里，在全球排名第 40，是东南亚地区大陆面积最大的国家，其领土东西最宽为 936 公里，南北最远距离为 2 051 公里；北、东、西三面为山区，南部为平原，形成对南开口的马蹄状，海岸线沿孟加拉湾及安达曼海长达 2 832 公里，渔产丰富。

2023 年，中缅贸易额为 209.5 亿美元，同比下降 15%；其中中国对缅出口 114 亿美元，同比下降 13.3%，自缅进口 95.5 亿美元，同比下降 16.9%。2024 年 1—8 月，中缅贸易额为 114.5 亿美元，同比下降 26.4%；其中中国对缅出口 66.5 亿美元，同比下降 19%；自缅进口 48 亿美元，同比下降 34.7%。

中缅两国山水相连，胞波情谊源远流长。中国是缅甸第一大贸易伙伴、最大的进口来源国以及最大的出口市场，同时也是缅甸第二大投资来源国，先后签署政府间推进“一带一路”建设谅解备忘录和共建“人字形”中缅经济走廊谅解备忘录，在电力、能源、交通基础设施、中缅边境经济合作区、皎漂经济特区等领域务实开展合作并取得积极进展。

企业在缅甸开展投资、贸易、承包工程和劳务合作的过程中，需特别注意事前调查、分析、评估相关风险，事中做好风险规避和管理工作，切实保障自身利益，包括对项目或贸易客户及相关方的资信调查和评估，对投资或承包工程国家的政治风险和商业风险分析和规避，对项目本身实施的可行性分析等。

关键名词或概念

1. 缅甸的三大经济特区
2. 中缅经济走廊

思考题

1. 缅甸的国家环境特色是什么？
2. 缅甸贸易投资环境的有利因素和不利因素是什么？
3. 缅甸与中国经贸合作现况与成果是什么？
4. 缅甸的经济特区建设问题主要体现在哪些方面？有何影响？

第八章

泰 国

◀ ◀ ◀

本章导读

本章首先介绍泰国的基本情况，然后介绍泰国的经济发展现况、贸易投资现况以及中泰经贸发展进程，使读者在学习的过程中，能广泛地、由浅到深地了解泰国总体的发展情况。

学习目标

1. 了解泰国的政治经济情况。

2. 基本了解泰国的人文、社会、政治环境。

3. 了解泰国的经济发展情况：①最新的经济概况；②天然资源；③基础设施现况；④产业概况。

4. 了解泰国贸易投资现况：①对外贸易投资现况；②对外贸易的法规和政策。

5. 了解中泰经贸发展进程：①中泰政经关系；②中泰经贸分析。

第一节　国家基本概况

泰国古称暹罗，有 700 多年的历史和文化。1238 年建立了素可泰王朝，开始形成较为统一的国家。到目前为止，泰国先后经历了素可泰王朝、大城王朝、吞武里王朝和曼谷（却克里）王朝。

16 世纪起，泰国先后遭到葡萄牙、荷兰、英国和法国等殖民主义者的入侵。19 世纪末，曼谷王朝拉玛四世王注重汲取西方经验进行社会改革。1896 年，英、法签订条约，规定暹罗为英属缅甸和法属印度支那之间的缓冲国，从而使暹罗成为东南亚唯一没有沦为殖民地的国家。

1932 年 6 月，拉玛七世王时，人民党发动政变，废除君主专制政体，建立君主立宪政体。1939 年 6 月更名为泰国，意为"自由之地"。1941 年被日本占领，泰国宣布加入轴心国。1945 年恢复暹罗国名。1949 年 5 月又改称泰国。

泰国上一任国王普密蓬·阿杜德（拉玛九世王）于 1946 年继位，2016 年 10 月 13 日去世。现任国王玛哈·哇集拉隆功（拉玛十世王）为普密蓬国王之子，1952 年 7 月 28 日出生于曼谷，1972 年 12 月受封为王储，2016 年 10 月即位，2019 年 5 月加冕，早年在英国和澳大利亚皇家预备学校学习，后赴澳大利亚堪培拉皇家军事学院学习，获文学学士学位，曾在泰国御林军任职，为陆、海、空三军上将。

泰国在东南亚地区是一个举足轻重的国家。第二次世界大战后泰国与美国一直保持传统盟友关系，在经济、军事等方面有密切联系。同时，泰国注重发展同中国、日本和印度的关系，重视开展睦邻外交，积极改善与柬埔寨、缅甸等邻国的关系，是东盟创始国之一，并积极参与东盟一体化建设。

泰国重视经济外交，推动双、多边自由贸易安排，已与印度、澳大利亚、新西兰、日本等国签署了双边自贸协定或经济伙伴关系，并作为东盟成员国参与签订了东盟—中国、东盟—日本、东盟—韩国、东盟—印度、东盟—澳大利亚—新西兰自由贸易协定。正在与巴基斯坦、土耳其、孟加拉国等国进行自由贸易协定谈判，与欧盟的自贸区协定谈判即将重启。

泰国基本情况见表 8-1。

表 8-1　泰国的基本情况

自然人文	
地理环境	位于中南半岛中心地带，东南接连柬埔寨，南接马来西亚，西邻缅甸，东北与北部与老挝接壤，南临泰国湾，西南濒印度洋，地处战略要冲
国土面积	51.3 万平方公里
气候	亚热带气候，终年常热，气温在 20~39℃，一年分夏、雨及凉季，3 月至 5 月为夏季，6 月至 10 月为雨季，11 月至次年 2 月为凉季
种族	泰族，华人，其他
人口结构	6 790 万人（2024 年）
教育普及程度	识字率 94%，9 年义务教育，15 年免费入学（含幼儿园 3 年）。每年申请就读初中、高中及专科以上学生约为 66 万人、42 万人及 19 万人
语言	泰文（部分人通晓英文、汉文、马来文）
宗教	佛教 94.6%，伊斯兰教 4.6%，基督教 0.7%
首都及重要城市	曼谷、清迈、清莱、合艾等

续表

自然人文	
政治体制	君主立宪制
投资主管机关	泰国投资促进委员会（Office of the Board of Investment）
经济概况	
币制	泰铢（Thai Baht）
国内生产总值	5 130 亿美元（2023 年）
人均国内生产总值	7 089.7 美元（2022 年）
汇率	1 美元＝34.81 铢（2024 年 10 月）
通货膨胀率	1.2%（2024 年）
外汇存底	2 446 亿美元（2023 年 2 月）
贸易总额	5 743 亿美元（2023 年）
出口总金额	2 845 亿美元（2023 年）
主要出口产品	汽车及零配件、电脑及零配件、集成电路板、电器、初级塑料、化学制品、石化产品、珠宝首饰、成衣、鞋、橡胶、家具、加工海产品及罐头、大米、木薯等
主要出口国家/地区	美国、中国、日本、越南、马来西亚、澳大利亚、印度、印度尼西亚、新加坡、中国香港。
进口总金额	2 897 亿美元（2023 年）
主要进口产品	机电产品及零配件、工业机械、电子产品零配件、汽车零配件、建筑材料、原油、造纸机械、钢铁、集成电路板、化工产品、电脑设备及零配件、家用电器、珠宝金饰、金属制品、饲料、水果及蔬菜等
主要进口国家/地区	中国、日本、美国、阿拉伯联合酋长国、马来西亚、中国台湾、韩国、印度尼西亚、新加坡、越南

资料来源：根据中国外交部与商务部官网和泰国国家网站相关材料自行整理。

一、人文及社会环境

（一）人口数及结构

世界银行数据显示，截至 2024 年底，泰国总人口约为 6 790 万，在全国 77 个府级行政区中曼谷人口最多，约 553 万，占全国总人口的 8.3%。人口最多的五个府分别为曼谷、呵叻、乌汶、孔敬、清迈。

（二）民族

泰国第一大民族为泰族，另外还有华族、马来族、高棉族、克伦族、苗族等其他。泰族人曾称"暹罗人"，和中国的傣族、壮族族源相近，在全国都有分布，占总人口的 75%，主要信仰佛教。华族在人数上仅次于泰族，占总人口的 14% 左右；马来族大多信仰伊斯兰教，主要分布在泰国南部半岛；高棉族主要分布在与老挝和柬埔寨接壤的泰国东北部和东南部；克伦族主要分布在西北部的泰缅边境山区；苗族分布在北部和东北部泰老、泰缅边境地带的山区。

（三）语言

泰国官方语言为泰语和英语。每个地区都有自己的方言，但以中部曼谷地区的方言为标准语言。潮州话、海南话、广东话在泰籍华人中较为普遍。此外还有马来语和高棉语。

（四）宗教

主要有佛教、伊斯兰教、天主教和印度教。

佛教是泰国的国教，是泰国宗教和文化的重要组成部分，对当地政治、经济、社会生活和文化艺术等领域有重大影响，在泰国享有崇高地位。几百年来，泰国的风俗习惯、文学、艺术和建筑等，几乎都和佛教有着密切关系。佛教为泰国人塑造了崇尚忍让、安宁以及爱好和平的道德风尚。全国95%的人信奉佛教（主要为小乘佛教）。因此，泰国素有"黄袍佛国""千佛之国"之美称。政府重要活动以及民间婚丧嫁娶等，一般都由僧侣主持宗教仪式并诵经祈福。泰国政府设有宗教事务所，管理全国宗教。目前全国共有佛寺3.2万多座，平均每个行政村或每1 600余人即有一所寺庙。

（五）国民教育水平

泰国实行9年制义务教育。中小学教育为12年制，即小学6年、初中3年、高中3年。中等专科职业学校为3年制，大学一般为4年制，医科大学为5年制。著名高等院校有朱拉隆功大学、泰国法政大学、泰国农业大学、清迈大学、孔敬大学、宋卡王子大学、玛希隆大学、诗纳卡琳威洛大学、易三仓大学和亚洲理工学院等。此外，还有兰甘亨大学和素可泰大学等开放大学。

（六）首都及重要城市概况

泰国全国分北部、中部、南部、东部和东北部五个地区，共有77个府，府下设县、区、村。首都曼谷是唯一的府级直辖市，曼谷市长由直选产生。各府府尹为公务员，由内政部任命。

1. 首都

首都曼谷位于湄南河畔，距入海口15公里。面积1 569平方公里。人口约1 370万（2018年数据）。曼谷城始建于1782年，迄今已有237年的历史，是泰国最大城市、东南亚第二大城市，也是泰国政治、经济、文化、交通中心。

2. 其他重要城市

泰国第二大城市清迈是泰国著名的历史文化古城，始建于 1296 年，是泰国北部政治、经济、文化、教育中心，距曼谷 700 公里，位于海拔 300 米的高原盆地，曾为兰纳王朝的首都，其所建城垣大多保存至今。清迈府总面积 3 905 平方公里，人口约 176万；首府清迈市面积 40 平方公里，人口约 13 万。

3. 投资吸引力

从投资环境吸引力的角度，泰国的竞争优势有六个方面：社会总体较稳定，对华友好；经济增长前景良好；市场潜力较大；地理位置优越，位处东南亚地理中心；工资成本低于发达国家；政策透明度较高，贸易自由化程度较高。

世界经济论坛《2019 年全球竞争力报告》显示，泰国在全球最具竞争力的 141 个国家和地区中排第 40 位。世界银行发布的《2020 年全球营商环境报告》显示，在 190个经济体中，泰国营商环境排名为第 21 位，综合得分 80.1。世界知识产权组织发布的 2019 年全球创新能力指数排名显示，泰国排名第 43 位，比 2018 年上升了一位。

二、政治环境

泰国实行君主立宪制。国王是国家元首和军队的最高统帅，是国家主权和统一的象征。上任国王普密蓬·阿杜德于 1946 年即位，2016 年 10 月 13 日去世后由王储玛哈·哇集拉隆功继位，称为拉玛十世。

（一）政治体制

1. 宪法

现行宪法于 2017 年 4 月 6 日经哇集拉隆功国王御准生效，系泰国第 20 部宪法。分为总章、国王、公民权利、自由与义务、基本国策、国会、内阁、法院、宪法法院、独立机构、检察机构、权力监督、地方行政、宪法修订、国家改革等 16 章279 款。

2. 总理和政府

政府由 1 名总理和不超过 35 名部长组成。总理是政府首脑，由国会选举经国王任命产生，任期为 4 年。根据总理的提名任命政府部长和内阁成员。第二次世界大战后军人集团长期把持政权，泰国政府更迭频繁。20 世纪 90 年代开始，军人逐渐淡出政坛。

2013 年 12 月 9 日，受反对党民主党组织的大规模游行示威影响，英拉政府宣布解散国会下议院并重新举行大选。2014 年 2 月，泰国举行下议院选举，因反对派抵制，部分地区投票无法顺利举行。3 月，宪法法院判决大选无效。5 月 7 日，泰国宪法法院裁决英拉滥用职权罪名成立，解除其总理职务。

2014 年 5 月 22 日，泰国军方以"国家维稳团"名义接管政权。31 日，国家立法议会组成。8 月 21 日，立法议会选举"国家维稳团"主席、陆军司令巴育为新总理。24 日，巴育就任总理。2015 年 8 月、2016 年 12 月和 2017 年 12 月，巴育三次调整内阁①。2023 年 8 月 22 日，泰国国会举行第三次总理选举，以为泰党为首的 11 党联盟共同提名赛塔·他威信为总理候选人。国会两院随后进行投票，赛塔·他威信已获得超过半数国会议员支持，当选泰国第 30 任总理②。他是泰国前总理戴克辛·钦那瓦和英拉·钦那瓦的亲信，与戴克辛的小女儿佩通坦·钦那瓦以及前总检察长猜卡森·尼迪实里同为为泰党 2023 年泰国总理人选，于 8 月 22 日当选。

（二）立法部门

1. 议会

2017 年 4 月 6 日，泰国国王玛哈·哇集拉隆功在曼谷律实宫签署新宪法草案，宣告泰国第 20 部宪法正式颁布实施。这部新宪法草案已于 2016 年 8 月经全民公投通过。根据宪法规定，下议院 500 名议员中，350 名由人民直选产生，150 名由各政党通过所获选票比例推举。另外，新宪法规定将上议院人数增加至 250 人，全部由军方"全国维持和平委员会"任命，其中 6 个席位由武装部队最高司令、海陆空三军司令、国家警察总监及国防部次长 6 人自动担任。上议院有权与下议院一起决定总理人选，且对政府具有监督、进谏的权力，并有权通过和废除法律，以及有权推动对总理的弹劾。

2019 年 5 月成立新一届国会，由上、下两院组成。现任国会主席兼下议院议长川·立派，国会副主席兼上议院议长蓬佩·威奇春猜。2023 年 5 月 14 日举行国会下议院选举，改选全部 500 个议席。根据正式确认结果，远进党共拿下 151 席，成为下议院第一大党。为泰党、自豪泰党分别以 141 席和 71 席位列第二、第三位。总理巴育所在的泰国人团结建国党获 36 席。根据泰国宪法，下议院议长出任国会主席，上议院议长出任国会副主席。新一届国会成立后，国会主席将召集上下两院全部 750 名议员就各政党推举的总理候选人进行表决，获得上下议院全部议席半数以上者当选总理。

---

① 2016 年 8 月 7 日，巴育政府就新宪法草案举行全民公投，泰国新宪法草案及附加问题分别以 61.35% 和 58.07% 的支持率获得通过。根据新宪法，总理可以由上议院推选非议员或无党派人士，无须政党推举。若下议院的总理提议被上议院否决，上议院将与下议院联合选出新总理。上议院可以不限次数地弹劾或推举总理。2019 年 3 月 24 日泰国举行新一届大选。7 月 10 日，泰国王御准新一届内阁名单，7 月 16 日全体阁员宣誓就职。总理为巴育·詹欧差上将、副总理兼国防部长巴威·翁素万上将。时任内阁成员包括总理、5 位副总理以及外交、财政、交通等各部部长、副部长共 36 人。

② 2024 年 8 月 14 日，泰国总理赛塔被裁定违宪并即日被解职后，为泰党党首佩通坦再次被提名为为泰党的总理候选人，并在 8 月 16 日举行特别会议投票中胜出。

（三）司法机构

1. 最高法院

最高法院是泰国最高的司法审判机关，最高法院大法官是最高执法者，由国王任命。同时，根据新的宪法，最高法院权力扩大，可以直接审判涉嫌贪污的政治人物。

2. 司法机构

泰国属大陆法系，以成文法作为法院判决的主要依据。司法机构由宪法法院、司法法院、行政法院和军事法院构成。宪法法院主要职能是质疑议员或总理违宪、对已经国会审议的法案及政治家涉嫌隐瞒资产等案件进行终审裁定，以简单多数裁决。宪法法院由1名院长及14名法官组成，院长和法官由上议长提名呈国王批准，任期9年。行政法院主要审理涉及国家机关、国有企业及地方政府间或公务员与私企间的诉讼纠纷。行政法院分为最高行政法院和初级行政法院两级，并设有由最高行政法院院长和9名专家组成的行政司法委员会。最高行政法院院长任命须经行政司法委员会及上议院同意，由总理提名呈国王批准。军事法院主要审理军事犯罪和法律规定的其他案件。

（四）政党

1. 民主党

民主党是泰国历史最悠久的政党，成立于1946年。其政策趋向于维持君主立宪制度，维护泰国中产阶级利益。民主党在经济相对较发达的曼谷地区和南方获得了多数民众的支持，曾多次执政。2019年3月举行全国大选后，党首阿披实宣布辞职。2019年5月，朱林当选民主党新党首。

2. 泰爱泰党

泰爱泰党曾是泰国的主要政党之一，1998年由前总理他信创立并任党首，2001年至2006年泰国军事政变前为执政党。2007年泰爱泰党在大选中舞弊罪名成立，遭解散。部分党员在泰爱泰党解散之后加入1998年成立的人民力量党，该党被视为泰爱泰党的化身。2008年12月，宪法法院裁定人民力量党在2007年的大选中贿选罪名成立，予以解散。后人民力量党被解散，部分党员组织成立了为泰党。

3. 为泰党

成立于2007年9月20日，创始人是班中萨·翁拉达纳万，为泰党与泰国前总理他信领导的泰爱泰党有着千丝万缕的联系，在政治主张上一脉相承。该党曾于2011年7月3日的国会选举中赢得500个议席中的265席，成为国会第一大党和执政党，该党总理候选人前总理他信·西那瓦的妹妹英拉·西那瓦出任泰国第28任总理，成为泰国历史上首位女总理，后因"大米渎职案"被泰国最高法院判决罪名成立，英拉流亡海外。2019年3月举行的议会下议院全国选举中，为泰党获得下议院席位最多，成为泰国最大反对党。流亡海外十余年的他信于 2023 年 8 月 22 日回到泰国。泰国最高法院当天宣读了其所涉 3 项罪名计 8 年监禁的判决，随后 74 岁的他信进入曼谷一处监狱服刑。因健康原因，他信于服刑第二日被转至医院治疗。泰国王宫事务处发布王室谕令，将前总理他信的 8 年刑期减为 1 年，在他信的努力下，泰国时间 2023 年 12 月 26 日，泰国法庭宣布英拉 12 年前的案件没有违反刑法，撤回了之前对于英拉的拘捕令。

4. 国民力量党

国民力量党是在 2018 年由现任泰国军政府中的部分平民阁员创立的亲军方和主张保守主义的政党。2019 年 3 月举行的议会下议院全国选举中，国民力量党获得选票数量第一。

5. 新未来党

于 2018 年 3 月在曼谷成立，创办人兼党魁是时年 39 岁的塔纳通，其父为泰国最大的汽车零件制造商之一高峰集团的执行长。

6. 新政治党

2009 年 6 月成立，主要领导人为泰国传媒大亨林明达及退伍军人针隆，林明达任党魁。其前身为人民民主联盟（PAD，又称黄衫军）。

（五）外交关系

泰国奉行独立自主的外交政策和全方位外交方针，重视周边外交，积极发展睦邻友好关系，维持大国平衡。重视区域合作，2012 年至 2015 年担任中国—东盟关系协调国，积极推进东盟一体化和中国—东盟自贸区建设，支持东盟与中日韩合作。重视经济外交，推动贸易自由化，积极参与大湄公河次区域经济合作。发起并推动亚洲合作对话（ACD）机制，积极参加 APEC、亚欧会议（ASEM）、WTO、东盟地区论坛和博鳌亚洲论坛（BFA）等国际组织活动。积极发展与伊斯兰国家关系。谋求在国际维和、气候变化、粮食安全、能源安全及禁毒合作等地区和国际事务中发挥积极作用。

第二节　经济发展现况

一、经济概况

（一）经济增长率

2010 年以来泰国经济一直都呈现正增长，2010 年和 2012 年分别实现 7.8% 和 6.4% 的高增长率，但 2013 年以来受政治动荡和全球经济复苏乏力影响，经济增长回落。近 5 年来，受全球金融危机影响，泰国经济呈波动趋势。2018 年全年经济复苏向好，增长率达4.1%。根据泰国国家经济与社会发展委员会（NESDB）数据，2019年全年经济增速下降，增长率2.4%，低于预期。GDP总量和人均GDP等详细统计数据见表8-2。

表8-2 2015—2021年泰国经济总量及经济增长情况

年份	GDP（亿美元）	增长率（%）	人均GDP（美元）
2015	3 953	2.8	5 879
2016	4 069	3.2	6 033
2017	4 554	3.9	7 012
2018	5 011	4.1	7 387
2019	5 590	2.4	8 169
2020	5 064	-6.1	7 328
2021	5 872	1.6	8 873

资料来源：泰国国家经济和社会发展委员会（NESDC）。

（二）GDP构成

根据美国国家情报局（CIA）最新资料，2021年泰国的GDP构成中，农业占8.5%、制造业及其他工业产业占34.8%，服务业占56.7%。

（三）财政收支

根据泰国中央审计署数据，2021财年泰国财政收入为24 000亿泰铢（约合680亿美元），同比减少0.7%；公共支出为30 000亿泰铢（约合850亿美元），同比增加680亿泰铢（约合20亿美元）；预算赤字为7 600亿泰铢（约合217亿美元）。

（四）外汇储备

根据泰国中央银行数据，截至2021年末，泰国外汇储备为2 460亿美元。

（五）通货膨胀

根据泰国央行数据，2021年全年，泰国一般通胀率为1.23%。

（六）失业率

根据泰国NESDC数据，截至2021年末，泰国失业率为1.62%，失业人口为63万。

（七）债务

根据泰国中央银行数据，2021年9月30日（2020—2021财年末），泰国公共债务为 2 644 亿美元（汇率按 34.09∶1 计算），占 GDP 的 58.38%，对外债务为 49.5 亿美元。外债规模和条件不受国际货币基金组织等的限制。

（八）主权债务评级

截至 2021 年 12 月 31 日，国际评级机构穆迪对泰国主权信用评级为 Baa1，展望为正面。

二、天然资源

泰国的自然资源主要有钾盐、锡、钨、锑、铅、铁、锌、铜、钼、镍、铬、铀等，还有重晶石、宝石、石油、天然气等。其中钾盐储量为 4 367 万吨，居世界首位；石油总储量为 2 559 万吨；褐煤蕴藏量为 20 亿吨；天然气蕴藏量为 3 659.5 亿立方米；森林覆盖率为 20%。

三、基础设施现况

（一）公路

泰国的公路交通运输业较发达，公路网覆盖全国城乡各地，分为国道及附属公路、地方公路、特别高等级公路。据泰国交通部统计，2020 年泰国全国公路总里程为 70.22 万公里，其中，国道及附属公路 10.05 万公里，地方公路 60.15 万公里，特别高等级公路 225 公里。

（二）铁路

泰国铁路系统较落后，据泰国交通部统计，2020 年泰国铁路网里程约 4 952 公里，其中，4 736 公里为米轨铁路，覆盖全国 47 府；151 公里为城市交通轨道，集中在曼谷及其周边地区。4 条主要铁路干线以曼谷为中心向北部、东部、南部及东北部延伸。目前，从中国云南昆明连接越南、柬埔寨、泰国、马来西亚和新加坡的铁路大部分路段由现有的铁路连接而成。

（三）空运

泰国航空业比较发达。航空客运已成为外国游客入境泰国的主要方式，乘飞机入境泰国的外国游客占外国游客总人数的 80%。在货物运输方面，由于航空货运的费用较高，航空货运总额仅占国内货运比重和国际货运比重的 0.02% 和 0.3%。

泰国共有 74 个机场，包括 36 个商业机场和 38 个非商业机场。共 53 个国家和地区的 80 家航空公司设有赴泰国固定航线，89 条国际航线可达欧洲、美洲、亚洲及大洋洲 40 多个城市，国内航线遍布全国 21 个大中城市。新冠疫情前，北京、上海、广州、昆明、成都、汕头、香港等都有固定航班往返曼谷。

（四）水运

泰国的水运分为海运和河运两种。内陆水道长 4 000 公里，湄公河和湄南河为泰国两大水路运输干线。目前全国共有 47 个港口，其中海湾港口 26 个，国际港口 21 个。主要港口包括曼谷港 ［Khlong Toei Port（Bangkok Port）］、廉查邦港（Laem Chabang Port）、清盛港（Chiang Saen Port）、清孔港（Chiang Khong Port）和拉廊港（Ranong Port）等。海运线可达中国、日本、美国、欧洲和新加坡。

（五）通信

泰国电信业比较发达，目前各种形式的电信网络已覆盖全国各地，包括固定电话、移动电话、ADSL 宽带互联网、卫星调制解调器及拨号入网服务等。泰国主要的电信服务商包括国有的 CAT、TOT 以及民营的 AIS、DTAC、TRUE 等。

随着泰国政府计划在全国范围扩大电信网络，泰国正进入宽带时代，泰国电信网络基础设施乃至整个供应链方面都存在巨大商机。

（六）电力

泰国发电能力基本能满足国内需求，中资企业前往投资设厂一般不需要自备发电设备，但随着经济发展，电力供需矛盾日益突出。泰国电力局数据显示，2021 年泰国总装机为 46 095.87 兆瓦，其中国家电力局发电占 34.79%，独立发电商（IPP）发电占 32.27%，小型发电商（SPP）发电占 20.53%，外国进口占 12.41%。

四、产业概况

（一）产业结构

泰国天然资源丰富，拥有广袤的森林，矿产共计 50 多种，其中主要矿产有锡、氟石、重晶石、锑及钨。主要农产品有稻米、玉米、木薯、橡胶和蔗糖。渔业主要产品有鲔鱼和沙丁鱼、虾、水生贝壳类、鱿鱼、海蜇、蟹和其他硬壳动物。养殖则以虾最多。

为增强国家竞争力，泰国政府于 2016 年正式提出"泰国 4.0"战略和"东部经济走廊"发展规划，同时推进建设南部经济走廊和打造十大边境经济特区，不断推出新的经济政策和举措，为外商投资营造良好的投资合作大环境。此外，泰国政府还积极响应"一带一路"倡议，主动将国家发展战略与澜湄合作、"南向通道"等区域合作对接，开展与中国的友好合作。

（二）重点/特色产业

1. 农业

农业是泰国的传统产业，在国民经济中占有重要地位。泰国全国耕地面积约 1 500 万公顷，占国土总面积的 31%。农产品是泰国重要出口商品之一，主要农产品包括稻米、天然橡胶、木薯、玉米、甘蔗、热带水果。2021 年，泰国出口大米 611 万吨，出口额 1 070 亿泰铢，出口木薯 1 038 万吨，出口额 1 200 亿泰铢。

2. 工业

泰国工业属出口导向型工业，重要门类有采矿、纺织、电子、塑料、食品加工、玩具、汽车装配、建材、石油化工、轮胎等。泰国汽车生产条件优越，产业链齐全，马自达、本田、丰田、日产、三菱等知名日系公司是在泰主要的汽车产业投资商，泰国是目前全亚洲仅次于日本和韩国的第三大汽车出口国。近年，中国上汽、长城汽车等也在泰国投资设厂。电子设备制造也是泰国特色产业，日韩的主要电器公司，如索尼、松下、东芝、日立、三星等都已落户泰国，并逐渐将生产基地搬迁到泰国。2018 年，泰国是世界第十二大机动车生产国和第五大轻型商用车生产国，也是东盟最大的机动车生产地。

3. 旅游业

泰国旅游资源丰富，有 500 多个景点，主要旅游地点有曼谷、普吉岛、帕塔亚、清迈、清莱、华欣、苏梅岛。旅游业是泰国服务业的支柱产业。2021 年泰国旅游业受新冠疫情严重影响。泰国旅游与体育部数据显示，2021 年到访的外国游客 42 万人次，同比下降 93.62%。来自外国游客的旅游业收入为 24 亿泰铢。2022 年第一季度泰国国外游客较 2021 年同期显著增长，游客数量 44 万人，增长 2.1%，创造旅游收入约 342 亿泰铢，增长 1.4%。

第三节　贸易投资现况

1. "十二五"规划

2016 年 9 月，泰国内阁通过了由国家经济和社会发展委员会办公室提交的"十二五总体经济发展规划"，该计划总投资额为 3 万亿泰铢，涉及 40 个重大基建项目。新五年计划从 2016 年 10 月 1 日起正式生效，截止时间为 2021 年 9 月 30 日。该五年计划也属于 20 年国家战略规划的一部分，完成后泰国经济和社会都将更加强大、坚实和可持续。

2. 泰国 4.0 战略

为保持经济稳定增长，近年来泰国推出了多项改革措施，包括基础设施建设、加大投资力度、吸引外国游客、提振出口等。

3. 东部经济走廊计划

2015 年泰国政府提出东部经济走廊（EEC）计划，希望能够吸引外商对东部经济走廊地区进行投资，从而优化泰国的产业结构，增强国家的综合竞争力，使泰国摆脱中等收入陷阱。

一、对外贸易投资现况

泰国是 WTO 的正式成员，截至目前共对外商签了 13 项多、双边自贸协定，包括东盟自由贸易协定，与澳大利亚、新西兰、日本、印度、秘鲁、智利的双边自贸协定，以及作为东盟成员国与中国、韩国、日本、印度、澳大利亚、新西兰、中国香港等国家（地区）的自贸协定。

（一）贸易进出口总量

对外贸易在泰国的国民经济中具有重要地位。2023 年泰国贸易总额 5 743 亿美元，同比下降 2.4%。其中出口 2 845 亿美元，同比下降 1%；进口 2 897 亿美元，同比下降 3.8%。工业产品是出口主要增长点。

（二）贸易结构

泰国进口商品主要是原料及半成品、资本商品和燃料；出口商品主要是工业制成品、农产品、农业加工品和矿产品。

（三）主要贸易伙伴

2024 年，泰国的重要贸易伙伴为中国、日本、东盟、美国、欧盟等。

（四）吸引外资

据泰国投资促进委员会数据统计，2021 年泰国吸引外资超 6 400 亿铢，FDI 申请项目 783 个。从国别看，日本投资 807.33 亿铢，中国投资 385.67 亿铢，新加坡投资 296.69 亿铢。泰国主要投资来源国有日本、中国、欧盟、东盟、美国、印度和韩国等。目前，众多知名跨国公司均在泰国设有分支机构或东南亚总部，负责泰国及东南亚业务。

（五）双（多）边贸易现况

1. 与美国的关系

泰国是美国安全盟友，享有"非北约主要盟国"地位。泰美互为重要贸易伙伴。

2008 年 8 月美国总统布什访问泰国，访问期间，布什与泰国高级官员、部长等政要进行会谈，发表了关于美国与亚洲关系的演讲。2012 年 11 月，奥巴马成功对泰国进行正式访问。

2. 与东盟其他国家的关系

泰国是东盟成员国，重视加强同东盟各国的友好合作。泰国与除菲律宾以外的其他 8 个东盟成员国建立了内阁联席会议机制。倡建泰、老、柬、缅、越五国经济合作战略（ACEMC），推动泰马、泰缅、泰老边境经济区发展。泰国接任 2019 年东盟轮值主席国，致力于推动 RCEP 谈判。

3. 与日本的关系

日本一直是泰国最主要的外资来源地和第二大贸易伙伴。2007 年 4 月，泰国总理素拉育对日本正式访问，双方签署了《泰日经济伙伴协定》，目标是在 10 年内建立泰日自贸区。2013 年 1 月，日本首相安倍晋三对泰国进行正式访问。

4. 与印度的关系

1989 年建立政府间双边合作联委会和贸易联委会。

作为以贸易立国的外向型经济发展国家，泰国与多国签署了自由贸易协定，与各主要经济大国的贸易关系融洽，市场辐射范围较大，尤其是中日韩、东盟、欧美、澳新、印度一带，属于其重点辐射地区。伴随东盟共同体的建成及东盟"10+3"、东盟"10+6"以及亚太地区各项贸易安排的推进，其市场地位有望进一步提升。RCEP 第四次领导人会议（2020 年 11 月 15 日）通过视频方式举行，中国、日本、韩国、澳大利亚、新西兰和东盟 10 国正式签署了 RCEP 协定，标志着当前世界上人口最多、经贸规模最大、最具发展潜力的自由贸易区正式启航。

二、对外贸易的法规和政策

（一）贸易主管部门

泰国主管贸易的政府部门是商业部（Ministry of Commerce），其主要职责分为两部分：对内负责促进企业发展、推动国内商品贸易和服务贸易发展、监管商品价格、维护消费者权益和保护知识产权等；对外负责参与 WTO 和各类多（双）边贸易谈判、推动促进国际贸易良性发展等。泰国商业部主管对外业务的部门有贸易谈判厅、国际贸易促进厅和对外贸易厅等，主管国内业务的部门有商业发展厅、国内贸易厅、知识产权厅等。

（二）贸易法规体系

泰国与贸易相关的主要法律有 1960 年《出口商品促进法》、1979 年《出口和进口商品法》、1973 年《部分商品出口管理条例》、1979 年《出口商品标准法》、1999 年

《反倾销和反补贴法》、2000 年《海关法》和 2007 年《进口激增保障措施法》等。

（三）贸易管理的相关规定

1. 进口管理

泰国对多数商品实行自由进口政策，任何开具信用证的进口商均可从事进口业务。泰国仅对部分产品实施禁止进口、关税配额和进口许可等管理措施。禁止进口涉及公共安全和健康、国家安全等的产品，如摩托车旧发动机、博彩设备等；关税配额产品为 24 种农产品，如桂圆、大米、椰肉、大蒜、饲料用玉米、棕榈油、椰子油、龙眼、茶叶、大豆和豆饼等，但关税配额措施不适用于从东盟成员国的进口；进口许可分为自动进口许可和非自动进口许可，非自动进口许可产品包括关税配额产品和加工品，如鱼肉、生丝、旧柴油发动机等。自动进口许可产品包括部分服装、凹版打印机和彩色复印机。泰国商业部负责制定受进口许可管理的产品清单。

2. 出口管理

泰国除通过出口登记、许可证、配额、出口税、出口禁令或其他限制措施加以控制的产品以外，大部分产品可以自由出口，受出口管制的产品目前有 45 种，其中征收出口税的有大米、皮毛皮革、柚木与其他木材、橡胶、钢渣或铁渣、动物皮革等。

3. 进出口商品检验检疫

泰国负责商品质量监督、检验和标准认证的管理部门主要是卫生部下属的食品与药品监督管理局（FDA）及农业合作部下属的国家农业食品和食品标准局（ACFS）。

4. 海关管理规章制度

《海关法》（*Customs Act*）是泰国实施海关管理的根本法律制度。目前，泰国海关进出口商品代码和关税管理体系是根据 1987 年修订的《海关关税法令》（*Customs Tariff Decree* 1987）制定的。泰国政府根据管理需要会对商品代码分类和海关关税进行不定期调整，有关法令和公告可在泰国海关厅网站上查询。

具体商品的关税税率和减让情况均可以通过 HS 税号或商品名称在海关网站上查询。

5. 投资主管部门

泰国主管投资促进的部门是泰国投资促进委员会（BOI），负责根据 1977 年颁布的《投资促进法》（*Investment Promotion Act*）及 1991 年第二次修正和 2001 年第三次修正的版本制定投资政策。投资促进委员会办公室具体负责审核和批准享受泰国投资优惠政策的项目、提供投资咨询和服务等。

6. 因特殊理由禁止外国人投资的业务

包括报业、广播电台、电视台；水稻种植、旱地种植、果园种植；牧业；林业、原木加工；在泰国领海、泰国经济特区的捕鱼；泰国药材炮制；涉及泰国古董或具有历史价值的文物的经营和拍卖；佛像、钵盂制作或铸造；土地交易等。

7. 须经商业部长批准的项目

包括涉及国家安全稳定或对艺术文化、风俗习惯、民间手工业、自然资源、生态环境造成不良影响的投资业务，商业部长根据内阁的决定批准后外国投资者方可从事。

8. 反垄断调查

泰国关于反垄断和经营者集中方面的法律是《贸易竞争法》（Trade Competition Act，TCA）。该法于1999年正式颁布实施，取代了1979年制定的《价格制定和反垄断法》（Price Fixing and Anti-Monopoly Act）。该法共7章57条，主要就限制市场垄断、鼓励自由竞争等诸多方面作出了法律规定。

（四）工业园区介绍

泰国工业部下设有工业园管理局（IEAT），负责发展工业园区和科技园区等工业地产。2007年，IEAT第四次修改《工业园机构法案》（Industrial Estate Authority of Thailand Act），以提高工业园内投资者的竞争能力。

根据《工业园机构法案》，泰国的工业园区分为两类：一般工业区和自由经营区（原出口加工区）。据IEAT统计，截至目前泰国共在17个府建立了57个各类工业园区，包括IEAT独立开发的15个工业园区、IEAT与合作者联合开发的42个工业园区①。

（五）经济特区介绍

泰国政府经济特区发展委员会已确定了10个边境经济特区，分别位于达府、莫拉限府、沙缴府、宋卡府、哒叻府、清莱府、廊开府、那空帕侬府、北碧府和陶公府境内。

当前，泰国正积极推进东部经济走廊建设。东部经济走廊是泰国国家级经济特区，是当前泰国执政政府的旗舰项目，被视为经济增长的新引擎，被泰国上下寄予厚望。旨在帮助泰国应对世界科技的高速发展，服务泰国目标产业，让东部经济走廊成为连接东盟CLMV国家和对接"一带一路"的新工业基地，提升泰国未来的综合竞争力。

2016年6月，泰国政府批准东部经济走廊发展规划，涵盖东部海岸的春武里、北柳、罗勇3个府，总面积1.3万平方公里，内容包括连接素旺那普—廊曼—乌塔堡三大机场高铁、乌塔堡机场扩建及航空城建设、廉查邦深水港口三期、马达普工业码头三

---

① 工业园的地理位置、基本信息、产业方向、设施状况、优惠政策等见工业园管理局网站（www.ieat.go.th）。

期等大型基础设施项目和其他区域综合开发项目。

2019 年 1 月，泰国南部经济走廊（SEC）整体发展规划方案正式获得泰国内阁批示，主要涵盖春蓬、拉农、素叻和洛坤南部 4 府。按照整体项目发展规划方案，未来 4 年将总共投入 2 000 亿铢，从 4 个方面深度发掘泰南经济潜力。泰国南部经济走廊将是继东部经济走廊后，泰国政府推出的又一个能够改变泰国未来经济整体发展趋势的战略计划。

第四节　中泰经贸发展进程

一、中泰政经关系

1975 年 7 月 1 日中泰建交，除互设大使馆以外，中国在泰国清迈、宋卡、孔敬设有总领馆，泰国在广州、昆明、上海、香港、成都、西安、厦门、南宁设有总领馆。两国建交以来，各领域友好合作关系顺利发展。从 1981 年起，两国外交部建立了年度磋商机制。1985 年两国成立副部长级经贸联委会。2003 年 6 月，两国决定将经贸联委会升格为副总理级，2004 年 7 月，吴仪副总理与差瓦利副总理共同主持联委会首次会议。2012 年 4 月，中泰建立全面战略合作伙伴关系。2018 年 8 月，中泰召开第六次经贸联委会。2019 年 4 月 26—27 日，泰国总理巴育率团赴华出席第二届"一带一路"国际合作高峰论坛并发表演讲。中国国家主席习近平及中共中央政治局常委、国务院副总理韩正分别会见了巴育。

2019 年 11 月 4—5 日，时任国务院总理李克强出席东亚合作领导人系列会议并正式访问泰国。2020 年 1 月，国务委员兼外长王毅在北京会见泰国外长敦；2 月，国务委员兼外长王毅就新冠疫情同泰国外长敦通电话。中泰两国建交以来，先后签署了多项政府间合作协议。

2022 年 11 月 18 日，中国国家主席习近平在曼谷大王宫会见泰国国王哇集拉隆功和王后素提达。2023 年 6 月 5 日，中国国家副主席韩正在北京会见泰国公主诗琳通并出席公主第 50 次访华庆祝活动。2023 年 10 月 19 日下午，中国国家主席习近平在人民大会堂会见来华出席第三届"一带一路"国际合作高峰论坛并进行正式访问的泰国总理赛塔。

二、中泰经贸分析

中泰两国政府于 1978 年签订贸易协定，1985 年签订《关于成立中泰经济联合合作委员会协定》和《关于促进保护投资的协定》，1986 年签订《关于避免双重征税的协定》，2003 年签订《中泰两国政府关于成立贸易、投资和经济合作联合委员会的协定》。2012年4月中国和泰国在北京签署了涉及经贸、农产品、防洪抗旱、铁路发展、自然资源保护等领域的7项双边合作文件。中国时任国务院总理温家宝和泰国时任总理英拉·西那瓦共同出席了签字仪式。中国和泰国11日在曼谷发表《中泰关系发展远景规划》。2014年12月19日，中国时任国务院总理李克强访泰时，与泰国总理巴育共同见证签署了《中泰农产品贸易合作谅解备忘录》。2018年6月，中泰在第六次中泰经贸联委会上签署《关于泰国输华冷冻禽肉及其副产品的检验检疫和兽医卫生要求协定书》。

《中国—东盟自由贸易协定》是中泰之间最重要的经贸协定，涵盖货物贸易、服务贸易和投资领域。同时，中泰也均为RCEP成员国，可享受RCEP的相关经贸投资便利。2021年1月，双方央行续签了双边本币互换协议，规模为700亿元人民币/3 700亿泰铢，协议有效期五年，经双方同意可以展期。

（一）双边贸易

中国是泰国最大贸易伙伴，泰国是中国在东盟国家中第三大贸易伙伴。2023年，双边贸易额1 262.8亿美元，同比下降5.0%，其中中国出口757.4亿美元，同比下降0.9%，进口505.4亿美元，同比下降10.6%。

中国对泰国前五大出口产品品类为电机电气、机械设备、塑料及制品、钢材和钢铁制品；前五大进口产品品类为机械设备、电机电气、橡胶及制品、水果和塑料制品。中泰双边货物贸易情况见表8-3。

表8-3　中泰双边货物贸易情况

单位：亿美元

年份	进出口额	中国出口额	中国进口额	累计比上年同期增减（%）		
				进出口额	中国出口额	中国进口额
2017	802.9	387.1	415.8	6	4.1	7.9
2018	875.2	428.9	446.3	9.2	11.3	7.3
2019	917.5	455.9	461.6	4.9	6.3	3.4
2020	986.2	505.3	481.0	7.5	10.8	4.2
2021	1 311.8	693.7	618.1	33.0	37.3	28.5

资料来源：中国海关总署。

（二）双向投资

据中国商务部统计，2021年中国对泰国直接投资流量为14.86亿美元，截至2021年末，中国对泰国直接投资存量为99.17亿美元（见表8-4）。

表 8-4　2017—2021 年中国对泰国直接投资情况

（单位：亿美元）

年份	2017	2018	2019	2020	2021
年度流量	10.6	7.4	13.7	18.8	1.5
年末存量	53.6	59.5	71.9	88.3	99.2

资料来源：商务部、国家统计局和国家外汇管理局《2021 年度中国对外直接投资统计公报》。

（三）承包劳务

据中国商务部统计，2021 年中国企业在泰国新签承包工程合同 132 份，新签合同额 54.98 亿美元，同比下降 43.1%。完成营业额 27.04 亿美元，同比增长 2.6%。累计派出各类劳务人员 494 人，年末在泰国劳务人员 1 406 人。中国在泰国开展承包工程业务始于 1980 年，经过多年的开拓和努力经营，泰国已发展成为中国在东盟的重要承包工程市场之一。近年来，为增强国家竞争力，泰国政府提出"泰国 4.0"战略和东部经济走廊发展规划，同时推进建设南部经济走廊和打造十大边境经济特区，不断推出新的经济政策和举措，同时加强铁路、港口和机场等大型基础设施建设投入，提升交通运输能力和互联互通再升级，为中国承包工程企业在泰国发展带来了新的发展机遇和空间。

本章小结

泰国拥有较好的投资环境。其地理位置优越，交通便利，基础设施较为完善，是东南亚地区经济、金融中心和航空枢纽。泰国政局虽然不够稳定，但社会秩序和治安状况良好。近几年来，泰国政局持续动荡，各党派政治斗争较为激烈，对其投资环境带来一定影响。

泰国贸易管理有关法律法规有《货物进出口控制法》《关税法》《出口商品标准法》《反倾销和反补贴法》《外商经营企业法》《直销贸易法》《外汇管理法》和《商业竞争法》等。泰国负责贸易管理的部门有商业部和财政部海关厅。中国企业与泰国进行贸易活动需了解清楚这些法律法规，了解清楚经营商品是否受限、关税如何、有无技术性贸易壁垒等。

泰国政府还积极响应共建"一带一路"倡议，主动将国家发展战略与澜湄合作、"南向通道"等区域合作对接，开展与中国的友好合作。泰国的发展规划及战略与中国推动的"一带一路"和国际产能合作战略具有高度的契合性，中资企业在泰国发展面临新的历史机遇。

2024 年，中泰两国政府代表签署《中华人民共和国政府与泰王国政府关于互免持普通护照人员签证协定》。

关键名词或概念

1. 泰国东部经济走廊（EEC）
2. 泰国南部经济走廊（SEC）
3. 泰国 4.0 战略

思考题

1. 泰国的国家环境特色是什么？
2. 泰国贸易投资环境的有利因素和不利因素是什么？
3. 泰国与中国经贸合作的现况与成果是什么？
4. 泰国经济特区建设的主要成果体现在哪些方面？有何影响？

第九章
马来西亚

◀◀◀

本章导读

　　本章首先简单介绍马来西亚的基本情况，然后介绍马来西亚的经济发展现况、贸易投资现况以及中马经贸发展进程，使读者在学习的过程中，能广泛地、由浅到深地了解马来西亚总体的发展情况。

学习目标

　　1. 了解马来西亚的政治经济情况。

　　2. 基本了解马来西亚的人文、社会、政治环境。

　　3. 了解马来西亚的经济发展情况：①最新的经济概况；②天然资源；③基础设施现况；④产业概况。

　　4. 了解马来西亚贸易投资现况：①对外贸易投资现况；②对外贸易的法规和政策。

　　5. 了解中马经贸发展进程：①中马政经关系；②中马经贸分析。

第一节　国家基本概况

　　马来西亚位于东南亚，国土被南海分隔成东、西两部分。西马位于马来半岛南部，北与泰国接壤，南与新加坡隔柔佛海峡相望，东临南海，西濒马六甲海峡。东马位于加里曼丹岛北部，与印尼、菲律宾、文莱相邻。全国海岸线总长 4 192 公里。属热带雨林气候。内地山区年均气温 22～28℃，沿海平原为 25～30℃。

　　公元初，马来半岛有羯荼、狼牙修等古国。15 世纪初以马六甲为中心的满剌加王国统一了马来半岛的大部分。16 世纪开始先后被葡萄牙、荷兰、英国占领。20 世纪初完全沦为英国殖民地。加里曼丹岛沙捞越、沙巴历史上属文莱，1888 年两地沦为英国保护地。二战中，马来半岛、沙捞越、沙巴被日本占领。战后英国恢复殖民统治。1957 年 8月 31 日马来亚联合邦宣布独立。1963 年 9 月 16 日，马来亚联合邦同新加坡、沙捞越、沙巴合并组成马来西亚（1965 年 8 月 9 日新加坡退出）。马来西亚具体情况见表 9-1。

表 9-1　马来西亚的基本情况

自然人文	
地理环境	马来西亚位于东南亚中央，由马来半岛南部的马来亚和位于加里曼丹岛北部的沙捞越、沙巴组成
国土面积	33.03 万平方公里
气候	马来西亚位于赤道附近，属于热带雨林气候和热带季风气候，终年高温多雨，无明显的四季之分
种族	马来族、华族、印度族
人口结构	3 370 万人（2023 年）
教育普及程度	基本上受过 11 年义务教育
语言	马来语（官方语言）、英语、华语、泰米尔语
宗教	伊斯兰教（国教）、佛教、印度教、天主教及基督教
首都及重要城市	吉隆坡、槟城、新山、怡保、马六甲、阿皮亚
政治体制	君主立宪的联邦政府
投资主管机关	马来西亚投资发展局
经济概况	
币制	马来西亚林吉特（Ringgit），1 美元＝4.71 马来西亚林吉特（依据马国央行 2023 年 10 月 6 日汇率）
国内生产总值	3 997 亿美元（2023 年）
人均国内生产总值	12 570 美元（2023 年）
消费者物价指数	3.3%（2022 年）
外汇存底	1 146 亿美元（2022 年）
贸易总额	6 601 亿美元（2022 年）
出口总金额	3 596 亿美元（2022 年）
主要出口产品	电子与电器产品、精炼石油产品、棕油、化学与化学产品、液化天然气、金属制品、机械设备及零件、光学及科学仪器、棕油制品及钢铁产品
主要出口国家/地区	新加坡、中国、美国、日本、中国香港、泰国、印度尼西亚、韩国、印度及越南
进口总金额	3 005 亿美元（2022 年）
主要进口产品	电子与电机产品、精炼石油产品、化学与化学产品、机械设备及零件、金属制品、原油、交通设备、钢铁产品、光学及科学仪器及加工食品

续表

经济概况		
主要进口国家/地区	中国、新加坡、中国台湾、美国、日本、印度尼西亚、韩国、泰国、澳大利亚及沙特阿拉伯	

资料来源：根据中国外交部与商务部官网及马来西亚国家网站相关材料自行整理。

一、人文及社会环境

（一）人口数及结构

1963 年成立以来，马来西亚共进行过 5 次人口普查，分别在 1970 年、1980 年、1991 年、2000 年和 2010 年。根据马来西亚政府第六次全国人口和房屋普查报告，截至 2023 年底，马来西亚总人口约 3 370 万。其中，男性约有 1 700 万人，女性约有 1 545 万人，性别比为 110∶100。人口位居前 5 位的州是雪兰莪州、柔佛州、沙巴州、霹雳州和沙捞越州。

（二）民族

马来西亚是个多民族国家，全国有 32 个民族。马来半岛以马来人、华人、印度人为主；沙捞越以达雅克人、马来人、华人为主；沙巴以卡达山人、华人、马来人为主。

（三）语言

马来语（Bahasa Malaysia）为官方语言，通用英语，华语使用较广泛。马来西亚华人基本上都能用普通话或方言交谈，普遍使用的方言有粤语、闽南语、客家话、潮州话、海南话、福州话等。印度族群常用泰米尔语交谈。

（四）宗教

伊斯兰教是马来西亚的国教，主要属逊尼派。还有佛教、道教、印度教、基督教、锡克教等。一般说来，马来人信奉伊斯兰教，华人信奉佛教和道教，印度人信奉印度教；小部分华人、欧亚混血人和沙巴、沙捞越的少数民族信奉基督教或天主教。由于多民族的长期共同生活，形成了多元的文化特色。主要宗教节日有开斋节、哈芝节、屠妖节、大宝森节、圣诞节、卫塞节等。

（五）国民教育水平

马来西亚独立后，政府努力塑造以马来文化为基础的国家文化，极力推行国民教育计划，所有的国民学校采用统一的教学课程。国民学校普遍采用马来语教学。2009

年，政府决定废除以英语教授数理科的政策，并从 2012 年开始，分阶段恢复在小学、中学以马来语教数理科。

马来西亚实行 11 年义务教育制，7 岁上学，小学 6 年、初中 3 年、高中 2 年、大学预科 2 年、大学 3~6 年。截至 2017 年底，马来西亚共有公立小学 7 901 所，公立中学 2 586 所。2018 年教育经费预算为 616 亿林吉特。目前，马来西亚全国共有 1 307 所华小，63 所华文独立中学。马来西亚国民教育体系以公立教育为主体，在高等教育领域公立教育与私立教育并存。截至 2018 年底，马来西亚有 20 所公立大学，10 所外国大学分校，600 多所私立大学、学院等。马来西亚著名的公立大学有马来亚大学（2018/2019 年 QS 世界大学排名第 87）。1997 年马政府通过了《私立教育法》，为私立高等教育的发展提供了法律保障。马来西亚私立院校一般与欧美、澳新等国的高等院校合作，开设学分转移和双联课程。

（六）首都及重要城市概况

马来西亚分为 13 个州和 3 个联邦直辖区。

1. 首都

3 个联邦直辖区为首都吉隆坡（Kuala Lumpur）（2023 年人口为 204 万）、联邦政府行政中心——布特拉加亚（Putrajaya）和东马的纳闽（Labuan）。

2. 其他重要城市

马来西亚其他主要的经济中心城市包括乔治市（槟城州首府）、新山（柔佛州首府）、关丹（彭亨州首府）和古晋（沙捞越州首府）。出于历史原因，东马的沙捞越和沙巴两州在政治和经济上拥有较大自主权。

3. 投资吸引力

马来西亚政府欢迎和鼓励外国投资者对其制造业及相关服务业进行投资，近年来一直致力于改善投资环境、完善投资法律、加强投资激励，以吸引外资进入马来西亚的相关行业。由于马来西亚投资法律体系完备、与国际通行标准接轨、各行业操作流程较为规范的特点，加之其邻近马六甲海峡，辐射东盟、印度、中东市场等独特的地缘优势，吸引了包括中国企业在内的各国企业赴马来西亚投资经营。

马来西亚投资环境的竞争优势主要体现在五个方面：地理位置优越，位于东南亚核心地带，可成为进入东盟市场和前往中东澳新的桥梁；经济基础稳固，经济增长前景较好；原材料资源丰富；人力资源素质较高，工资成本较低；民族关系融洽，三大民族和谐相处，政治动荡风险低。

二、政治环境

（一）政治体制

马来西亚是君主立宪议会民主制的联邦国家，其政治体制沿袭自英国的西敏制

（威斯敏斯特体系）。

1. 国家元首

由九个州的世袭苏丹轮流担任，任期 5 年，不得连任。

国家元首委任下议院多数党领袖为总理，并根据总理提名任命内阁部长、联邦法院院长、总检察长、武装部队总参谋长、选举委员会主席及委员、国家审计长等国家重要管理人员。最高元首在行使其各项权力时，也需要考虑内阁总理的建议和决定。易卜拉欣·伊斯干达于 2024 年 1 月 31 日就任第 17 任最高元首。

2. 内阁

马来西亚最高行政机构。内阁由总理领导，所有内阁成员必须是国会议员，国家元首根据总理建议委任内阁部长和副部长。内阁向国会负责。本届内阁产生于 2022 年 11 月 24 日，现任总理为安瓦尔·易卜拉欣。

3. 统治者会议

由柔佛、彭亨、雪兰莪、森美兰、霹雳、登嘉楼、吉兰丹、吉打、玻璃市 9 个州的世袭苏丹和马六甲、槟城、沙捞越、沙巴 4 个州的州元首组成。

4. 军事

早在英国殖民政府统治马来亚半岛期间，马来亚军队就已经包含了陆、海、空三个主要的分支，随着马来西亚联邦的成立和新加坡的独立，三个分支经过了几次重组和改革，但陆、海、空三军的编制基本上没有改变。目前，国家元首是三军最高统帅。国防决策机构为国家安全委员会，总理任主席。国家元首任命的武装部队总司令是军队最高指挥官，其军衔为上将。马来西亚实行志愿兵役制，服役期为 10 年。

（二）立法部门

1. 国会

马来西亚最高立法机构由国家元首、上议院、下议院组成。

2. 上议院

共有 70 名议员，由全国 13 个州议会各选举产生 2 名，其余 44 名由国家元首根据内阁推荐委任（其中吉隆坡联邦直辖区 2 名，纳闽、布城联邦直辖区各 1 名），任期 3 年，可连任两届，且不受国会解散与否的影响。上议院设议长 1 名和副议长 1 名。现任上议长阿旺·比米，2024 年 7 月就迁。

3. 下议院

由 222 位民选议员组成，通过每五年一届的大选产生，可连任，下议院获得多数席位的政党获得组阁权。下议院议长从下议院议员中选举产生。佐哈里·阿卜杜勒，现任马来西亚国会下议院议长，2022 年 12 月 19 日就任。

（三）司法机构

最高法院于 1985 年 1 月 1 日成立，1994 年 6 月改名为联邦法院，设有马来亚高级法院（负责西马）和婆罗洲高级法院（负责东马），吉隆坡高级法院分设知识产权庭、建筑庭、海事庭、网络庭等审理专门事务。各州设有地方法院和推事庭。另外还有特别军事法庭和伊斯兰教法庭（受伊斯兰教法令管制）。联邦法院首席大法官麦润，2019 年 5 月 2 日就任。总检察长特里鲁丁，2020 年 3 月 6 日就任。

（四）政党

马来西亚现有 40 多个注册政党，但真正活跃和有影响力的政党并不多。由巫统、马华公会和印度人国大党等组成的国民阵线（简称"国阵"）曾长期执政。2018 年 5 月，由人民公正党、民主行动党、国家诚信党和土著团结党组成的希望联盟在第 14 届全国大选中战胜国阵，上台执政。2020 年 2 月底 3 月初，部分人民公正党成员和土著团结党宣布退出希望联盟，并联合国阵、伊斯兰教党等组成"国民联盟"，上台执政。2022 年 11 月大选后，由人民公正党、民主行动党、国家诚信党组成的希望联盟同国民阵线、东马主要政党组成联合政府上台执政。

1. 马来民族统一机构

马来民族统一机构成立于 1946 年 5 月。是马来西亚最大的政党和马来人政党。

2. 国民联盟

主要由包括支持穆希丁担任总理的土著团结党、国阵各党、伊斯兰教党等政党组成。

3. 土著团结党

由前总理马哈蒂尔于 2016 年 9 月成立。是以马来人和土著为主的政党，非土著和马来人可以成为附属党员，但不能竞选党内高职。党员约 13 万人。

4. 马来西亚华人公会

成立于 1949 年 2 月，是马来西亚最大的华人政党。党员约 110 万人。总会长为现任交通部长魏家祥。

5. 马来西亚印度人国大党

成立于 1946 年 8 月，主要由马来西亚印度裔和巴基斯坦裔等组成。党员约 55 万人。主席为现任上议院议长维尼斯瓦兰。

6. 伊斯兰教党

成立于 1951 年 8 月，是以马来穆斯林为主的宗教政党，主要势力在北马。2019 年，伊斯兰教党与巫统签署"全民共识宪章"（Muafakat Nasional），建立合作关系。约有 100 万名党员。党主席为现任总理对中东特使哈迪·阿旺。

7. 主要反对党联盟：希望联盟

由人民公正党、民主行动党和国家诚信党于 2015 年 9 月成立，2017 年 3 月土著团结党加入希望联盟。2018 年 5 月赢得第 14 届全国大选并上台执政。2020 年 2 月底，人民公正党内阿兹敏派系宣布退党，同时土著团结党宣布退出希望联盟，希望联盟政府倒台。

（五）外交关系

马来西亚是东盟核心成员国之一，也是 "77 国集团" 和不结盟组织的创始成员国，奉行独立自主、中立、不结盟的外交政策，视东盟为外交政策基石，重视发展同大国的关系，积极推进东亚合作，重视同发展中国家和伊斯兰世界联盟的团结与合作，目前已同 132 个国家建交，在 84 个国家设有 110 个使领馆。马来西亚曾担任伊斯兰会议组织轮值主席国，在伊斯兰国家中拥有较高声望。马来西亚是英联邦成员国，与英国关系密切，与其他成员国交往较多。

第二节　经济发展现况

世界经济论坛《2019 年全球竞争力报告》显示，马来西亚在全球最具竞争力的 141 个国家和地区中排第 27 位。世界银行《2020 年全球营商环境报告》显示，马来西亚营商环境在全球 190 个经济体中排名第 12 位，在东盟地区仅次于新加坡。经济学人智库发表最新 "全球宜居城市排名"，马来西亚吉隆坡在全球 231 个城市中排名第 85 位。在 2021 年到 2025 年，GDP 年均增长率为 4.5% 至 5.5%；到 2025 年家庭平均月收入达到 1 万林吉特。

一、经济概况

2004 年以来，马来西亚经济保持平稳增长。2015 年，马来西亚政府公布第十一个马来西亚计划（Eleventh Malaysian Plan，2016—2020），主题是 "以人为本的成长"，拟通过提高生产力、创新领域、扩大中产阶级人口、发展技能教育培训、发展绿色科技、投资有竞争力的城市等六大策略出发，增加国民收入，提升人民生活水平和培养具备先进思维的国民。

2019 年马来西亚政府提出 "2030 年宏愿"，把缩小贫富差距、创建新型发展模式、推动马来西亚成为亚洲经济轴心作为三大主要目标。2023 年以来，团结政府在 "昌明大马" 执政理念基础上提出 "昌明经济" 框架，推出 2030 年新工业大蓝图、国家能源转型路线图等多项振兴经济的措施，以及税收、社保、融资等方面政策，以帮助中小企业发展，提高人民生活水平。

（一）国内生产总值

2023年，马来西亚国内生产总值（GDP）按不变价格计算为1.57万亿林吉特（约3 997亿美元），同比增长3.7%；人均国内生产总值51 475林吉特（约12 570美元）；进出口总额2.64万亿林吉特。（2017—2021年情况见表9-2）。

表9-2　2017—2021年马来西亚宏观经济数据

年份	国内生产总值（GDP）（亿林吉特，按2015年不变价格计算）	经济增长率（%）	人均收入（林吉特）
2017	12 999	5.7	41 627
2018	13 615	4.7	43 086
2019	14 205	4.3	45 034
2020	13 419	−5.6	42 496
2021	13 867	3.1	46 051

资料来源：马来西亚国家银行。

（二）国际储备

截至2022年3月底，马来西亚外汇储备为1 156亿美元。

（三）外债余额

截至2021年底，马来西亚外债规模为10 703亿林吉特（约2 582亿美元），占当年GDP的77.2%。

（四）通货膨胀率

2022年马来西亚通货膨胀率为3.3%。

（五）全国失业率

2022年马来西亚全国失业率为6.6%。

（六）主权信用评级

2021年1月国际评级机构穆迪对马来西亚主权信用评级为A3，展望为稳定。穆迪也给予马来西亚的主权债券、债务证券及全球伊斯兰教证券"A3"的评级；国库控股发行的高级优先无担保债券同样获得"A3"的评级。2022年2月，惠誉国际对马来西亚主权信用评级为BBB+，展望为稳定。

二、天然资源

马来西亚地处东南亚中心，1°N～7°N，97°E～120°E，位于太平洋和印度洋之间。扼守马六甲海峡，连接海上东盟和陆上东盟，区位优势明显。地理位置接近赤道，属于热带雨林气候和热带季风气候，全年高温多雨，适合种植农产品、橡胶、棕榈树、可可等，且蕴含丰富的天然资源，如石油、天然气等。西马大部分的沿海地区都是平原，中部则是布满茂密热带雨林的高原，东马位于婆罗洲，具有长达 2 607 公里的海岸线，区分为海岸区域、丘陵、河谷以及内陆山区。沿海低地势地区的年平均气温为26℃至30℃。大部分地区年降雨量为 2 000 毫米至 2 500 毫米。4～7 月吹东南风，为西海岸带来较多雨量，9～1 月吹东北风，为马来半岛东海岸带来影响。马来西亚处太平洋地震带之外，地壳稳定，无地震、火山爆发等特大自然灾害的侵袭。马六甲海峡位于印度尼西亚苏门答腊与西马中间，为世界最重要的海运通道，造就了马来西亚在东南亚地区的枢纽位置。

三、基础设施现况

（一）公路

马来西亚高速公路网络比较发达，主要城市中心、港口和重要工业区都有高速公路连接沟通。高速公路分政府建设和民营开发两部分，但设计、建造、管理统一由国家大道局负责。目前，马来西亚高速公路网络以贯穿南北的大道为中心构成。

（二）铁路

马来西亚铁路网贯穿半岛南北，北面连接泰国铁路，南端可通往新加坡。负责运营的是马来西亚铁道公司（KTMB），该公司具备运送多种货物的能力。

（三）空运

目前，马来西亚共有 8 个国际机场，即吉隆坡国际机场、槟城国际机场、兰卡威国际机场、亚庇国际机场、古晋国际机场、马六甲国际机场（无国内航线）、柔佛士乃国际机场以及瓜拉登嘉楼苏丹马穆德机场（2014 年 4 月开通飞新加坡航线）。这些机场与其他国内航线机场构成了马来西亚空运的主干网络。

（四）水运

马来西亚内河运输不发达，95% 的贸易通过海运完成，主要国际港口包括巴生港、槟城港、柔佛港、丹绒柏勒巴斯港、关丹港、甘马挽港以及民都鲁港等。2015年11月，中国和马来西亚建立港口联盟关系。2017年港口联盟成员从16个增至21个。目前成员涵盖大连港、太仓港、上海港、宁波舟山港、福州港、厦门港、广州港、深圳港、北部湾港、海口港、京唐港和天津港12个中方港口以及巴生港、民都鲁港、柔佛港、关丹港、马六甲港、槟城港、甘马挽港、沙巴港和古晋港9个马方港口。

（五）通信

截至2020年底，马来西亚住宅固定电话用户数为648万。固定电话运营商是马来西亚电信公司（TM）。马来西亚移动电话网络覆盖全国大部分地区，截至2020年底，移动电话用户数达到3999万。主要移动电话运营商是Celcom、Maxis以及DiGi。

截至2021年初，马来西亚互联网用户有2743万户，互联网普及率为84.32%。2020年12月，马来西亚固定宽带平均下行网速为93.7Mbps，略低于全球平均下行网速96.4Mbps；移动宽带平均下行网速为25.6Mpbs，显著低于全球平均下行网速47.2Mpbs。

（六）电力

截至2019年底，马来西亚电力行业总装机容量为36GW，电力系统备用容量率高达37%。2019年全年发电量为176TWh。马来西亚的电力由公共能源公司（占98%，包括国家能源公司TNB和州立能源公司）和独立的私人发电厂（占2%）提供。目前，新加坡与马来西亚、印度尼西亚与马来西亚已经局部实现了小范围的电力互联互通。

四、产业概况

（一）产业结构

2021年，农业、采矿业、制造业、建筑业和服务业在GDP中所占比例分别是7.2%、6.7%、24.3%、3.7%和57.0%（见表9-3）。

表9-3　2021年马来西亚产业结构

行业	产值 （亿林吉特）	GDP占比（%）	同比（%）
农业	998	7.2	-0.2
采矿业	929	6.7	0.7
制造业	3 370	24.3	9.5
建筑业	513	3.7	-5.2

续表

行业	产值 （亿林吉特）	GDP 占比（%）	同比（%）
服务业	7 904	57.0	1.9

资料来源：马来西亚国家银行。

（二）重点/特色产业

1. 农业

2021 年，马来西亚农业产值为 998 亿林吉特，同比下降 0.2%，占 GDP 的 7.2%。马来西亚农产品以经济作物为主，主要有棕榈油、橡胶、可可、稻米、胡椒、烟草、菠萝、茶叶等。

2. 采矿业

2021 年，马来西亚采矿业产值为 929 亿林吉特，同比增长 0.7%，占 GDP 的 6.7%。马来西亚采矿业以开采石油、天然气为主。

3. 制造业

2021 年，马来西亚制造业产值为 3 370 亿林吉特，同比增长 9.5%，占 GDP 的 24.3%。制造业是马来西亚国民经济发展的主要动力之一，主要产业部门包括电子、石油、机械、钢铁、化工及汽车制造等行业。

4. 建筑业

2021 年，马来西亚建筑业完成值延续了 2020 年的下降态势，同比减少 5%。成本上涨、劳工短缺、融资困难是制约建筑业复苏的主要原因。2021 年发布的《第十二个马来西亚计划》（2021—2025 年）提出，要加大对欠发达地区的基础设施投入，建立 PPP3.0 模式以解决基础设施领域融资问题。

5. 服务业

2021 年，马来西亚服务业产值为 7 904 亿林吉特，同比增长 1.9%，占 GDP 的 57.0%。服务业是马来西亚经济中最大的产业部门，吸收就业人数占马来西亚雇用员工总数的 6 成以上。服务业是马来西亚第三大经济支柱，第二大外汇收入来源。马来西亚拥有酒店约 4 072 家。主要旅游点有吉隆坡、云顶、槟城、马六甲、兰卡威、刁曼岛、热浪岛、邦咯岛等。据马方统计，2023 年赴马游客约 2 014.2 万人次。

第三节 贸易投资现况

马来西亚为自己构建了一个广泛的自由贸易协定网络，涵盖了其主要贸易伙伴。截至 2022 年 6 月，马共签署了 17 个自由贸易协定。其中，有 15 个自由贸易协定已正式生效并实施，包括与澳大利亚、智利、印度、日本、新西兰、巴基斯坦、土耳其 7 个国家签署的双边自由贸易协定，以及作为东盟成员，与中国、韩国、日本、澳大利亚、新西兰、印度、中国香港签署的 8 个区域自由贸易协定。于 2020 年 11 月 15 日正式签署了 RCEP。2022 年 3 月，马来西亚正式生效 RCEP。

2022 年 5 月，美国宣布启动印太经济框架，马来西亚成为该框架的 13 个创始国之一。马来西亚曾于 2018 年 3 月 8 日，与澳大利亚、文莱、加拿大、智利、日本、墨西哥、新西兰、秘鲁、新加坡及越南共同签署 CPTPP。

一、对外贸易投资现况

（一）贸易进出口总量

2023 年，马来西亚进出口总额为 2.64 万亿林吉特。马自 1998 年以来连续 24 年实现贸易顺差。尽管新冠疫情给全球贸易带来打击，但在强有力的外需和高企的大宗货物价格推动下，马对外贸易表现非常亮眼。

（二）贸易结构

2021 年，马来西亚前五大类出口产品分别是电子电器产品、石油产品、棕榈油及制品、化工及化学产品、橡胶制品；前五大类进口产品分别是电子电器产品、化工及化学产品、石油产品、机械设备及零件、金属制品。

（三）主要贸易伙伴

2021 年，中国、新加坡和美国继续位列马来西亚前三大出口目的地和进口来源地。中国连续第 13 年成为马来西亚最大的贸易伙伴。2021 年，马来西亚是中国的第十大贸易伙伴和在东盟国家中的第二大贸易伙伴。

（四）吸引外资

联合国贸发会议发布的《2022 年世界投资报告》显示，2021 年，马来西亚吸收外资流量为 116.2 亿美元；截至 2021 年底，马来西亚吸收外资存量为 1 873.8 亿美元。根据马来西亚投资发展局（MIDA）公布的数据，2021 年，马来西亚在制造业、服务业和第一产业领域共计批准投资 3 094 亿林吉特。其中，国内直接投资为 1 008 亿林吉特，占比 32.6%；外国直接投资 2 086 亿林吉特，占比 67.4%。2021 年，马来西亚政府共批准 4 568 个投资项目。从投资领域看，服务业投资 970 亿林吉特，占比 31.3%，同比增长 45.4%；制造业投资 1 951 亿林吉特，占比 63.1%，同比增长 113.7%；第一产业投资 173 亿林吉特，占比 5.6%，同比增长 188.3%。主要外资来源地为新加坡、中国香港、美国。2023 年吸引外资 9 263 亿林吉特。

二、对外贸易的法规和政策

(一) 贸易主管部门

马来西亚主管对外贸易的政府部门是国际贸易和工业部，主要职责是负责制定投资、工业发展及外贸等有关政策；拟定工业发展战略；促进多（双）边贸易合作；规划和协调中小企业发展；促进和提升私人企业界与土著的管理和经营能力。

(二) 贸易法规体系

马来西亚主要对外贸易法律有《海关法》《海关进口管制条例》《海关出口管制条例》《海关估价规定》《植物检疫法》《保护植物新品种法》《反补贴和反倾销法》《反补贴和反倾销实施条例》《2006 年保障措施法》和《外汇管理法令》等。

(三) 贸易管理的相关规定

马来西亚实行自由开放的对外贸易政策，部分商品的进出口会受到许可证或其他限制。

1. 进口管理

1998 年，马来西亚海关禁止进口令规定了四类不同级别的限制类进口。第一类是 14 种禁止进口产品，包括含有冰片、附子成分的中成药，45 种植物药以及 13 种动物及矿物质药。第二类是需要许可证的进口产品，主要涉及卫生、检验检疫、安全、环境保护等领域。包括禽类和牛肉（还必须符合清真认证）、蛋、大米、糖、水泥熟料、烟花、录音录像带、爆炸物、木材、安全头盔、钻石、碾米机、彩色复印机、一些电信设备、武器、军火以及糖精。第三类是临时进口限制品，包括牛奶、咖啡、谷类粉、部分电线电缆以及部分钢铁产品。第四类是符合一定条件后方可进口的产品，包括动物、动物产品、植物及植物产品、香烟、土壤、动物肥料、防弹背心、电子设备、安全带及仿制武器。

2. 出口管理

马来西亚规定，除以色列以外，大部分商品可以自由出口至任何国家。但是，部分商品需获得政府部门的出口许可，包括短缺物品、敏感或战略性或危险性产品，以及受国家公约控制或禁止出口的野生保护物种。马来西亚检验检疫局成立于 2011 年，隶属于农业和农产品产业部，作为其下属的一个司负责所有入境口岸（包括海港、机场、陆地口岸以及邮件和快递收发中心）、检疫站、建议设施的检验检疫工作以及颁发有关植物、动物、冷冻肉制品、鱼类、农产品、土壤和微生物等产品的进出口许可证。

（四）海关管理规章制度

1. 管理机构

马来西亚皇家海关是管理商品的进出口、边境控制以及贸易便利化的政府部门。

2. 管理制度

马来西亚关税分为两种：一种用于东盟内部贸易，税则号为 6 位数字；另一种用于与其他国家贸易。国际贸易及工业部下属关税特别顾问委员会负责对关税进行评审，每年在政府预算中公布。

3. 关税水平

马来西亚 99.3% 的关税是从价税，0.7% 是从量税、混合税和选择关税。WTO 公布的数据显示，2016 年，马来西亚最惠国简单平均关税税率约为 5.8%，农产品最惠国简单平均关税税率为 8.4%，非农产品该税率为 5.4%。

（五）投资主管部门

马来西亚主管制造业领域投资的政府部门是贸工部下属的马来西亚投资发展局，其主要职责是制定工业发展规划；促进制造业和相关服务业领域的国内外投资；审批制造业执照、外籍员工职位以及企业税务优惠；协助企业落实和执行投资项目。

马来西亚其他行业投资由马来西亚总理府经济计划署（EPU）及国内贸易、合作与消费者事务部（MDTCC）等有关政府部门负责，EPU 负责审批涉及外资与土著（Bumiputra）持股比例变化的投资申请，而其他相关政府部门则负责业务有关事宜的审批。

（六）五大经济特区

近年来，马来西亚政府鼓励外资的政策力度逐步加大，为平衡区域发展，陆续推出五大经济发展走廊，基本涵盖了西马半岛大部分区域以及东马的两个州，凡投资该地区的公司，均可申请 5~10 年免缴所得税，或 5 年内合格资本支出全额补贴。

伊斯干达开发区（Iskandar Malaysia）位于马来半岛南端柔佛州，占地面积约 2 200 平方公里，重点推动服务业成为经济发展的关键动力。截至 2018 年，伊斯干达开发区吸引的投资额累计已达 2 853 亿林吉特。

北部经济走廊（Northern Corridor Economic Region，NCER）涵盖了马来半岛北部玻璃市州、吉打州、槟州及霹雳州北部区域，占地面积约 1.8 万平方公里，重点鼓励投资农业、制造业、物流业、旅游及保健、教育及人力资本和社会发展等。

东海岸经济区（East Coast Economic Region，ECER）包括东海岸吉兰丹州、登加楼州、彭亨州及柔佛州的丰盛港地区，占地面积约 6.7 万平方公里，重点鼓励投资旅游业、油气及石化产业、制造业、农业和教育等。中马两国合作开发的马中关丹产业园区，就位于东海岸经济区。

沙巴发展走廊（Sabah Development Corridor，SDC）涵盖了东马沙巴州大部分地区，占地面积约 7.4 万平方公里，重点鼓励投资旅游业、物流业、农业及制造业等。由沙巴经济发展投资局管理。

沙捞越再生能源走廊（Sarawak Corridor of Renewable Energy，SCORE）位于东马沙捞越州西北部，占地面积约 7.1 万平方公里，砂州拥有丰富的能源资源，重点鼓励投资油气产品、铝业、玻璃、旅游业、棕油、木材、畜牧业、水产养殖、船舶工程和钢铁业等。由区域性走廊发展局负责监督和管理。

（七）"大吉隆坡"计划

马来西亚"大吉隆坡"计划全线启动。大吉隆坡/巴生河谷地区（Greater KL/Kalang Valley）是经济转型计划（ETP）中提出的国家关键经济领域（NKEAs）之一，位于吉隆坡—巴生河谷流域，涵盖了吉隆坡附近的 10 个城市，占地面积约 2 800 平方公里。参考了大伦敦（Greater London）和大多伦多地区（Greater Toronto Area），该计划从基础设施、人民收入和居住环境三方面着手，将吉隆坡打造成为世界前二十大适合居住的国际大都市，中马钦州产业园区与马中关丹产业园是首个中国政府支持的以姊妹工业园形式开展双边经贸合作的项目。2012 年 4 月 1 日，中马钦州产业园区正式开园；2013 年 2 月 5 日，马中关丹产业园举行了盛大的启动仪式，标志着"两国双园"模式的全面启动，将进一步推进双边各领域全方位合作。

作为中国—东盟经贸合作的示范项目，"中马钦州产业园"与"马中关丹产业园"这两个姊妹园区可有效利用中马双方的资源、资金、技术和市场等互补优势，提升区域发展水平，促进中国与东盟国家间的互联互通。

（八）马中关丹产业园（MCKIP）

产业园位于彭亨州关丹市格宾（GEBENG）工业区内，面积为 1 500 英亩（约 6.07 平方公里），距离关丹港仅 5 公里，距离关丹市区 25 公里，距离关丹机场 40 公里，距离吉隆坡 250 公里，地理位置优越，交通便利。关丹港距离钦州港 1 104 海里，航行仅需 3~4 天，到中国其他港口也只需 4~8 天时间。

（九）自由贸易区与保税工厂

为了鼓励与欢迎外商投资发展劳动密集型和出口导向型工业，马来西亚于 1968 年制定"投资奖励法案"，1971 年制定"自由贸易区法案"，1972 年修订《海关法》中相关条款实施保税工厂制度，从而基本上完善了以外资企业为中心发展劳动密集型和出口导向型工业的经济体制。马来西亚政府在 1990 年制定了《自由区法》，以促进旅游业、制造业等以贸易为目的的免税区经济的发展。目前，马来西亚共设立了 18 个自由工业区，但自由工业区毕竟有限，且许多企业由于自身特点无法在自由工业区内设立工厂，马来西亚政府为了使出口导向型和劳动密集型产业的布局更加合理，允许其他企业申请设立保税工厂，享有与自由工业区工厂同等优惠政策。

第四节　中马经贸发展进程

一、中马政经关系

中国与马来西亚有着长期友好的外交关系和传统友谊。两国于 1974 年 5 月 31 日正式建立外交关系。建交后，双边关系总体发展顺利。1999 年，两国签署关于未来双边合作框架的联合声明。2004 年，两国领导人就发展中马战略性合作达成共识。2013 年，两国建立全面战略伙伴关系。马来西亚是第一个邀请中国加入"10+1"的国家，也是第一个邀请中国参加东亚峰会的国家。

2017 年 5 月，马来西亚总理纳吉布来华出席第一届"一带一路"国际合作高峰论坛。2018 年 8 月，马来西亚总理马哈蒂尔正式访华。2019 年 4 月，马来西亚总理马哈蒂尔来华出席第二届"一带一路"国际合作高峰论坛。2020 年 2 月，国家主席习近平应约同马来西亚总理马哈蒂尔通电话。3 月 11 日，国务委员兼外长王毅应约同马来西亚新任外长希沙姆丁通电话。15 日，国务委员兼国防部长魏凤和应约同马来西亚国防部长伊斯梅尔通电话。2022 年 12 月，中共中央政治局委员、国务委员兼外长王毅同马来西亚外长赞比里举行视频会晤。2023 年 4 月，马来西亚总理安瓦尔来华出席博鳌亚洲论坛年会开幕式，并对华进行正式访问。2024 年 4 月，中共中央政治局委员、外交部长王毅同访华的马来西亚外长穆罕默德举行会谈。5 月，马来西亚第一副总理兼乡村及区域发展部长扎希德访华。6 月，国务院总理李强正式访问马来西亚。9 月，马来西亚最高元首易卜拉欣对华进行国事访问。

二、中马经贸分析

（一）双边贸易

据中国海关统计，2022 年中国与马来西亚货物进出口额为 2 035.9 亿美元，相比 2021 年增长了 267.8 亿美元，增长 15.3%。2021 年，中马货物贸易总额为 1 768 亿美元，同比增长 34.5%，马保持中国在东盟第二大贸易伙伴地位。中国对马出口额为 787.4 亿美元，同比增长 39.9%；自马进口额为 980.6 亿美元，同比增长 30.4%。中国连续 13 年成为马来西亚最大贸易伙伴国，同时也是其第一大进口来源地及第一大出口目的地。

2023 年中马双边贸易额 1 902.4 亿美元，同比下降 5.2%；其中中方出口 873.8 亿美元，进口 1 028.6 亿美元。中国已连续 15 年成为马来西亚最大贸易伙伴。中国自马进口主要商品有集成电路、计算机及其零部件、棕油和塑料制品等；中国向马出口主要商品有计算机及其零部件、集成电路、服装和纺织品等。

表 9-4　中马货物贸易情况

（单位：亿美元）

年份	进出口额	中国出口额	中国进口额	累计比上年同期增减（%）		
				进出口额	中国出口额	中国进口额
2017	960.3	417.2	543.1	10.5	10.8	10.2
2018	1086.3	454.1	632.2	13.0	8.9	16.2
2019	1239.6	521.3	718.3	14.2	14.9	13.6
2020	1311.6	564.3	747.3	5.7	8.2	3.9
2021	1768.0	787.4	980.6	34.5	39.9	30.4

资料来源：中国海关总署。

（二）双向投资

据中国商务部统计，2021 年中国对马来西亚直接投资流量为 13.4 亿美元；截至 2021 年，中国对马来西亚直接投资存量为 103.6 亿美元（见表 9-5）。

表 9-5　2017—2021 年中国对马来西亚直接投资情况

（单位：亿美元）

年份	2017	2018	2019	2020	2021
年度流量	17.2	16.6	11.1	13.7	13.4
年末存量	49.1	83.9	79.2	102.1	103.6[*]

资料来源：商务部、国家统计局和国家外汇管理局《2021 年度中国对外直接投资统计公报》。注："＊"表示 2021 年末存量数据中包含对以往历史数据进行调整。

（三）承包劳务

据中国商务部统计，2021 年中国企业在马来西亚新签承包工程合同 180 份，新签合同额 81.75 亿美元，完成营业额 63.28 亿美元。累计派出各类劳务人员 3 206 人，年末在马来西亚劳务人员 7 837 人。新签大型承包工程项目包括铁建国际集团有限公司承建的槟城皇后湾世界城项目、中国水电建设集团国际工程有限公司承建的马来西亚巴生港中远仓储厂房项目等。

（四）重要合作项目

中国企业在马来西亚投资的重点项目和企业主要有联合钢铁厂、中国银行马来西亚分行、中国工商银行马来西亚分行、中国建设银行马来西亚分行、埃德拉电力控股有限公司、华为技术有限公司、中兴通信马来西亚有限公司、山东岱银纺织马来西亚有限公司、山东恒源收购壳牌炼油厂项目、中车轨道交通装备东盟制造中心项目、新胜大造纸厂、玖龙纸业造纸基地项目、旗滨太阳能玻璃产业项目、东方日升光伏组件项目、广垦橡胶种植培育项目、厦门大学马来西亚分校等。马来西亚大型承包工程在建项目主要有东海岸铁路、吉隆坡捷运地铁 2 号线、巴勒水电站等，相关工程进展顺利。

本章小结

马来西亚，全称为马来西亚联邦（Malaysia，前身为马来亚），简称大马。马来西亚联邦被南海分为两个部分。1957 年 8 月 31 日，联盟主席东姑阿都拉曼宣布马来亚独立，在 1957 年 9 月 17 日加入联合国，1963 年，马来亚联同新加坡、沙巴及沙捞越组成了马来西亚联邦。1965 年 8 月，新加坡退出马来西亚联邦。马亚西亚的首都为吉隆坡，联邦政府则位于布城。马来西亚是东南亚国家联盟的创始国之一，也是环印度洋区域合作联盟、亚洲太平洋经济合作组织、英联邦、不结盟运动和伊斯兰会议组织的成员国。主要参与的军事行动有五国联合防卫和联合国维和行动。

中马两国之间的往来有着悠久的历史。早在公元前 2 世纪，中国商人就去马来半岛从事商业活动。1974 年 5 月 31 日，中马两国建交，马来西亚成为东盟中第一个与中国建交的国家。在推进"一带一路"建设及国际产能合作过程中，马方率先响应，积极参与，成为"21 世纪海上丝绸之路"的重要节点国家。中马双边贸易额一直保持 1 000 亿美元的规模。2023 年中马双边贸易额 1 902.4 亿美元，同比下降 5.2%；其中中方出口 873.8 亿美元，进口 1 028.6 亿美元。中国已连续 15 年成为马来西亚最大贸易伙伴。

2023 年 12 月 1 日起，中国对马来西亚持普通护照人员试行单方面免签政策，马来西亚对中国公民实施入境免签便利措施。据马方统计，2023 年赴马中国游客超 147 万人次，我国再次成为马来西亚在东盟国家外最大游客来源国。

关键名词或概念

1. 马来西亚五大经济特区
2. 马来西亚"大吉隆坡"计划
3. 马来西亚的马中关丹产业园（MCKIP）
4. 马来西亚的自由贸易区与保税工厂

思考题

1. 马来西亚的国家环境特色是什么？
2. 马来西亚贸易投资环境的有利因素和不利因素是什么？
3. 马来西亚与中国经贸合作的现况与成果是什么？
4. 马来西亚的经济特区建设主要成果体现在哪些方面？有何影响？

第十章

新加坡

◀ ◀ ◀

本章导读

本章首先简单介绍新加坡的基本情况，然后介绍新加坡的经济发展现况、贸易投资现况以及中新经贸发展进程，使读者在学习的过程中，能广泛地、由浅到深地了解新加坡总体的发展情况。

学习目标

1. 了解新加坡的政治经济情况。

2. 基本了解新加坡的人文、社会、政治环境。

3. 了解新加坡的经济发展情况：①最新的经济概况；②天然资源；③基础设施现况；④产业概况。

4. 了解新加坡贸易投资现况：①对外贸易投资现况；②对外贸易的法规和政策。

5. 了解中新经贸发展进程：①中新政经关系；②中新经贸分析。

第一节　国家基本概况

新加坡古称淡马锡。8 世纪属室利佛逝王朝，18—19 世纪是马来柔佛王国的一部分。1819 年英国人史丹福·莱弗士抵达新加坡，与柔佛苏丹签约，开始在新加坡设立贸易站。1824 年新加坡沦为英国殖民地，成为英国在远东的转口贸易商埠和东南亚的主要军事基地。1942 年新加坡被日本占领。1945 年日本投降后，英国恢复殖民统治，次年新加坡划为其直属殖民地。1959 年新加坡实现自治，成为自治邦，英国保留国防、外交、修改宪法、宣布紧急状态等权力。1963 年 9 月 16 日新加坡与马来亚、沙巴、沙捞越共同组成马来西亚联邦。1965 年 8 月 9 日新加坡脱离马来西亚，成立新加坡共和国，同年 9 月成为联合国成员，10 月加入英联邦。1967 年新加坡与印度尼西亚、马来西亚、菲律宾和泰国组成东南亚国家联盟，为发起国之一。

在世界银行发布的《2020 年营商环境报告》中，在全球 190 个经济体中，新加坡连续第 4 年排名第 2 位，仅次于新西兰，2016 年之前新加坡连续 10 年位居榜首。新加坡的基本情况见表 10-1。

世界经济论坛《2019 年全球竞争力报告》显示，新加坡在全球最具竞争力的 141 个国家和地区中排第 1 位。在美国传统基金会发布的《2019 年全球经济自由度指数报告》中，新加坡排名第 2 位，仅次于中国香港（见表 10-1）。

表 10-1　新加坡的基本情况

自然人文	
地理环境	位于赤道以北 137 公里，地处马六甲海峡的东南端，扼控太平洋和印度洋的通道。北边和东边是马来西亚，南边和东南为印度尼西亚
国土面积	735.2 平方公里
气候	全年湿热，一年四季气温无明显变化
人口结构	592 万人（2023 年）
教育普及程度	高；识字率高达 97.3%（2018 年）
语言	以英语为主，汉语、马来语及泰米尔（印度）语在各族群间亦通用
宗教	佛教、基督教、伊斯兰教、道教、印度教
首都及重要城市	新加坡
政治体制	责任内阁制
投资主管机关	经济发展局（Economic Development Board）
经济概况	
币制	新加坡元，1 美元≈1.38 新加坡元
国内生产总值	4 879 亿美元（2023 年）
人均国内生产总值	8.2 万美元（2023 年）
消费者物价指数	6.1%（2022 年）
外汇存底	2 894 亿美元（2022 年）
贸易总额	10 155 亿美元（2022 年）
出口总金额	5 280 亿美元（2022 年）
进口总金额	4 875 亿美元（2022 年）
主要出口产品	电子产品、石油及炼制品、计算机产品、科学仪器、通信设备、有机化学品、塑料产品及医药产品

经济概况	
主要出口国家/地区	中国、中国香港、马来西亚、美国、印度尼西亚、中国台湾、韩国、日本、泰国、越南
主要进口产品	电子产品、石油及炼制品、计算机产品、通信设备、科学仪器、有机化学品、气体、医药产品及香氛清洁产品
主要进口国家/地区	中国、马来西亚、中国台湾、美国、韩国、日本、印度尼西亚、阿拉伯联合酋长国、泰国、法国

资料来源：根据中国外交部与商务部官网及新加坡国家网站相关材料自行整理。

一、人文及社会环境

（一）人口数及结构

新加坡人主要是由一百多年来从欧亚地区迁移而来的人及其后裔组成的。其移民社会的特性加上殖民统治的历史和地理位置的影响，使得新加坡呈现出多元文化的社会特色。新加坡统计局数据（DOS）显示，2023 年新加坡人口总数为 592 万人。其中公民和永久居民 407 万，华人占 74% 左右，其余为马来人、印度人和其他种族；人口增长率上升 2.2%。人口密度为 7 810 人/平方公里，性别男女比例为 957∶1 000。年龄中位数为 42.5 岁，65 岁及以上人口占 17.6%。劳动力人口为 371.39 万，占总人口的65.3%。其中，居民劳动力人口为 234.55 万，大学以上居民劳动力占居民劳动力总数约 39.1%。

（二）民族

新加坡是一个移民国家。19 世纪前半期，中国、印度、马来半岛和印度尼西亚群岛的移民进入新加坡。人口结构方面，新加坡居民中华人占 74.1% 以上，为最多数，马来人占 13.4%，印度人占 9% 左右，其他种族仅占 3.3%。4 种官方语言分别为英语（行政及商业用语）、华语、马来语及泰米尔语。华族在新加坡经济社会中地位较高，其经商表现突出，有"中华总商会"等规模大、影响广的商会组织。大多数新加坡华人的祖先来自中国南方，尤其是福建、广东和海南省，其中四成是闽南人，然后是潮汕人、广府人、莆仙人（莆田人）、海南人、福州人、客家人，还有峇峇、娘惹等。

（三）语言

新加坡的官方语言为马来语、汉语、泰米尔语和英语。马来语为国语，英语为行政用语。

（四）宗教

新加坡提倡宗教与族群之间的互相容忍和包容，实行宗教自由政策，确认新加坡为多宗教国。新加坡确实称得上多宗教融汇的国家，这里有着各式各样的宗教建筑，许多历史悠久的寺庙已被列为国家古迹，而且每年都有不同的庆祝活动。新加坡人信仰的宗教包括佛教、道教、伊斯兰教、印度教、基督教等。佛教信徒占人口的33.19%，基督教占18.81%，伊斯兰教占14.04%，道教占9.96%，印度教占4.96%，其他宗教占0.59%，无宗教信仰者占18.45%。

（五）国民教育水平

新加坡十分重视教育，每个儿童都需接受10年以上的常规教育（小学6年，中学4年）。新加坡的教育制度强调识字、识数、双语、体育、道德教育、创新和独立思考能力并重。双语政策要求学生除了学习英文，还要精通母语。政府推行"资讯科技教育"，促使学生掌握电脑知识。

学校绝大多数为公立，包括170所小学、154所中学、14所初级学院，以及新加坡国立大学、南洋理工大学、管理大学和科技大学4所大学。2018年，15岁以上国民中具有读写能力的占97.3%。2021财年教育预算为136亿新元，占预算总支出的14.5%。新加坡的大学一般专业的学费为7 650~15 300新元/年，法学专业为11 000~24 000新元/年，医科专业为23 000~46 000新元/年，生活费约为500~700新元/月。

（六）首都及重要城市概况

新加坡是一个城邦国家，无省市之分，而是以都市规划的方式将全国划分为五个社区（行政区），由相应的社区发展理事会（简称"社理会"）管理。5个社理会按照地区划分，定名为东北、东南、西北、西南和中区社理会，五个社理会再进一步分为27个选区，包括12个单选区和15个集选区。

（七）投资吸引力

新加坡投资环境的吸引力体现在七个方面：地理位置优越、基础设施完善、政治社会稳定、商业网络广泛、融资渠道多样、法律体系健全、政府廉洁高效。

根据KPMG应变能力最新调查报告，新加坡的应变能力指数（Change Readiness Index，CRI）在127个国家和地区中位居榜首，再次成为世界上应变能力最强的国家。报告指出，新加坡应变能力强的主要驱动力来自三方面，即开放和多元化经济（新加坡排名第一）、政府执行战略规划和横向发展的能力（新加坡排名第一），以及强大的人力资本（新加坡排名第四）。

二、政治环境

（一）政治体制

新加坡实行议会共和制。

1. 宪法

1963 年 9 月，新加坡并入马来西亚后，颁布州宪法。1965 年 12 月，州宪法经修改后成为新加坡共和国宪法，并规定马来西亚宪法中的一些条文适用于新加坡。

2. 国家元首

总统为国家元首，原经议会产生，1992 年国会颁布民选总统法案，规定从 1993 年起总统由全民直接选举产生，任期由 4 年改为 6 年。总统委任议会多数党领袖为总理。总统和议会共同行使立法权。

2016 年，新加坡修改法律，规定总统原则上由各种族人士轮流担任。2017 年 9 月 13 日，新加坡前国会议长哈莉玛·雅各布（Halimah Yacob）完成总统选举提名程序，并作为唯一的候选人成为新加坡第八任总统，2017 年 9 月 14 日就任，任期 6 年。哈莉玛总统是该国首位女性总统，也是继首任总统尤索夫·伊萨之后的第二位马来族总统。2023 年 9 月 14 日尚达曼（Tharman Shanmugaratnam）就任第九任新加坡总统，其曾任国务资政兼社会政策统筹部长和副总理兼经济和社会政策统筹部长。

3. 内阁

总统委任总理，并根据总理推荐委任部长，组成内阁。内阁对国会负责，成员包括总理、副总理及各部部长。首任新加坡总理为李光耀，于 2015 年 3 月逝世。2004 年 8 月李显龙接替吴作栋出任总理，于 2006 年 5 月、2011 年 5 月、2015 年 9 月连任。

2024 年 5 月 13 日，新加坡总理李显龙向总统尚达曼递交辞呈，同日，黄循财接受新加坡总统任命，于 5 月 15 日正式宣誓就任该国第四任总理。

（二）立法部门

实行一院制，任期 5 年。国会可提前解散，大选须在国会解散后 3 个月内举行。年满 21 岁的新加坡公民都有投票权。国会议员分为民选议员（任期 5 年）、非选区议员（任期 5 年）和官委议员（任期 2 年半）。

其中民选议员从全国各选区中由公民选举产生。集选区候选人以 3~6 人一组参选，其中至少一人是马来族、印度族或其他少数种族。同组候选人必须同属一个政党，或均为无党派者，并作为一个整体竞选。非选区议员从得票率最高的反对党未当选候选人中任命，最多不超过 6 名，从而确保国会中有非执政党的代表。官委议员由总统根据国会特别遴选委员会的推荐任命，任期两年半，以反映独立和无党派人士意见。

（三）司法机构

1. 司法机关

设最高法院和总检察署。最高法院由高庭和上诉庭组成，上诉庭为终审法庭。1994 年，废除上诉至英国枢密院的规定，确定最高法院上诉庭为终审法庭。最高法院大法官由总理推荐、总统委任。现任首席大法官梅达顺，总检察长黄鲁胜。

2. 军队

新加坡武装部队组建于 1965 年，建军节为 7 月 1 日。总统为三军统帅。实行义务兵役制，服役期 2~3 年。现役总兵力约 7.25 万人，另有预备役约 25 万人，准军事部队约 10.8 万人。新加坡重视全民防卫教育，致力于建设第三代"智能"军队。2022 财年国防预算为 163 亿新元，同比增长 6.5%。

（四）政党

目前已登记政党共 30 多个。人民行动党是执政党。其他党派包括工人党、人民联合党、民主联合党、人民阵线党、民主进步党、新加坡民主党等。

1. 人民行动党（The People's Action Party）

1954 年 11 月由李光耀、方水双、林清祥等人发起并成立。党的纲领是维护种族和谐，树立国民归属感，建立健全民主制度，确保国会拥有多元种族代表，努力建立一个多元种族、多元文化和多元宗教的社会。人民行动党自 1959 年至今一直保持执政党地位。李光耀长期任该党秘书长，1992 年由吴作栋接任。2004 年 12 月，李显龙接替吴作栋出任该党秘书长。现有党员约 1.5 万人。现任党主席为颜金勇。

2. 工人党（The Worker's Party）

1957 年 11 月由新加坡首席部长大卫·马绍尔创立。该党主张和平、非暴力的议会斗争。1971 年重建领导机构，提出废除雇佣制，修改国内治安法，恢复言论和结社自由。近年来影响有所扩大。1981 年起，在大选中数次赢得议席。2020 年大选中获 10 席。现任主席林瑞莲（Lim Swee Lian），秘书长毕丹星（PritamKhaira Singh），后者现为国会反对党领袖。

（五）外交关系

新加坡是不结盟运动的成员国，奉行和平、中立和不结盟的外交政策，主张在独立自主、平等互利和互不干涉内政的基础上，同所有不同社会制度的国家发展友好合作关系，但将自己看作美国在东南亚地区的主要盟友。新加坡在东南亚国家联盟中发挥了重要作用，是该组织的 5 个发起国之一。迄今，新加坡共与 193 个国家建立了外交关系。主要外交思路是：立足东盟，致力于维护东盟的团结与合作、推动东盟在地区事务中发挥更大作用；面向亚洲，注重发展与亚洲国家特别是中、日、韩、印度等重要国家的关系；奉行"大国平衡"原则，主张在亚太建立美国、中国、日本、俄罗斯战略平衡格局；突出经济外交，积极推进贸易投资自由化。倡议成立亚欧会议、东亚—拉美论坛等跨洲合作机制。

第二节　经济发展现况

美国传统基金会（Heritage Foundation）发表的"2022年经济自由度指数报告"，对新加坡的商业自由、贸易自由和对产权的充分保护给予高度评价。新加坡连续25年在全球最自由经济体排行榜上位列第一，2022年的总分为84.4分（100分为满分），其后为瑞士、爱尔兰、新西兰和卢森堡。

根据联合国开发计划署发布的《2019年人类发展指数和指标报告》（HDI），新加坡人类发展指数（HDI）为0.935，在189个国家和地区中排名第9位。经济学人智库发布的2019年全球安全城市指数排行中，新加坡以91.5分排名第2，仅次于东京。

德科集团、欧洲工商管理学院和塔塔通信联合发布的《2019年全球人才竞争力指数报告》中，新加坡在人才竞争力方面的得分为77.27分，排名第2，仅次于瑞士。在2020年1月公布的全球清廉指数排行榜上，新加坡获得85分，在180个国家和地区中排名第4，也成为排行榜前十名的唯一一个亚洲国家。

一、经济概况

1. 宏观经济

新加坡在全球最具竞争力的经济体、政局和国家运行稳定性评价方面位列第一、外资流入总额评价居第四。2023年主要经济数据如下：国内生产总值6 733亿新元（约合4 879.0亿美元）、人均国内生产总值11.4万新元（约合8.2万美元）、国内生产总值增长率1.1%。2022年贸易总额为10 155亿美元，2021年，新加坡经济复苏势头良好，贸工部发布数据显示其全年GDP达5 334亿新元（约合3 874亿美元），同比增加7.6%（见表10-2）。

表10-2　新加坡宏观经济数据（2015—2021年）

年份	GDP（亿美元）	经济增长率（%）	人均GDP（美元）
2015	2 968	1.9	53 630
2016	2 969	2.0	52 962
2017	3 240	3.6	57 722
2018	3 610	3.2	64 015

年份	GDP（亿美元）	经济增长率（%）	人均 GDP（美元）
2019	3 721	0.7	65 166
2020	3 401	-5.4	59 819
2021	3 874	7.6	72 800

资料来源：新加坡统计局。

2. 财政收支

2021 年，新加坡财政收入为 962 亿新元，支出为 1 072 亿新元，整体预算赤字达 110 亿新元。

3. 通胀率

2021 年，新加坡整体通胀率上升至 2.3%，2020 年为-0.2%。

4. 失业率

2021 年，新加坡全年总体失业率为 2.7%。其中，居民失业率为 3.5%。

5. 外汇储备

截至 2021 年末，新加坡官方外汇储备为 3 558.8 亿美元。

6. 债务

截至 2021 年 12 月 31 日，新加坡外债规模达 1.23 万亿新元。政府无延缓债务偿还或债务重组情况。

7. 主权信用评级

2021 年 7 月，国际评级机构穆迪、标普、惠誉对新加坡主权信用评级均为"AAA 级"。

8. 经济前景

2020 年 2 月，新加坡贸工部发公告称，2019 年受外部环境影响，新加坡 GDP 增长率仅为 0.7%，远低于 2018 年 3.4% 的增长率。根据 2019 年第四季度的经济表现，以及目前新冠疫情等因素给经济带来的影响，贸工部将 2019 年 11 月份预测的 2020 年 GDP 增长率从之前的 0.5%~2.5%，下调一个百分点，改为-0.5%~1.5%。3 月 26 日新加坡贸工部发布公告再次下调 2020 年全年新加坡经济增长的预测范围至"-4%~-1%"。

二、天然资源

新加坡位于马来半岛南端、马六甲海峡出入口，北隔柔佛海峡与马来西亚相邻，南隔新加坡海峡与印度尼西亚相望。由新加坡岛及附近 63 个小岛组成。新加坡岛东西约 50 公里，南北约 26 公里，地势低平，平均海拔 15 米，最高峰 163.63 米，海岸线长 200 余公里。20 世纪 60 年代，新加坡陆地面积仅 581.5 平方公里，经过多年填海造地，目前已增加近 24%，政府计划到 2030 年再填海造地 100 平方公里。

新加坡资源比较匮乏，主要工业原料、生活必需品需进口。岛上保留部分原生植物群。新加坡建有 17 个蓄水池为市民储存淡水。其中，中央集水区自然保护区位于新加坡的地理中心，占地约 3 000 公顷。新加坡约有 23%的国土属于森林或自然保护区，而都市化缩小了雨林面积，森林主要分布于武吉知马自然保护区和另外 3 个保护区，以及西部地段和离岸岛屿。

三、基础设施现况

新加坡基础设施完善，拥有全球最繁忙集装箱码头、服务最优质机场、亚洲最广泛宽频互联网体系和通信网络。

（一）公路

新加坡 12%的土地用于建设道路，形成以 10 条快速路为主线的公路网络。截至 2021 年底，新加坡公路总里程为 9 530 公里，其中高速公路为 1 116 公里。为缓解道路拥堵，新加坡政府实施车辆配额及拥车证招标制度，并于 1998 年开始实施电子道路收费（ERP），共设有 78 个电子收费闸门。2011 年至今，机动车保有量维持在 96 万辆左右。截至 2021 年底，机动车保有量 98.9 万辆。新加坡道路交通规则与中国有所不同，机动车驾驶舱位于右侧，车辆靠左行驶。新加坡陆地上通过大士关卡和兀兰关卡与邻国马来西亚连通。

（二）铁路

新加坡轨道交通发达，根据新加坡陆路交通管理局 2021 年发布的年度报告，2021 年新加坡地铁网络已达 245.3 公里。未来 10 年的地铁规划包括即将建成的汤申东海岸线、裕廊区域线、跨岛线、东北线和滨海市区线的延伸线以及环岛线 6 期工程等。

（三）空运

新加坡主要有新加坡航空公司及其子公司胜安航空公司。新加坡樟宜机场连续多年被评为世界最佳机场，2019 年航班起降 38.2 万架次，客运量 6 830 万人次，货运量 200 万吨。2022 年共接待乘客 3 220 万人次，相当于新冠疫情前的 47.2%；起降航班达 21.9 万次，为疫情前的 57.2%。2023 年，樟宜机场起降航班约 32.8 万架次，完成 5.890 万人次的旅客吞吐量，空运货物吞吐量为 174 万吨。

（四）海运

新加坡为世界最繁忙的港口和亚洲主要转口枢纽之一，是世界最大燃油供应港口和第二大货运港口。有 200 多条航线连接世界 600 多个港口。2023 年，新加坡国际港务集团共处理 9 480 万个标准箱，比 2022 年增加 4.3%。其中在新加坡的集装箱码头，共处理了 3 880 万个标准箱，比 2022 年多出 4.8%。

（五）电信

截至 2021 年底，新加坡固定电话用户为 188.98 万，移动电话用户为 866.07 万。宽带用户为 1 221.45 万，其中无线宽带用户为 1 069.46 万。在 5G 业务方面，2020 年 4 月 29 日，资讯通信媒体发展局（IMDA）向电信运营商——由新电信、星和电讯与第一通讯（M1）组成的联营公司颁发临时执照，并在这些电信运营商完成监管程序后，于 2020 年 6 月 24 日正式颁发 5G 网络经营执照，上述电信运营商将从 2021 年 1 月起推出全国独立 5G 网络。TPG 电信也申请并获颁覆盖特定范围的毫米波（mmWave）频谱段，提供 5G 区域网络。计划将在 2022 年底为至少半个新加坡提供 5G 网络覆盖，2025 年底新加坡本土网络覆盖率进一步上升至 95% 左右。

（六）电力

新加坡发电以火电为主，天然气占 95.6%，石油占 0.35%，其他能源占 4.03%。截至 2020 年 3 月底，总装机容量为 12 582MW。2020 年全年总发电量为 530.7 亿 KWh。

四、产业概况

（一）产业结构

随着东南亚的崛起，新加坡成为企业的商业和创新基地。企业能够通过新加坡，深入了解东南亚的消费者，在此深化创新，并实现解决方案的商业化，为东南亚和世界服务。一直以来，新加坡都是企业通往东南亚的门户，无论是大型跨国企业还是发展迅速的初创公司，其决策者都无一例外地将新加坡视为在东南亚经商的乐土，选择新加坡建立总部。

2022 年彭博更新创新指数，新加坡被评为世界第六大最具创新性的经济体。新加坡产业多元，以电子、石化为主的制造业，以金融、贸易为主的服务业为其主要产业。电子产业是新加坡制造业的支柱，新加坡是全球第二个进入半导体代工行业的国家，被称为亚洲半导体桥头堡，至今仍是全球半导体制造重地，拥有超过 60 多家半导体公司及多家全球半导体巨头的地区总部和生产基地，占全球晶圆制造产能的 5%，以及全球半导体设备市场约两成份额。石化产业是新加坡另一个传统产业，新加坡是世界上极少数不干预石油行业的国家，利用毗邻马六甲海峡的优势，大力发展石油炼化行业，由过往的石油运输中转站一跃成为全球三大石油贸易和炼油中心之一，炼油加工能力和规模居世界领先地位。

（二）重点/特色产业

世界一流的制造业生态体系：工业领域的龙头企业如壳牌（Shell）、美国美光（Micron）和默克（Merck）均选择新加坡作为战略制造枢纽。新加坡是全球第四大高科技产品出口国。全球十大顶尖药品中，四种药品生产于新加坡，新加坡还是全球第五大精炼油生产国。新加坡生态体系包含了顶尖的工程、采购以及兼具工程设施和众多建筑专家的建筑公司，研究机构能在此直接与企业合作，开发具有全球影响力的前沿解决方案[①]。

1. 电子工业

电子工业是新加坡传统产业之一，2021年约占制造业总产值的40.7%。主要产品包括半导体、计算机设备、数据存储设备、电信及消费电子产品等。代表企业有伟创力（Flex）、格芯（Globalfoundries）、英飞凌（Infineon）和美光科技（Micron）等。

2. 石化工业

新加坡是世界第三大炼油中心之一和石油贸易枢纽，也是亚洲石油产品定价中心，日原油加工能力超过150万桶，其中埃克森美孚公司（Exxon Mobil）60.5万桶，新加坡炼油公司（Singapore Refining）29万桶，壳牌公司（Royal Dutch/Shell）25万桶。2021年化工行业产值为562亿新元，约占制造业总产值的16.6%。石化企业主要聚集在裕廊岛石化工业园区。

3. 精密工程业

2021年精密工业产值约占制造业总产值的13.4%。主要产品包括半导体引线焊接机和球焊机、自动卧式插件机、半导体与工业设备等。代表企业有应用材料（Applied-Materials）等。

4. 生物医药业

生物医药业是新加坡近年重点培育的战略性新兴产业，2021年约占制造业总产值的14.7%。中外制药（Chugai）、默克（MSD）、葛兰素史克（GSK）等国际著名医药企业主要落户在启奥生物医药研究园区和大士生物医药园区。

5. 海事工程业

2021年海事工程业产值约占制造业总值的4%。新加坡主要的海事工程企业是胜科海事（Sembcorp Marine）和吉宝集团（Keppel Group），主要产品为造船、石油钻井平台等。

6. 商业服务业

2021年新加坡商业服务业产值为560.1亿新元，约占GDP总额的10.5%。

---

① 新加坡经济发展局：https://www.edb.gov.sg/cn/our-industries/advanced-manufacturing.html.

7. 批发零售业

2021 年新加坡批发零售业产值为 1 029.5 亿新元，约占 GDP 总额的 19.3%。代表企业有托克集团（Trafigura Group）、丰益国际（Wilmar International）等。

8. 金融保险业

新加坡目前是全球第二大财富管理中心、亚洲美元市场中心，也是全球第三大离岸人民币中心。2021 年，金融保险行业 GDP 为 778.8 亿新元，约占 GDP 总额的 14.6%。据金管局名单显示，有 207 家银行、1 670 家证券公司、597 家财富管理公司、370 家保险公司和 429 家支付公司，共计 3 273 家金融机构在新加坡持证经营。代表企业有中国银行（Bank of China）、花旗银行（Citi Bank）、摩根大通（J. P. Morgan）等。

9. 运输仓储业

2021 年新加坡运输仓储业产值为 325.4 亿新元，约占 GDP 总额的 6.1%。代表企业有敦豪（DHL）、顺丰快递（SF Express）、联邦快递（FedEx）等。

10. 资讯通信业

2021 年新加坡资讯通信业产值为 298.7 亿新元，约占 GDP 总额的 5.6%。新加坡主要电信企业为新加坡电信（Singtel）、星和电讯（Starhub）和第一通讯（M1）。

11. 旅游业

旅游业是新加坡的外汇主要来源之一。游客主要来自中国、东盟国家、澳大利亚、印度和日本。主要景点有滨海湾、圣淘沙岛、植物园、夜间动物园等。

第三节　贸易投资现况

2022 年新加坡贸易总额高达 1.36 兆新元，其中总进口额为 6 554 亿新元，总出口额为 7 100 亿新元。另外，2021 年贸易与批发业（Wholesale Trade）为新加坡的经济贡献了 17.7% 的 GDP，是新加坡经济的第二大产业支柱。2022 年，新加坡的前六大贸易伙伴分别为中国大陆（内地）（贸易总额为 1 750 亿新元）、马来西亚（贸易总额为 1 530 亿新元）、美国（贸易总额为 1 327 亿新元）、中国台湾（贸易总额为 1 141 亿新元）和欧盟（贸易总额为 1 135 亿新元）和中国香港（贸易总额为 838 亿新元）。

一、对外贸易投资现况

（一）货物贸易

2021 年，新加坡货物贸易额为 11 599.6 亿新元，同比增长 19.7%。其中，出口额为 6 140.8 亿新元，同比增加 19.1%；进口额为 5 458.8 亿新元，同比增加 20%；贸易顺差为 682 亿新元。新加坡货物贸易伙伴主要集中在邻近的东南亚地区以及中、日、韩和美国；2021 年主要出口市场为中国、美国、马来西亚、印度尼西亚、日本、韩国和泰国；主要进口来源地为中国、马来西亚、美国、日本、韩国、印度尼西亚和法国。中国是新加坡第一大货物贸易伙伴、第一大出口市场和第一大进口来源地。

（二）服务贸易

2021 年，新加坡服务贸易额为 6 122 亿新元，同比增加 6.8%。其中，出口额为 3 088.2 亿新元，同比增加 6.7%；进口额为 3 033.8 亿新元，同比增长 6.8%。

（三）贸易进出口总量

对外贸易为国民经济重要支柱。2023 年货物贸易总额 12 060 亿新元（约合 8 739.1 亿美元）、服务贸易总额 8 373 亿新元（约合 6 067.4 亿美元）。

（四）贸易结构

2023 年，新加坡服务贸易主要出口类别为商业服务（占 32.3%）、运输（占 29.6%）、金融（占 16.2%）、通信信息（占 8.1%）。

（五）主要贸易伙伴

主要贸易伙伴为中国、马来西亚、美国。主要进口商品为电子真空管、原油、加工石油产品、办公及数据处理机零件等。主要出口商品为成品油、电子元器件、化工品和工业机械等。

（六）吸引外资

截至 2020 年末，新加坡累计吸收外国直接投资 21 196.1 亿新元，较上年末增加 21 09.6 亿新元。外资主要来源于美国（24.9%）、日本（6.5%）、英国（6.0%）、卢森堡（3.1%）、中国香港（4.3%）、瑞士（3.4%）、加拿大（3.3%）、荷兰（2.4%）、马来西亚（2.1%）、中国大陆（2.0%）。外资的行业流向主要为金融保险业（55.5%）、批发零售业（14.8%）、制造业（12.0%）、专业科技服务和商业服务业（10.6%）、房地产业（2.1%）和运输仓储业（2.0%）。另据联合国贸发会发布的 2022 年《世界投资报告》，2021 年新加坡吸收外资流量为 990.9 亿美元；截至 2021 年末，新加坡吸收外资存量为 2.0 万亿美元。

（七）对外投资

新加坡推行"区域化经济发展战略"，大力向海外投资。截至 2022 年底，对外直接投资累计 1.39 万亿新元（约合 1 万亿美元），主要集中在金融服务业和制造业。主要直接投资对象国为中国、印尼、马来西亚、澳大利亚、英国。

（八）双（多）边贸易现况

1. 世界贸易协定

新加坡于 1973 年加入《关税和贸易总协定》（GATT），是 1995 年 1 月 1 日 WTO 创建时的正式成员国之一。

2. 区域贸易协定

新加坡于 1993 年加入东盟自由贸易区。2018 年 12 月 30 日，CPTPP 在新加坡正式生效。2021 年 4 月，新加坡完成 RCEP 官方核准程序。

3. 其他自贸协定

新加坡签订的自贸协定涵盖了 21 个国家（地区），涉及 32 个贸易伙伴，包括秘鲁、中国、美国、英国、日本、韩国、澳大利亚、东盟各国、印度、新西兰、巴拿马、约旦、瑞士、列支敦士登、挪威、冰岛、智利、哥斯达黎加、海合会等。

二、对外贸易的法规和政策

（一）贸易主管部门

新加坡贸易工业部负责制定整体贸易政策。新加坡企业发展局（Enterprise Singapore，简称"企发局"，ESG），是隶属于新加坡贸易工业部的法定机构，是新加坡对外贸易主管部门，其前身是成立于 1983 年的新加坡贸易发展局（贸发局）。企发局下设贸易促进部，并分设商务合作伙伴策划署和出口促进署，主要职责是宣传新加坡作为国际企业都会的形象以及提升以新加坡为基地的公司的出口能力。

（二）贸易法规体系

新加坡与贸易相关的主要法律有《商品对外贸易法》《进出口管理办法》《商品服务税法》《竞争法》《海关法》《商务争端法》《自由贸易区法》《商船运输法》《禁止化学武器法》和《战略物资管制法》等。

（三）贸易管理的相关规定

1. 开展进出口和转运业务的基本条件

（1）必须在新加坡组建一家公司并向会计与企业管理局注册。

（2）注册公司后，须向新加坡关税局免费申请中央注册号码。中央注册号码将允许申请人通过贸易网系统提交进出口和转运准证申请。贸易交换网（TradeXchange）系统是新加坡全国范围内的贸易电子信息交换系统，能让公共和私营部门在此平台上交换电子贸易数据和信息。一般情况下，在新加坡开展进出口或转运业务必须在贸易交换网上获得相关业务准证。

2. 货物的进口

货物进口到新加坡前，进口商需通过贸易交换网向新加坡关税局提交准证申请。如符合有关规定，新加坡关税局将签发新加坡进口证书和交货确认书给进口商，以保证货物真正进口到新加坡，没有被转移或出口到被禁止的目的地。一般情况下，所有进口货物都要缴纳消费税。如果进口货物是受管制的货物，必须向相关主管部门提交准证申请并获得批准。

3. 货物的出口

非受管制货物通过海运或空运出口，必须在出口之后 3 天内，通过贸易交换网提交准证申请。受管制货物，或非受管制货物通过公路和铁路出口的，需要在出口之前通过贸易交换网提交准证申请。出口受管制货物还必须事先取得相关主管机构的批准或许可。

（四）进出口商品检验检疫

新加坡对进口商品检验检疫的标准和程序十分严格。负责进口食品、动植物检验检疫的部门是农粮兽医局（Agri-Food and Veterinary Authority，AVA，简称"农粮局"），负责进口药品、化妆品等商品检验检疫的部门是卫生科学局（Health Science Authority，HSA）。

（五）海关管理规章制度

新加坡海关是新加坡财政部的下属部门，是贸易便利化和执行税收的牵头机构。新加坡海关负责维护海关法及贸易法，以建立国际社会对新加坡对外贸易体系的信任，促使贸易便利化并保护税收。新加坡海关管理的主要法律法规包括《海关法》《货物和服务税收条例》《进出口管理条例》《自由贸易区条例》《战略物品管制法》和《禁止化学物品法》等。

（六）投资主管部门

新加坡负责投资的主管部门是经济发展局（EDB，简称"经发局"），成立于1961年，是隶属新加坡贸工部的法定机构，也是专门负责吸引外资的机构，具体业务是制订和实施各种吸引外资的优惠政策并提供高效的行政服务。其远景目标是将新加坡打造成为具有强烈吸引力的全球商业与投资枢纽。

1. 投资并购方式限制

新加坡对外资进入的方式无限制。除银行、金融、保险、证券等特殊领域需向主管部门报备以外，绝大多数产业领域对外资的股权比例等无限制性措施。

2. 个人投资

给予外资国民待遇，外国自然人依照法律，可申请设立独资企业或合伙企业。

（七）特殊经济区域

为了更加集约有效利用稀缺的国土资源，并通过海外投资租赁飞地的方式带动经济增长，新加坡设立了一些特殊经济区域，以促进产业集群的形成。

1. 商业园和特殊工业园

（1）商业园：国际商业园、樟宜商业园、洁净科技园、纬壹科技城内的启奥城、媒体工业园和启汇城。

（2）特殊工业园：裕廊岛的石油化学工业园，淡滨尼、巴西立、兀兰的晶圆厂房，淡滨尼的先进显示器工业园，大士生物医药园，生物科技园的生物产业园，樟宜机场物流园，裕廊岛的化工物流园和物流产业园，麦波申、大士的食品产业园，岸外海事中心、实里达航空园等。

（3）科技企业家园：裕廊东的企业家园、新加坡科学园的 iAxil、红山—新达城科技企业家中心、菜市科技园。

2. 自由贸易区

旨在鼓励转口交易。自由贸易区的主要功能是促进海外货物通过新加坡转运，即将货物通过海运或空运出口前将货物临时停放在自由贸易区，无须报关手续。进口消费税仅对本地消费的货物征收。目前新加坡有 8 个自由贸易区。

3. 海外工业区

新加坡没有经济特区。新加坡邻近的主要海外工业区如下。

（1）印度尼西亚巴淡岛、民丹岛工业区

巴淡岛工业区：该园区距新加坡 20 公里，仅 1 小时船程。园区占地面积 320 公顷，现有外资企业 894 家。

民丹岛工业区：该园区距新加坡 50 公里，70 分钟船程。园区占地面积 500 公顷，现有外资企业 23 家。

（2）马来西亚伊斯干达开发区

马来西亚政府于 2006 年 11 月推出伊斯干达开发区（Iskandar Development Region，IDR），它是马来西亚目前着力打造的境内最庞大的发展计划。

（3）中国苏州工业园

中国—新加坡苏州工业园区（简称"苏州工业园区"）位于中国江苏省苏州市东部，于 1994 年 2 月经中国国务院批准设立，同年 5 月实施启动，面积约 80 平方公里，是中、新两国政府间重要的国际合作项目。中新双方建立了由两国副总理担任主席的中新联合协调理事会，开创了中外经济技术互利合作的新形式。2001 年 1 月

1 日起，中新双方在合资公司的股份从原来的 35% 和 65% 调整为 65% 和 35%，中方成为大股东并承担管理权。2019 年苏州工业园实现地区生产总值 2 743 亿元，同比增长 6.7%。

第四节　中新经贸发展进程

一、中新政经关系

中国和新加坡于 1980 年 6 月 14 日签署互设商务代表处协议，次年 9 月两国商务代表处正式开馆。1990 年 10 月 3 日两国正式建交。自建交以来，两国在各领域的互利合作成果显著，签署了 "经济合作和促进贸易与投资的谅解备忘录"，建立了两国经贸磋商机制。双方还签署了 "促进和保护投资协定" "避免双重征税和防止漏税协定" "海运协定" "邮电和电信合作协议"，并成立了中新投资促进委员会等。2008 年 10 月，中新两国签署了《中国—新加坡自由贸易区协定》，2009 年 1 月生效，新加坡成为首个同中国签署全面自由贸易区协定的东盟国家。2015 年 11 月 7 日，中国国家主席习近平对新加坡进行国事访问，双方发表联合声明，宣布建立 "与时俱进的全方位合作伙伴关系"。2019 年 10 月，在中新双边合作联合委员会（JCBC）第 15 次会议期间，韩正副总理与新加坡副总理王瑞杰共同宣布中新自由贸易协定升级议定书于当月 16 日生效。2023 年 3 月 27 日至 4 月 1 日，新加坡总理李显龙正式访华并出席博鳌亚洲论坛 2023 年年会开幕式，中国国家主席习近平同其会见。李强总理同李显龙总理举行会谈，全国人大常委会委员长赵乐际、全国政协主席王沪宁分别同李显龙总理举行会见。5 月，新加坡副总理兼财政部长黄循财访华，李强总理同其举行会见，丁薛祥副总理同其举行会谈。

二、中新经贸分析

新加坡是中国在东盟国家中的第五大贸易伙伴，自 2013 年起，中国连续 11 年成为新加坡最大贸易伙伴国。2023 年，中新双边贸易额为 1 083.9 亿美元、同比下降 2.6%。其中，中国出口额为 769.6 亿美元，同比下降 1.1%；进口额为 314.3 亿美元，同比下降 6.0%。2024 年 1—9 月，中新双边贸易额 816.4 亿美元，同比增长 2.0%，其中中国出口额 579.5 亿美元，同比增长 1.6%，进口额 236.9 亿美元，同比增长 3.1%。

自 2013 年起，新加坡连续 11 年成为中国最大新增投资来源国。2022 年 4 月，新加坡首次超越日本，成为中国累计最大外资来源国。截至 2023 年底，新加坡累计在华实际投资 1 412.3 亿美元，中国累计对新加坡投资 896.3 亿美元。

（一）货物贸易

2022 年中国与新加坡双边货物进出口额为 1 151.25 亿美元，相比 2021 年增长了 210.70 亿美元，增长 22.8%。2022 年中国对新加坡出口商品总值为 811.67 亿美元，相比 2021 年增长了 259.03 亿美元，增长 47.8%；中国自新加坡进口商品总值为 339.58 亿美元，相比 2021 年减少了 48.32 亿美元，下降 12.5%。2015—2021 年情况见表 10-3。

表 10-3　2015—2021 年中国和新加坡货物贸易统计

（单位：亿美元）

年份	进出口额	中国出口额	中国进口额	累计比上年同期增减（%）		
				进出口额	出口额	进口额
2015	795.65	520.08	275.56	-0.2	6.5	-10.6
2016	704.24	444.76	259.48	-11.5	-14.5	-5.8
2017	792.43	450.20	342.23	12.4	1.1	31.6
2018	828.80	491.70	337.20	4.6	9.2	-1.6
2019	899.40	547.20	352.20	8.5	11.3	4.5
2020	890.94	575.41	315.52	-1.0	5.0	-10.5
2021	940.55	552.64	387.90	5.6	-4.0	22.9

资料来源：中国海关。

（二）双向投资

1. 中国对新加坡投资

据中国商务部统计，2021 年，中国对新加坡直接投资流量为 84 亿美元；截至 2021 年末，中国对新加坡直接投资存量为 672 亿美元（见表 10-4）。

表 10-4　2017—2021 年中国对新加坡直接投资统计

（单位：亿美元）

年份	2017	2018	2019	2020	2021
年度流量	63	64	48	59	84
年末存量	446	501	526	599	672*

注："*"表示 2021 年末存量数据中包含对以往历史数据的调整。
资料来源：商务部、国家统计局和国家外汇管理局《2021 年度中国对外直接投资统计公报》。

中国对新加坡投资涉及行业广泛，从累计投资金额来看，主要集中于金融保险业和贸易业。其中，中国投资占新加坡吸收外资比重相对较大的行业包括建筑业、贸易业和房地产业。在新加坡的中资企业约有 8 500 家。

2. 新加坡对中国投资

据中方统计，截至 2021 年末，中国累计吸收新加坡投资 1 208.4 亿美元。据新方统计，中国连续 14 年保持新加坡对外直接投资第一大目的国。新加坡对华投资主要项目包括 3 个政府间合作项目［苏州工业园区、天津生态城、中新（重庆）战略性互联互通示范项目］，1 个国家级合作项目（广州知识城），以及吉林食品区、新川科技创新园、南京生态科技岛等。

（三）承包劳务

据中国商务部统计，2013 年以来，中资企业中标新地铁项目标段位居各国之首，2017 年新加坡最大的房地产开发商和组屋建筑承包商均为中资企业。目前中资企业投标、履约情况良好，在建项目进展顺利。据中国商务部统计，2021 年中国企业在新加坡新签合同 74 份，新签合同额为 61.94 亿美元，完成营业额 29.27 亿美元。累计派出各类劳务人员 28 944 人，年末在新加坡劳务人员 44 069 人。

本章小结

新加坡是一个美丽的花园城市国家，位于马来半岛南端、马六甲海峡出入口，处于"海上的十字路口"，地理位置优越。自 1965 年独立以来，国家建设取得了举世瞩目的成就。2019 年，新加坡人均国内生产总值达到 6.6 万美元，是全球经济中最具活力、前景持续看好的新兴经济体之一。新加坡具有良好的投资环境，主要体现在其政治社会稳定上。

人民行动党一直保持执政党地位，充分保障了国内政策的延续性。政府提倡种族包容，致力打造多元种族、多元文化、多元宗教和谐并存的社会氛围，不太可能发生大规模骚乱和社会动荡。区位优势明显。新加坡是亚太地区重要的贸易、金融、航运中心，同时也是区域基础设施建设和科技创新中心，在地区事务中发挥着重要作用。各国企业纷纷来新设立区域总部，以新加坡为跳板进入东南亚市场。早在 1990 年建交之前，中新企业就已经开展了密切的经贸交往与合作。近年来，在两国领导人的高度重视和亲自引领下，中新双方政治互信巩固，务实合作成果丰硕，互为重要贸易投资伙伴。2015 年，中国国家主席习近平对新加坡进行国事访问，两国确定了与时俱进的全方位合作伙伴关系，有力地促进了双向投资的拓展和提升，新加坡已成为中国的第一大新增外资来源国和第二大对外投资目的国。2019 年 10 月 16 日，中新自贸协定升级议定书生效，进一步提高两国贸易便利化水平，加快服务业开放，促进双边投资，探索并挖掘新的合作领域，积极推动双边经贸关系取得更大发展。

关键名词或概念

1. "智慧国家 2025" 计划
2. 中新的自由贸易区
3. 中国苏州工业园

思考题

1. 新加坡的国家环境特色是什么？
2. 新加坡贸易投资环境的有利因素和不利因素是什么？
3. 新加坡与中国经贸合作现况与成果是什么？
4. 新加坡的自由贸易区建设主要成果体现在哪些方面？有何影响？

第十一章

印度尼西亚

◀ ◀ ◀

本章导读

　　本章首先简单介绍印度尼西亚的基本情况，然后介绍印度尼西亚的经济发展现况、贸易投资现况以及中印经贸发展进程，使读者在学习的过程中，能广泛地、由浅到深地了解印度尼西亚总体的发展情况。

学习目标

　　1. 了解印度尼西亚的政治经济情况。

　　2. 基本了解印度尼西亚的人文、社会、政治环境。

　　3. 了解印度尼西亚的经济发展情况：①最新的经济概况；②天然资源；③基础设施现况；④产业概况。

　　4. 了解印度尼西亚贸易投资现况：①对外贸易投资现况；②对外贸易的法规和政策。

　　5. 了解中印尼经贸发展进程：①中印尼政经关系；②中印尼经贸分析。

第一节　国家基本概况

　　印度尼西亚位于亚洲东南部，别号"千岛之国"，实际拥有大小岛屿 17 508 个，以巴厘岛最为闪耀。作为全球最大的群岛国家，印度尼西亚地跨南北两个半球、横卧两洋两洲（太平洋、印度洋；亚洲、大洋洲），扼守马六甲海峡、巽他海峡、龙目海峡等重要的国际贸易航道。印度尼西亚是东盟第一大国，人口、面积和经济总量均占东盟

40%左右，印度尼西亚陆地面积约为 191 万平方公里，海洋面积 317 万平方公里。印度尼西亚人口约 2.81 亿，居全球第 4 位；印度尼西亚的经济增速多年来一直保持在 5%左右，在全球主要经济体中位列前茅，2019 年印度尼西亚 GDP 为 1.12 万亿美元，居全球第 16 位。作为东盟最大经济体和 20 国集团重要成员，印度尼西亚在地区和国际事务中发挥着越来越大的作用。

公元 3—7 世纪印度尼西来分散着一些封建王国。13 世纪末至 14 世纪初，在爪哇岛建立了印度尼西亚历史上最强大的麻喏巴歇封建帝国。15 世纪，葡萄牙、西班牙和英国先后侵入。1596 年荷兰侵入，1602 年成立具有政府职权的"东印度公司"，1799 年底改设殖民政府。1942 年日本占领印度尼西亚，1945 年日本投降后爆发八月革命，8 月 17 日宣布独立，成立印度尼西亚共和国。

1945—1950 年，先后武装抵抗英国、荷兰的入侵，在这期间曾被迫改为印度尼西亚联邦共和国并加入荷印联邦。1950 年 8 月重新恢复为印度尼西亚共和国，1954 年 8 月脱离荷印联邦。1950 年印度尼西亚成为联合国第 60 个成员国。1967 年，印度尼西亚与马来西亚、菲律宾、新加坡和泰国成立了东盟，目前东盟已拥有 10 个成员国，印度尼西亚是最具影响力的成员国之一。

印度尼西亚的基本情况见表 11-1。

表 11-1　印度尼西亚的基本情况

自然人文	
地理环境	位于亚洲大陆与澳大利亚之间，横跨赤道，东西长 5 160 公里，南北长 1 600 公里，分隔太平洋及印度洋，北邻菲律宾，西隔马六甲海峡，与马来西亚及新加坡相望
国土面积	191 万平方公里，由 17 508 个岛屿组成，包括加里曼丹、巴布亚、苏门答腊、苏拉威西及爪哇五大岛
气候	地处赤道两侧，属于热带雨林气候，高温潮湿，无台风，气候稳定，大概分为干季（6 月至 9 月）及雨季（12 月至 3 月），4 月及 5 月、10 月及 11 月分别为过渡季节
种族	大部分印度尼西亚人为南岛族系人（Austronesian）和美拉尼西亚人（Melanesian）的后裔，全国约有 300 个族群（Native Ethnicities），最大族群爪哇族（Javanese）约占 42%的人口，在政治及文化上居优势地位，华裔印度尼西亚人约占 3%~4%的人口，控制印度尼西亚的大部分经济。此外还有阿拉伯裔及荷兰裔等
人口结构	2.81 亿人（2024 年）
教育普及程度	印度尼西亚 2013 年 15 岁以上人口识字率 94.14%，印度尼西亚法定国民教育为 9 年，小学 6 年、初中及高中各 3 年、大学 4 年
语言	官方语言：印度尼西亚国语（Bahasa Indonesia）；地方语言 580 多种
宗教	伊斯兰教、天主教、印度教、基督教、佛教、孔教

续表

自然人文	
首都及重要城市	雅加达（Jakarta）、棉兰（Medan）、泗水（Surabaya）、万隆（Bandung）、三宝垄（Semarang）
政治体制	采用总统制
投资主管机关	印度尼西亚投资协调委员会（BKPM）
经济概况	
币制	印度尼西亚盾（Rupiah）
国内生产总值	1.37 万亿美元（2023 年）
人均国内生产总值	4 920 美元（2023 年）
外汇存底	1 372 亿美元（2022 年 12 月，by Bank Indonesia）
贸易总额	4 807.1 亿美元（2023 年）
出口总金额	印度尼西亚出口至全球金额为 2 919.7 亿美元（2022）（印度尼西亚中央统计局资料）
主要出口产品	印度尼西亚前 10 大出口产品：煤矿相关产品、植物油、铁合金、煤矿相关产品、铜矿、褐煤、石油气（液体）、工业单羧酸脂肪酸、贵金属制珠宝、橡胶
主要出口国家	中国、美国、日本、新加坡、印度、马来西亚、韩国、菲律宾、泰国、越南
进口总金额	印度尼西亚自全球进口额为 2 375.2 亿美元（2022）（印度尼西亚中央统计局资料）
主要进口产品	印度尼西亚前 10 大进口产品：石油（非原油）、原油、石油（不含柴油）、谷类、金属、电话、油饼和其他固体残渣、蔗糖、煤矿产品、肥料
主要进口国家	中国、新加坡、日本、马来西亚、韩国

资料来源：根据中国外交部与商务部及印度尼西亚国家网站相关材料自行整理。

一、人文及社会环境

（一）人口数及结构

印度尼西亚是世界第四人口大国，也是穆斯林人口最多的国家。2024 年印度尼西亚人口总数为 2.81 亿，其中爪哇岛人口约为 1.5 亿，该岛是世界上人口最多的岛屿。15 岁以上人口约 1.97 亿，其中劳动力人口为 1.33 亿。按行业统计，劳动力人口主要分布在农业、商贸、工业、建筑业及服务业。华人约占人口总数的 3.79%（实际人数高于这一比例），在印度尼西亚商贸和服务业领域发挥着重要作用。

（二）民族

根据印度尼西亚政府公布的数字，印度尼西亚有 300 多个民族，其中爪哇族占人口总数的 45%，巽他族占 14%，马都拉族占 7.5%，马来族占 7.5%，华人约占人口总数的 5%，超过 1 000 万人。华人在印度尼西亚商贸和工业领域发挥着重要作用。

（三）语言

印度尼西亚地方语言众多，官方语言为印度尼西亚国语，英语在大都市及商场中运用较为普遍，仅少数华人集中的城市，如苏门答腊岛的棉兰、巨港，西加里曼丹岛的坤甸、山口洋等地，闽南语、客家话或潮州话亦可适用。

（四）宗教

印度尼西亚约 87% 的人信奉伊斯兰教，是世界上穆斯林人口最多的国家，其中大多数是逊尼派。6.1% 的人信奉基督教新教，3.6% 的人信奉天主教，其余的人信奉印度教、佛教和原始拜物教等。

（五）国民教育水平

印度尼西亚法定国民教育为 9 年，但是，一般民众仍须支付部分学费，因而，国民教育的水平较其周边国家低。华人通常将子女送到新加坡、中国念书学习中文，收入更高的民众则将子女送至澳大利亚等国接受教育，教育程度有明显的差距。根据印度尼西亚中央统计局编印的 *Statistical Yearbook of Indonesia* 2017 年报，2015 年印度尼西亚 5~9 岁就学人口比率为 69.84%，10~14 岁就学人口比率为 98.90%，15~19 岁就学人口比率为 69.99%。著名大学有雅加达的印度尼西亚大学、日惹的加查马达大学、泗水的艾尔朗卡大学、万隆理工学院等。

（六）首都及重要城市概况

印度尼西亚分 31 个省、2 个特别行政区和 1 个首都地区，有 396 个县、93 个市。首都雅加达（Jakarta）人口 1 056 万，是全国的政治、经济和文化中心。其他的主要城市有泗水、万隆、棉兰、三宝垄和巨港等。

1. 首都

雅加达（Jakarta）为全国的政治及经济中心，雅加达因是直辖市（DKI），经费较多，建设也较先进，但相较邻近国家，城市基础设施仍然落后。捷运系统于 2013 年 10 月开始兴建，初期将建设南北向及东西向各 1 条路线，南北向第一期从雅加达南部的 Lebak Bulus 到雅加达中部的酒店圆环交通圈，于 2019 年 3 月完工并于 4 月启用；东西向预计于 2024—2027 年完工启用。

2. 主要工商城市

（1）泗水（Surabaya）：东爪哇省首府，为印度尼西亚第二大城，工商业发达，是东爪哇贸易中心，人口约 400 万。泗水右邻过海即为世界闻名的巴厘岛（Bali），是观光旅游胜地。

（2）万隆（Bandung）：西爪哇省首府，纺织业重镇。雅加达与万隆间的高速公路已于2006年初兴建完成，来往两地仅需2~3小时，雅加达与万隆间的高速铁路正在兴建中。

（3）棉兰（Medan）：北苏门答腊省首府。

（4）三宝垄（Semarang）：中爪哇省首府，中爪哇省内有日惹（Yogyakarta）特区及梭罗（Solo）2个文化气息浓厚的城市。

（七）投资吸引力

目前，印度尼西亚经济保持较快增长，国内消费成为印度尼西亚经济发展稳定动力，各项宏观经济指标基本保持正面，经济结构比较合理。印度尼西亚持续向好的经济发展前景和特有的比较优势将继续吸引外资涌入。印度尼西亚投资协调委员会（BKPM）数据显示，2019年，印度尼西亚落实投资809.6万亿盾（539.7亿美元），同比增长12.2%，完成当年投资目标的102.2%。按投资类型分类，国内投资386.5万亿盾（257.7亿美元），同比增长17.6%；外国投资423.1万亿盾（282亿美元），同比增长7.7%。2023年吸引外资470亿美元。主要来源地为新加坡、中国、中国香港、美国、日本。

从投资领域看，国内投资前五大行业依次为交通仓储通信业（68.1万亿盾）、建筑业（55.1万亿盾）、种植业养殖业（43.6万亿盾）、水电气供应业（37.2万亿盾）、食品工业（36.6万亿盾）。

外国投资前五大行业依次为水电气供应业（59亿美元）、交通仓储通信业（47亿美元）、金属制品业（36亿美元）、房屋园区建筑业（29.0亿美元）和矿产业（23亿美元）。

世界经济论坛《2019年全球竞争力报告》显示，印度尼西亚在全球最具竞争力的141个国家和地区中，排第50位。世界银行《2020年营商环境报告》显示，印度尼西亚在全球190个经济体中，营商便利度排名第73位。

二、政治环境

（一）政治体制

2006年7月，印度尼西亚国会通过新《国籍法》，取消部分带有种族歧视和性别歧视的内容。2008年10月，印度尼西亚国会通过《消除种族歧视法》。

1. 宪法

现行宪法为《"四五"宪法》。该宪法于1945年8月18日颁布实施，曾于1949年

12 月和 1950 年 8 月被《印度尼西亚联邦共和国宪法》和《印度尼西亚共和国临时宪法》替代,1957 年 7 月 5 日恢复实行。1999 年 10 月至 2002 年 8 月间先后进行过 4 次修改。宪法规定,印度尼西亚为单一的共和制国家,"信仰神道、人道主义、民族主义、民主主义、社会公正"是建国五项基本原则(简称"潘查希拉")。实行总统制,总统为国家元首、行政首脑和武装部队最高统帅。2004 年起,总统和副总统不再由人民协商会议选举产生,改由全民直选;每任 5 年,只能连任一次。总统任命内阁,内阁对总统负责。

2. 政府

印度尼西亚实行总统制,总统既是国家元首,也是政府首脑,同时掌管三军。总统、副总统均由全民直选产生,任期 5 年,总统可连任一次。2024 年 2 月,印尼举行第五次总统直选,时任国防部长、大印尼行动党总主席普拉博沃(Prabowo Subianto)和梭罗市市长吉布兰(Gibran Rakabuming Raka)组合胜选,于 2024 年 10 月 20 日分别就任总统、副总统。本届内阁于 2024 年 10 月组建,任期至 2029 年 10 月。

(二)立法部门

1. 人民协商会议

为印度尼西亚国家最高权力机关,由人民代表会议(即国会,相当于下议院)和地方代表理事会(相当于上议院)组成。主要职能包括:制定、修改和颁布宪法;根据大选结果任命总统、副总统;依法对总统、副总统进行弹劾等。每 5 年选举一次。本届人协于 2024 年 10 月成立,共有议员 732 名,包括 580 名国会议员和 152 名地方代表理事会成员。设主席 1 名,副主席 8 名。现任主席为阿赫玛德·穆扎尼(Ahmad Muzani)。

2. 人民代表会议

人民代表会议即印度尼西亚国会,为印度尼西亚国家立法机构。负责制定和修改除宪法以外的其他法律;审核国家预算;监督政府工作,行使质询权、调查权;批准对外重要条约;选举国家机构负责人等。国会无权解除总统职务,总统也不能解散国会,但如总统违反宪法,国会有权建议人民协商会议追究总统责任。每 5 年选举一次。本届国会于 2024 年 10 月成立,共有议员 580 名,兼任人协议员,任期 5 年。现任议长为布安·马哈拉尼(Puan Maharani)。

3. 地方代表理事会

成立于 2004 年 10 月,负责参与制定并向国会提交有关地方自治、合并和扩建新区以及自然资源开发管理等方面的法案;参与讨论并监督预算、税收、教育、宗教等法律的实施情况等。每 5 年选举一次,成员分别来自全国 34 个省级行政区,每区 4 名代表,现成员共 152 名,兼任人协议员。现任主席为苏丹·巴克蒂亚尔·纳加穆丁(Sultan Bachtiar Najamudin)。

（三）司法机构

实行三权分立，最高法院独立于立法和行政机构。最高法院院长由最高法院法官选举，现任院长穆罕默德·沙里福丁（Muhammad Syarifuddin）。

（四）政党

1975 年颁布的政党法只允许 3 个政党存在，即专业集团党、印度尼西亚民主党、建设团结党。1998 年 5 月解除党禁。2024 年大选中，共有 18 个政党参选，8 个政党获得国会议席，民主斗争党蝉联国会第一大党。

1. 民主斗争党

民主斗争党（Partai Demokrasi Indonesia-Perjuangan）由原印度尼西亚民主党分裂出来的人士组成，1998 年 10 月正式成立。系民族主义政党，印度尼西亚世俗政治力量代表。以"潘查希拉"为政治纲领，弘扬民族精神，反对宗教和种族歧视。在 2019 年国会选举中获 128 个议席，成为国会第一大党。现任总主席为梅加瓦蒂·苏加诺普特丽（Megawati Soekarnoputri）。

2. 专业集团党

专业集团党（Partai Golongan Karya）于 1959 年组成松散的专业集团联合秘书处，1964 年 10 月由 61 个群众组织联合成立专业集团，1970 年 12 月扩大为包括 291 个群众组织的专业组织，1967 年至 1999 年 6 月为事实上的执政党，但一直自称为社会政治组织。1999 年 3 月 7 日正式宣布为政党。以"潘查希拉"为政治纲领，主张在民主和民权基础上进行政治体制改革，保障人权，改善民生。在 2019 年国会选举中获 85 个议席，成为国会第二大党。现任总主席为艾尔朗加·哈尔达托（Airlangga Hartato）。

3. 大印尼行动党

大印尼行动党（Gerindra）成立于 2008 年 2 月 6 日，以"潘查希拉"为政治纲领，倡导民族主义、人道主义。总主席普拉博沃·苏比延多，曾于 2009 年、2014 年、2019 年三次参加总统或副总统选举，均失败。2024 年在总统选举中胜出，于 2024 年 10 月 20 日就任。

4. 国民民主党

国民民主党（Partai NasDem）的前身是由印度尼西亚媒体大亨苏利亚·巴洛和日惹苏丹十世于 2010 年 2 月建立的"国民民主"群众组织。2011 年 7 月，苏利亚·巴洛离开专业集团党，建立国民民主党。该党倡导"潘查希拉"、民族主义及世俗主义思想。在 2019 年国会选举中获 59 个议席，成为国会第四大党。现任总主席为苏利亚·巴洛（Surya Paloh）。

5. 民族觉醒党

民族觉醒党（Partai Kebangkitan Bangsa）由印度尼西亚前总统瓦希德于 1998 年 7

月创立，秉持和倡导温和伊斯兰理念，群众基础为伊斯兰教士联合会。在 2019 年国会选举中获 58 个议席，成为国会第五大党。现任总主席为穆海敏·伊斯甘达尔（Muhaimin Iskandar）。

（五）外交关系

印度尼西亚奉行独立自主的积极外交政策，在国际事务中坚持不干涉内政、平等协商、和平解决争端等原则。印度尼西亚是万隆会议十项原则的重要发起国之一，是20 国集团、亚非新型伙伴关系、77 国集团、伊斯兰会议组织等国际/地区组织的倡导者和重要成员。印度尼西亚坚持以东盟为"贯彻对外关系的基石之一"的原则，在东盟一体化建设和东亚合作中发挥重要作用。同时坚持大国平衡原则，与美国、中国、日本、澳大利亚以及欧盟等世界主要力量保持友好关系。主张多边主义，注重维护发展中国家利益，积极参与千年发展目标、联合国改革、气候变化、粮食能源安全、WTO 谈判等。借助"民主温和穆斯林"的国家形象，积极沟通伊斯兰与西方世界，在一些地区和国际问题上发挥独特作用。印度尼西亚是 20 国集团成员国，2022 年担任 20国集团轮值主席国。

第二节　经济发展现况

一、经济概况

1. 经济增长率

2023 年，印尼国内生产总值 20 892.4 万亿印尼盾（约合 1.37 万亿美元），同比增长 5.05%；人均国内生产总值 4 920 美元，重返世界银行确定的中高收入国家行列（2015—2021 年情况见表 11-2）。

表 11-2　2015—2021 年印度尼西亚经济增长情况

年份	经济增长率（%）	人均 GDP（美元）
2015	4.80	3 377.0
2016	5.02	3 605.0
2017	5.07	3 877.0
2018	5.17	4 000.0
2019	5.02	4 200.0
2020	4.81	3 895.6
2021	3.7	4349.5

资料来源：印度尼西亚中央统计局。

2. 通货膨胀率

2023 年，印度尼西亚通货膨胀率为 2.61%，2024 年上半年通胀率 2.78%。

3. 产业结构

印度尼西亚是东盟最大的经济体，农业、工业和服务业均在国民经济中有着重要地位。

4. 外汇储备

2021 年底，印度尼西亚外汇储备为 1 449 亿美元，超过国际外汇储备充足性标准。截至 2022 年 5 月，外汇储备为 1 356 亿美元。

5. 失业率

2023 年 8 月，印度尼西亚失业率为 5.32%，失业人口 785.5 万。

6. 债务余额

2021 年 12 月，印度尼西亚所负外债 4 153 亿美元，维持在占 GDP 35% 的较低水平。2022 年 1 月，印度尼西亚所负外债降至 4 136 亿美元，下降了 0.4%。

7. 信用评级

三大国际信用评级机构标普、穆迪和惠誉对于印度尼西亚的主权信用评级都为投资级别。2020 年 12 月 15 日，穆迪对印度尼西亚的主权信用评级维持在"Baa2"级。2021 年 4 月 22 日，标普将印度尼西亚的主权信用评级维持在"BBB"，将印度尼西亚长期债务前景维持在"负面"。2022 年 5 月，标普将印度尼西亚主权信用评级维持在"BBB"级（投资级评级），展望由"负面"调整至"稳定"。

二、天然资源

印度尼西亚自然资源丰富，有"热带宝岛"之称。盛产棕榈油、橡胶等农产品，其中棕榈油产量居世界第一，天然橡胶产量居世界第二。石油、天然气以及煤、锡、铝矾土、镍、铜、金、银等矿产资源丰富。矿业在印度尼西亚经济中占有重要地位，产值占 GDP 的 10% 左右。据印度尼西亚官方统计，印度尼西亚石油已探明储量为 97 亿桶（13.1 亿吨），天然气储量为 4.8 万亿~5.1 万亿立方米，煤炭已探明储量为 193 亿吨，潜在储量可在 900 亿吨以上。

三、基础设施现况

（一）公路

印度尼西亚公路全长 548 366 公里，其中国道 47 024 公里，省道 54 845 公里。陆路运输比较发达的地区是爪哇、苏门答腊、苏拉威西、巴厘岛等。2021 年印度尼西亚在运行的高速公路总里程为 2 489.2 公里。印度尼西亚政府计划到 2024 年将高速公路在运行总里程扩展至 4 761 公里。

（二）铁路

印度尼西亚铁路总长为 6 458 公里（目前无运营的高速铁路）。爪哇岛和苏门答腊岛铁路运输比较发达，其中，爪哇岛铁路长 4 684 公里，占全国铁路总长的 72.53%。根据规划，印度尼西亚政府将新建 3 258 公里的铁路网，其中，将在爪哇地区发展南部铁路以及贯通南北的铁路线，并逐渐建设双向铁轨，在加里曼丹和苏拉威西地区将进行铁路运输的调研及准备工作，在雅加达、泗水、锡江和万鸦佬地区考虑建设城市轨道交通。2022 年 7 月交通部铁路总局表示，到 2030 年印度尼西亚国家铁路网络目标扩展到 10 524 公里。

（三）空运

印度尼西亚各省、市及偏远的地区均通航，全国有 179 个航空港，其中有 23 个达到国际标准，开通了国际航班、国内航班、朝觐航班、先锋航班等。政府的空运业发展方案包括当前主要机场的维护、改进和扩建，以及新机场的建设和旧机场的替代。目前为满足日益增长的航空运输需求，印度尼西亚交通运输部计划新建 15 个机场，在 6 个地点建设物流运输机场。

（四）水运

印度尼西亚有各类港口 1 241 个，其中主要港口 33 个。雅加达丹绒不碌港是全国最大的国际港，年吞吐量约为 420 万个标准箱，泗水的丹戎佩拉港为第二大港，年吞吐量为 140 万个标准箱。为解决港口建设资金短缺问题，印度尼西亚政府正在逐步放宽对港口的控制，并计划允许私人机构通过 BOT 等方式建设和管理港口。

（五）通信

印度尼西亚大部分地区都通互联网，但带宽较小，网速较慢。截至 2021 年 1 月，印度尼西亚互联网用户达 2.02 亿，占总人口的 74.5%；其中 96.4% 为移动用户；用户平均年龄为 16~64 岁。Telkomsel 为印度尼西亚国内最大的电信公司，Indosat 则为最大的外资电信公司。目前，4G 尚未完全覆盖印度尼西亚农村，印度尼西亚政府仍专注于扩大 4G 覆盖面。

（六）电力

目前印度尼西亚电力总装机容量仅为 5 000 万 KW，用电普及率不到 75%，即使是首都雅加达偶尔也会因缺电实施轮流停电。

四、产业概况

(一) 产业结构

印度尼西亚拥有丰富的原油、天然气、煤矿(出口量仅次于澳大利亚)、各种矿产、天然橡胶与原木等农工业原料。为全球最大棕榈油生产国,产量占全球的50%。农作物产量方面,除棕榈油以外,咖啡、茶叶、香料、可可豆、稻米、橡胶等产量均在全球前十;印度尼西亚也是全球最重要的煤(主要为热燃煤)、金、锡及许多稀有金属如镍矿的生产国之一。近10年国际原油、煤与原物料价格的大幅上涨,再加上中国、印度与欧盟对棕榈油及煤炭的大量需求,使得印度尼西亚政府的财政大幅改善、民间财富亦快速增加,国际政治经济地位愈加重要。

整体而言,印度尼西亚丰富的天然资源为其提供了经济稳定的"基本盘",近年来稳定的民主政治与庞大的内需市场及其极具爆发力的快速成长,更使印度尼西亚的经济体制出现结构性的正面转变。但印度尼西亚制造业仍处于发展阶段,中央统计局公布数据显示,印度尼西亚的产业结构中,制造业占GDP的比例约为21%,以食品饮料、煤及精炼石油产品、运输设备、纺织成衣、金属制品、电子产品及设备、制鞋等为主;农林渔牧业约为13.3%,以棕榈油、橡胶、稻米、可可及咖啡豆为主;矿业约为9.8%,以天然气、煤矿、镍矿及锡矿为主;批发零售业及汽机车维修业约为13.3%;旅馆及餐饮服务业约为3.1%;营建业约为9.9%;运输业约为4.2%;通信业约为3.5%;金融保险业约为3.8%;不动产业约为2.8%。

(二) 重点/特色产业

1. 石油天然气

印度尼西亚油气资源丰富。政府公布的石油储量为97亿桶,折合13.1亿吨,其中核实储量为47.4亿桶,折合6.4亿吨。印度尼西亚天然气储量为176.6万亿标准立方英尺(TCF),折合4.8万亿~5.1万亿立方米。印度尼西亚最大的石油企业为国家石油公司(Pertamina)。据2024年《财富》公布的世界500强,印度尼西亚国家石油公司排名第165位。

2. 农林渔业

印度尼西亚是农业大国,全国耕地面积约8 000万公顷。主要经济作物有棕榈油、橡胶、咖啡、可可。印度尼西亚森林覆盖率为54.25%,达1亿公顷,是世界第三大热带森林国家。印度尼西亚最大的林业和造纸企业集团为金光集团(Sinar Mas)。渔业资源丰富,海洋鱼类多达7 000种,政府估计潜在捕捞量超过800万吨/年。

3. 采矿业

印度尼西亚矿产资源丰富，分布广泛。主要的矿产品有锡、铝、镍、铁、铜、金、银、煤等。印度尼西亚主要国有矿业公司为安塔公司（Antam）和国有锡业集团公司（PT Timah Tbk）。矿业是外商投资印度尼西亚的传统热点行业。印度尼西亚矿产资源极为丰富，成为国际煤炭及镍、铁、锡、金等金属矿产品市场供应的重要来源，吸引了大批外资投入矿业上游行业以稳定原料供应，特别是 2012 年 5 月印度尼西亚政府采取的对 65 种矿产品出口加征 20% 的出口税，并要求外国投资者在印度尼西亚投资设立冶炼加工厂等措施，刺激了外商对矿产下游行业的投资，目前矿冶已成为印度尼西亚第一大外商投资行业。

4. 工业制造业

印度尼西亚的工业化水平相对不高，制造业有 30 多个不同种类的部门，主要有纺织、电子、木材加工、钢铁、机械、汽车、纸浆、纸张、化工、橡胶加工、皮革、制鞋、食品、饮料等。印度尼西亚最大的钢铁企业为国有克拉卡陶钢铁公司（Krakatau Steel）。

5. 旅游业

印度尼西亚旅游资源非常丰富，拥有许多风景秀丽的热带自然景观、丰富多彩的民族文化和历史遗迹，发展旅游业具有得天独厚的条件。受新冠疫情影响，2020 年来访印度尼西亚的国际游客人数仅为 402 万人次，比 2019 年的 1 610 万人次大幅下降了 75.03%。在严格入境管控措施之下，2021 年印度尼西亚接待外国游客数量同比减少 61%。

第三节　贸易投资现况

2017 年至 2019 年，印度尼西亚经济增长率多维持在 5% 以上，但 2020 年新冠疫情造成印度尼西亚经济增长率衰退 2.07%，2021 年疫情趋缓后经济恢复正向增长。2022 年，GDP 为 1 兆 2 848 亿，国民人均所得为 4 784 美元，经济增长率 5.31%，失业率 5.9%，物价指数年增率 5.5%，工业增长率 4.89%，外债 3.68 亿美元，外商直接投资 4.56 亿美元，对外贸易额 5 294.26 亿美元，进口贸易额 235.2 亿美元，出口贸易额 219.79 亿美元[①]。

一、对外贸易投资现况

（一）贸易进出口总量

根据印度尼西亚中央统计局资料，印度尼西亚 2022 年的对外贸易额约为 5 294.26

---

① 数据来源：印尼中央统计局资料。

亿美元,同比增长23.76%;出口2 919.79亿美元,同比增长26.07%;进口2 375.2亿美元,同比增长21.07%。贸易顺差544.59亿美元,2020年5月至2022年12月,印度尼西亚已连续32个月出现贸易顺差。

(二)贸易结构

印度尼西亚工业部设计划于2024年实现非石油及天然气制造业增长率达8.3%的目标,同时使制造业对印度尼西亚经济贡献提高18.9%。根据"印度尼西亚制造4.0"路线图,印度尼西亚工业部指定五大投资产业领域:(1)基础金属产业,非机械产业(投资额32.2亿美元);(2)食品产业(投资额19亿美元);(3)化学及制药产业(投资额13.9亿美元);(4)非金属矿产业(投资额4.3亿美元);(5)汽机车及运输设备产业(投资额4.2亿美元)。

(三)主要贸易伙伴

十大出口目的地:中国、美国、日本、新加坡、印度、马来西亚、韩国、菲律宾、泰国、越南;十大进口来源地:中国、新加坡、日本、美国、马来西亚、韩国、泰国、澳大利亚、印度、中国台湾。

(四)吸引外资

依据印度尼西亚投资部资料,2022年外资累计到位投资额为654.4兆盾(约456亿美元),较2021年(454兆盾)增长44.2%。外资主要投资领域为"金属产业""采矿"及"化学制药"等。外资主要投资地点则为中苏拉威西省、西爪哇省及北摩鹿加省。2022年印度尼西亚前十大外资来源地及金额,详见表11-3。

表11-3 2022年印度尼西亚前十大外资来源地及金额

排名	国家/地区	直接投资金额(亿美元)	占比(%)
1	新加坡	132.81	29
2	中国	82.26	18
3	中国香港	55.14	12
4	日本	35.62	8
5	马来西亚	33.43	7
6	美国	30.26	7
7	韩国	22.97	5
8	荷兰	12.20	3
9	百慕大	9.54	2

续表

排名	国家/地区	直接投资金额（亿美元）	占比（%）
10	英国	6.28	1

数据来源：印度尼西亚投资部。

（五）双（多）边贸易现况

1. 全球贸易协定

1950年2月24日印度尼西亚加入《关税与贸易总协定》，1995年成为WTO的正式成员。

2. 区域贸易协定

印度尼西亚参加或正在商谈的区域贸易协定有《东盟自由贸易区协定》《中国—东盟自由贸易区协定》《共同有效优惠关税》《印度尼西亚—日本经济合作协定》《印度尼西亚—澳大利亚全面经济伙伴关系协议》《印度尼西亚—伊朗特惠贸易协定》《印度尼西亚—摩洛哥特惠贸易协定》《印度尼西亚—土耳其全面经济伙伴关系协议》《印度尼西亚—韩国全面经济伙伴关系协议》和《印度尼西亚—欧盟全面经济伙伴关系协议和区域全面经济伙伴关系协定》等。

2. 欧盟普及关税体系

印度尼西亚是欧盟提供关税优惠的受惠国。根据2012年11月欧盟委员会公布的新的普惠制（GSP）方案，印度尼西亚被列为普惠制第二类国家。2014年1月1日至2023年12月31日，欧盟对印度尼西亚等40个低收入和中低收入国家的进口产品所征收的关税在最惠国税率基础上减少了3.5%。

二、对外贸易的法规和政策

（一）贸易主管部门

印度尼西亚主管贸易的政府部门是贸易部，其职能包括制定外贸政策、参与外贸法规的制定、划分进出口产品管理类别、进口许可证的申请管理、指定进口商和分派配额等事务。

（二）贸易法规体系

印度尼西亚与贸易有关的法律主要有《贸易法》《海关法》《建立世界贸易组织法》《产业法》《国库法》《禁止垄断行为法》和《不正当贸易竞争法》等。

（三）贸易管理的相关规定

除少数商品受许可证、配额等限制以外，大部分商品均放开经营。2007 年底，印度尼西亚贸易部宣布了进出口单一窗口制度，大大简化了管理程序。

1. 进口管理

印度尼西亚政府在实施进口管理时，主要采用配额和许可证两种形式。适用配额管理的主要是酒精饮料及包含酒精的直接原材料，其进口配额只发放给经过批准的国内企业。适用许可证管理的产品包括工业用盐、乙烯和丙烯、爆炸物、机动车、废物废品、危险物品，获得上述产品进口许可的企业只能将其用于自己的生产。

2. 进口许可制度

2010 年，印度尼西亚开始实施新的进口许可制度，将现有的许可证分为两种，即一般进口许可证和制造商进口许可证。一般进口许可证主要是针对为第三方进口的进口商，制造商进口许可证主要是针对进口供自己使用或者在生产过程中使用的进口商。

3. 出口限制

出口货物必须持有商业企业注册号/商业企业准字或由技术部根据有关法律签发的商业许可，以及企业注册证。出口货物分为四类：受管制的出口货物、受监视的出口货物、严禁出口的货物和免检出口货物。受管制的出口货物包括咖啡、藤、林业产品、钻石和棒状铅。

（四）进出口商品检验检疫

1. 卫生与植物卫生措施

印度尼西亚所有进口食品必须注册，进口商必须向印度尼西亚药品食品管理局申请注册号，并由其进行检测。

2. 国家标准

2009 年以来，印度尼西亚政府开始在食品、饮料、渔业等诸多行业强制推行国家标准。印度尼西亚贸易部出台新规定，要求包括进口产品在内的所有产品必须附有印度尼西亚文说明。印度尼西亚海洋渔业部要求 81 种渔业产品必须符合印度尼西亚国家标准，甚至将捕鱼工具、渔产加工程序及微生物学测试程序等也列入印度尼西亚国家标准。印度尼西亚工业部等政府部门在 2011 年对电线、电子、汽车零部件、家电、五金建材、玩具等几十种产品强制推行国家标准。贸易部出台新规，要求包括进口产品在内的所有产品必须附有印度尼西亚文说明。

（五）海关管理规章制度

1. 管理制度

印度尼西亚关税制度的基本法律是 1973 年颁布的《海关法》。现行的进口关税税率由印度尼西亚财政部于 1988 年制定。自 1988 年起，财政部每年以部长令的方式发布一揽子"放松工业和经济管制"计划，其中包括对进口关税税率的调整。

2. 关税税率

据 WTO 统计，印度尼西亚 2009 年简单平均约束关税继续维持在 37.1%，简单平均最惠国适用关税税率为 6.8%，其中农产品为 8.4%，非农产品为 6.6%，基本与 2008 年持平。印度尼西亚对汽车、钢铁以及部分化学产品不征收关税，并将大多数产品的关税约束在 40% 左右。

（六）投资主管部门

印度尼西亚主管投资的政府部门分别是投资协调委员会、财政部、能矿部。印度尼西亚投资协调委员会负责促进外商投资，管理工业及服务部门的投资活动，但不包括金融服务部门；财政部负责管理包括银行和保险部门在内的金融服务投资活动；能矿部负责批准能源项目，而与矿业有关的项目则由能矿部的下属机构负责。

（七）经济特区介绍

2014 年初以来，印度尼西亚政府已批准成立 10 个经济特区，分别是北苏门答腊省（Sei Mangkei）、东加里曼丹省（Maloy Batuta）、中苏拉威西省巴鲁（Palu）、北马鲁姑省（Morotai）、南苏门答腊省（Tanjung Api-Api）、万丹省（Tanjung Lesung）、西努沙登加拉省（Mandalika）、北苏拉威西省比通（Bitung）、邦加勿里洞省勿里洞县丹绒格拉洋（Tanjung Kelayang）和巴布亚省的梭隆（Sorong）特殊经济区。

对于经济特区，印度尼西亚期望能引进更多的先行性企业，行业涵盖物流、工业、技术、旅游、能源、出口加工等。投资企业可享受 5~10 年的免税期。经济特区都将提供开放和灵活的特殊政策，拥有进入国际市场的能力（近海港或空港），位于第一资源地区，欢迎个人和私人资本采用多样化的合作模式进行投资。

（八）"六大经济走廊"（Economic Corridors）

即爪哇走廊—工业与服务业中心，苏门答腊走廊—能源储备，自然资源生产与处理中心，加里曼丹走廊—矿业和能源储备生产与加工中心，苏拉威西走廊—农业、种植业、渔业、油气与矿业生产与加工中心，巴利—努沙登加拉走廊—旅游和食品加工中心，巴布亚—马鲁古群岛走廊—自然资源开发中心。

印度尼西亚政府将按照规划出台政策和措施，对在上述地区中发挥比较优势的产业提供税务补贴等优惠政策，优先鼓励发展当地规划产业。除爪哇岛等地区以外，未来几年印度尼西亚的发展重点，将放在包括巴布亚、马鲁古、苏拉威西、加里曼丹、努沙登加拉等在内的东部地区，将进一步出台向投资当地的企业提供税务补贴等优惠政策。

第四节　中印尼经贸发展进程

一、中印尼政经关系

中国与印度尼西亚于 1950 年 4 月 13 日建立外交关系。1965 年印度尼西亚发生"9·30 事件"，两国于 1967 年 10 月 30 日中断外交关系。20 世纪 80 年代，两国的紧张关系开始松动。1990 年 8 月 8 日，时任国务院总理李鹏访问印度尼西亚期间，两国外长分别代表本国政府签署《关于恢复外交关系的谅解备忘录》，宣布自当日起正式恢复外交关系。

近年来，两国高层访问和接触频繁，副总理级对话机制、经贸联委会、防务磋商、海上技术合作委员会等磋商合作机制运行顺畅，经贸合作成果丰硕。2010 年，战略伙伴关系行动计划的签署，为两国关系开启了新的篇章。2011 年 4 月，时任国务院总理温家宝对印度尼西亚进行正式访问，双方发表进一步加强战略伙伴关系的联合公报，同意建立领导人定期会晤机制。2012 年 3 月，印尼时任总统苏希洛对中国进行国事访问，双方发表联合声明。2013 年 10 月，国家主席习近平访问印度尼西亚并出席亚太经合组织第二十一次领导人非正式会议。2014 年 11 月，印尼时任总统佐科出席北京 APEC 领导人非正式会议并与中国国家主席习近平、时任国务院总理李克强分别举行了会谈。

2015 年 3 月，印度尼西亚总统佐科来华进行国事访问并出席博鳌亚洲论坛 2015 年年会。同年 4 月，中国国家主席习近平赴印度尼西亚出席亚非领导人会议和万隆会议 60 周年纪念活动。2016 年 9 月，中国国家主席习近平同印度尼西亚总统佐科在二十国集团杭州峰会期间会面。2017 年 5 月，印度尼西亚总统佐科赴北京出席"一带一路"国际合作高峰论坛，并与中国国家主席习近平举行会晤。2018 年 5 月，时任国务院总理李克强访问印度尼西亚，双方发表联合声明。2019 年 4 月，印度尼西亚副总统卡拉出席第二届"一带一路"国际合作高峰论坛，中国国家主席习近平与其会见。2019 年 10 月，国家主席习近平特使、国家副主席王岐山赴雅加达出席佐科总统连任就职仪式并对印度尼西亚进行友好访问。2020 年 2 月 11 日、4 月 2 日，中国国家主席习近平两次应约同佐科总统通电话。同年 4 月 13 日，中国国家主席习近平同佐科总统就庆祝中印尼建交 70 周年互致贺电。2023 年 10 月 17 日下午，国家主席习近平在北京人民大会堂同来华出席第三届"一带一路"国际合作高峰论坛并进行国事访问的印度尼西亚总统佐科举行会谈。2024 年 4 月，印尼当选总统普拉搏沃访华，中国国家主席习近平同其会谈，国务院总理李强会见。

二、中印尼经贸分析

中国在印度尼西亚对外经贸关系中占有比较重要的地位，近年来双边投资贸易合作呈快速上升的趋势。中国—东盟自贸区已于 2010 年 1 月 1 日全面启动，2016 年 7 月，中国—东盟自贸区升级版议定书正式生效，双边贸易投资自由化和便利化程度进一步提高，中国与印度尼西亚经贸关系发展面临着历史性机遇。

中国已连续多年保持印度尼西亚第一大贸易伙伴的地位，2021 年两国贸易额增至 1 244.3 亿美元，比 2020 年增长 58.6%。在中国主动扩大进口的系列举措拉动下，2016 年以来，中国持续成为印度尼西亚第一大出口目的国。目前印度尼西亚已成为向中国出口燕窝最多的国家，中国也已成为拉动印度尼西亚棕榈油出口增长最重要的力量，已是印度尼西亚第一大棕榈油出口目的地。

（一）双边贸易

自 2013 年起，中国已经连续 9 年保持印度尼西亚最大贸易伙伴地位。据印度尼西亚方统计，中国对印尼贸易额占 2021 年印度尼西亚贸易总额的 25.72%。中国已连续 12 年成为印度尼西亚最大进口来源地。2021 年自中国进口额占印度尼西亚进口总额的 28.66%。中国连续 6 年成为印度尼西亚最大的出口目的地国。2021 年，印度尼西亚对中国出口额占其出口总额的 23.23%。

中国是印尼最大贸易伙伴。2024 年 1—8 月，双边贸易额 927.9 亿美元，同比增长 1.5%，其中中国出口 479.6 亿美元，同比增长 12.1%，进口 448.3 亿美元，同比下降 7.8%。2022 年 11 月，两国签署《关于进一步扩大和深化双边经济贸易合作的协定》。中国是印尼第二大外资来源国，印尼是中国在东盟第二大投资目的地。2022 年中国与印度尼西亚双边货物进出口额为 1 490.88 亿美元，相比 2021 年增长了 246.54 亿美元，增长 19.8%。中国对印度尼西亚出口商品总值为 713.18 亿美元，相比 2021 年增长了 106.54 亿美元，增长 17.8%；中国自印度尼西亚进口商品总值为 777.70 亿美元，相比 2021 年增长了 140.094 亿美元，增长 21.7%（见表 11-4）。

表 11-4 2015—2022 年中国和印度尼西亚货物贸易统计

（单位：亿美元）

年份	进出口额	中国出口额	中国进口额	累计比上年同期增减（%）		
				进出口额	出口额	进口额
2015	795.65	520.08	275.56	−0.2	6.5	−10.6
2016	704.24	444.76	259.48	−11.5	−14.5	−5.8
2017	792.43	450.20	342.23	12.4	1.1	31.6

续表

年份	进出口额	中国出口额	中国进口额	累计比上年同期增减（%）		
				进出口额	出口额	进口额
2018	828.80	491.70	337.20	4.6	9.2	−1.6
2019	899.40	547.20	352.20	8.5	11.3	4.5
2020	890.94	575.41	315.52	−1.0	5.0	−10.5
2021	940.55	552.64	387.91	5.6	−4.0	22.9
2022	1 490.88	713.18	777.70	19.8	17.8	21.7

资料来源：中国海关。

（二）双向投资

据中国商务部统计，2021 年，中国对印度尼西亚直接投资为 43.73 亿美元；截至 2021 年底，中国对印度尼西亚直接投资存量为 200.80 亿美元（见表 11-5）。

表 11-5 2017—2021 年中国对印度尼西亚直接投资统计

（单位：亿美元）

年份	2017	2018	2019	2020	2021
年度流量	16.82	18.65	22.23	21.98	43.73
年末存量	105.40	128.10	151.30	179.40	200.80 *

注："*"表示 2021 年末存量数据中包含对以往历史数据的调整。

资料来源：商务部、国家统计局和国家外汇管理局《2021 年度中国对外直接投资统计公报》。

当前，到印度尼西亚寻求投资合作的中国企业不断增多，涉及领域日益广泛，大型投资项目不断涌现，中国对印度尼西亚投资主要涉及矿冶、农业、电力、地产、家电与电子和数字经济等领域。据中国商务部统计，2021 年，印度尼西亚对华投资为 2 434 万美元，同比增长 82.5%，投资项目 73 个。截至 2021 年 12 月底，印度尼西亚对华实际投资额 26.7 亿美元，项目 2 246 个。

（三）承包劳务

据中国商务部统计，2021 年中国企业在印度尼西亚新签承包工程合同 1 286 份，新签合同额 161.68 亿美元，完成营业额 69.77 亿美元。累计派出各类劳务人员 15 399 人，年末在印度尼西亚劳务人员 25 056 人。

（四）重要合作项目

中国企业在印度尼西亚主要投资和承包的项目有西冷—巴宁邦高速公路、三宝垄—德马克高速公路、达延桥项等工程项目，米拉务、庞卡兰苏苏、巴淡 TJK、巴比巴卢、风港、爪哇 7 号、南苏 1 号、南苏 8 号等一大批电站建设项目，以及青山工业园、德龙工业园、西电变电器生产项目等。

本章小结

印度尼西亚位于亚洲东南部，由太平洋和印度洋之间的 17 508 个大小岛屿组成，面积约 191 万平方公里，海洋面积 317 万平方公里（不包括专属经济区），是世界上陆地面积排名第 14 的国家，海陆联合面积排名第 7。印度尼西亚群岛东西达 5 300 公里，南北约 2 100 公里，其中 6 000 个岛屿有人居住。印度尼西亚处于亚洲大陆及澳大利亚之间，扼守太平洋、印度洋之间的门户马六甲海峡，在全球战略上居重要地位。印度尼西亚位于环太平洋地震带，境内多火山，是一个地震频发的国家。

中国和印度尼西亚自1990年恢复外交关系以来，经贸合作全面发展，尤其是近年来中印尼在贸易、投资和工程承包等领域的合作发展迅猛。印度尼西亚是"21世纪海上丝绸之路"首倡之地，2013年10月，中国国家主席习近平在印度尼西亚首次提出共建"21世纪海上丝绸之路"，中国和印度尼西亚双边关系提升至全面战略伙伴关系。投资已成为双边经贸合作的最大亮点。

据中国和印度尼西亚官方统计，2022 年中国对印度尼西亚直接投资达 45.5 亿美元，印尼对华投资 0.4 亿美元。中国是印度尼西亚第二大外资来源国，占当年印度尼西亚吸收外资总额的 16.7%，中国企业对印度尼西亚的投资涉及农业、矿冶、电力、房地产、制造业、产业园区、数字经济和金融保险等广泛领域，2022 年，中国企业在印尼新签工程承包合同额 142.5 亿美元，完成营业额 68.4 亿美元。遍布印度尼西亚各大主要岛屿，产能合作取得显著成效。

关键名词或概念

1. 六大经济走廊（Economic Corridors）
2. 全球海洋支点
3. 中国—印度尼西亚经贸合作区

思考题

1. 印度尼西亚的国家环境特色是什么？

2. 印度尼西亚贸易投资环境的有利因素和不利因素是什么？

3. 印度尼西亚与中国经贸合作现况与成果是什么？

4. 印度尼西亚的经济特区建设主要成果体现在哪些方面？有何影响？

第十二章

菲律宾

◀ ◀ ◀

本章导读

本章首先简单介绍菲律宾的基本情况，然后介绍菲律宾的经济发展现况、贸易投资现况以及中菲经贸发展进程，使读者在学习的过程中，能广泛地、由浅到深地了解菲律宾总体的发展情况。

学习目标

1. 了解菲律宾的政治经济情况。

2. 基本了解菲律宾的人文、社会、政治环境。

3. 了解菲律宾的经济发展情况：①最新的经济概况；②天然资源；③基础设施现况；④产业概况。

4. 了解菲律宾贸易投资现况：①对外贸易投资现况；②对外贸易的法规和政策。

5. 了解中菲经贸发展进程：①中菲政经关系；②中菲经贸分析。

第一节　国家基本概况

菲律宾位于亚洲东南部，北隔巴士海峡与中国台湾省遥遥相对，南和西南隔苏拉威西海、巴拉巴克海峡与印度尼西亚、马来西亚相望，西濒南海，东临太平洋。总面积 29.97 万平方公里，共有大小岛屿 7 000 多个，其中吕宋岛、棉兰老岛、巴拉望岛、萨马岛等 11 个主要岛屿占全国总面积的 96%。海岸线长 18 533 公里。

14 世纪前后，菲律宾出现了由土著部落和马来族移民构成的一些割据王国，其中最著名的是 14 世纪 70 年代兴起的苏禄王国。1521 年，麦哲伦率领西班牙远征队到达菲律宾群岛。此后，西班牙侵占菲律宾，并统治这里 300 多年。1898 年 6 月 12 日，菲律宾起义军宣告脱离西班牙统治，成立菲律宾第一共和国。同年，美国依据与西班牙签订的《巴黎条约》对菲律宾实行殖民统治。1942—1945 年，菲律宾被日本占领，成立菲律宾第二共和国。1946 年 7 月 4 日，美国被迫同意菲律宾独立，组建菲律宾第三共和国。20 世纪 60 年代后期菲律宾采取开放政策，积极吸引外资，经济发展取得显著成效。

菲律宾基本情况见表 12-1。

表 12-1　菲律宾的基本情况

自然人文	
地理环境	菲律宾为群岛国家，由 7 000 多个岛屿组成，岛屿有名称者仅 2 800 余个，散布于北纬 5°~20°，东经 116°~127°，南北长 1 944 公里，东西宽 1 014 公里，海岸线长 18 533 公里，自然港口有 61 处
国土面积	国土总面积 29.97 万平方公里
气候	菲律宾群岛地处热带，全年气候炎热、雨量充沛，每年仅有干湿两季
种族	菲国有许多种族，具有多元性的语言、宗教、文化。其中 80% 为马来族，其余为山地民族、华族及西班牙族等，华人约有 141 万人，占全国人口的 1.3%
人口结构	约 1.11 亿人（2023 年）
教育普及程度	识字率 96.5%
语言	英语及菲律宾语（Tagalog）为官方语言，另有 180 余种方言
宗教	罗马天主教、新教、伊斯兰教、基督教、佛教；北部以天主教占绝大多数，穆斯林则多居于南部，如民答那峨
首都及重要城市	首都马尼拉市，其他重要城市有碧瑶、宿雾、纳卯
政治体制	行政、立法、司法三权分立之总统制
投资主管机关	贸工部投资署（Board of Investment，BOI）、贸工部菲律宾经济特区管理署（Philippine Economic Zone Authority，PEZA）、克拉克开发公司（Clark Development Corporation，CDC）、苏比克湾管理局（Subic Bay Metropolitan authority，SBMA）、Cagayan 经济特区管理署（吕宋岛北部）、Aurora 经济特区管理署（吕宋岛中部）、Zamboanga 经济特区管理署（民答那峨岛西南部）
经济概况	
币制	PESO（菲律宾比索），1 美元≈58 比索
国内生产总值	4 371.5 亿美元（2023 年）
人均国内生产总值	3 725.6 美元（2023 年）
外汇存底	1 025 亿美元（2023 年）
贸易总额	1 998.3 亿美元（2023 年）
出口总金额	736.2 亿美元（2023 年）

续表

经济概况	
主要出口产品	电子产品、其他矿产品、其他制成品、飞机船舶使用之点火线组、机械及运输设备、椰子油、精铜之阴极及阴极截面、化学品、金属零件以及电子设备及零件等
主要出口国家	美国、日本、中国、新加坡、泰国、韩国、荷兰及德国
进口总金额	1 262.1 亿美元（2023 年）
主要进口产品	电子产品、矿物燃料、润滑剂与相关材料、运输设备、工业机械与设备、钢铁、其他食品与牲畜、谷物及谷物制品、杂项制品、通信设备与电机以及初级与非初级形式之塑料
主要进口国家	中国、印度尼西亚、日本、韩国、美国、新加坡、泰国、马来西亚及越南

资料来源：根据中国外交部与商务部官网及菲律宾国家网站相关材料自行整理。

一、人文及社会环境

（一）人口数及结构

根据世界银行数据，菲律宾总人口为 1.17 亿，为全球第十三大人口大国。人口增长率近年来降低至 1.3%。吕宋岛的人口占该国人口的一半以上（56.9%），然后是棉兰老岛（23.9%）和米沙鄢群岛（19.2%）。

菲律宾设有首都地区、科迪勒拉行政区、棉兰老穆斯林自治区等 18 个地区，下设 81 个省和 117 个市，首都为马尼拉。由于地区发展差异，菲律宾人口分布很不平衡，马尼拉的人口密度高达 4.8 万人/平方公里，吕宋岛北部的一些省每平方公里仅有十人左右。城市人口占总人口的 51.2%。在 33 个高度城市化的城市中，奎松市（294 万人），马尼拉市（178 万人），达沃市（163 万人）和加洛奥坎市（158 万人）在人口规模方面居于前列。

（二）民族

在所有南岛裔的菲律宾人中，约有 8% 是部落民族。菲律宾的原住民称为阿埃塔人，他们是安达曼群岛人的后裔，现在只占总人口的 0.003%。

重要的外国少数民族有华人、美国人和南亚人。还有西班牙人、韩国人、日本人、印度尼西亚人和阿拉伯人。据不完全统计，居住在菲律宾的华侨华人约有 250 万，占总人口的 2%~3%。

（三）语言

根据不同的分类方法，菲律宾大约有 120~187 种语言和方言。1987 年的宪法将菲律宾语指定为国家语言，并将英语作为官方语言。虽然菲律宾语用于全国各种语言群体的交流，并且在流行文化中使用，但政府主要使用英语。英语在菲律宾较普及，凡上过学的菲律宾人均会说英语，菲律宾自称为"世界第三大英语国家"。

（四）宗教

菲律宾80%的人口信奉罗马天主教，6%信奉伊斯兰教，少数人信奉独立教和基督教新教，华人多信奉佛教，原住民多信奉原始宗教。天主教对菲律宾社会有巨大影响，在菲律宾1986年和2001年的重大政治事件中，天主教势力都发挥了重要作用。

（五）国民教育水平

菲律宾教育系统由三个政府部门管理。基础教育方面，教育部（DepEd）制定总体标准，并规定了K-12基础教育系统的标准化考试，私立学校可根据现行法律和部门规定自由确定课程。高等教育方面，高等教育委员会（CHED）监督和管理学院和大学。技术教育和技能发展局（TESDA）管理和认证技术和职业教育计划和机构。

根据法律，菲律宾实行十三年义务教育（幼儿园1年和小、中学1～12年级）。政府重视教育，鼓励私人办学，为私立学校提供长期低息贷款，并免征财产税。初、中等教育以政府办学为主。全国共有小学50 483所，小学入学率达91.05%；中学14 217所，中学入学率为68.15%；高等教育机构1 599所，主要由私人控制，在校生约244万人。著名高等院校有菲律宾大学、德拉萨大学、雅典耀大学、东方大学、菲律宾远东大学、圣托马斯大学等。

（六）首都及重要城市概况

菲律宾首府（National Capital Region）为大马尼拉都会区（Metro Manila），包括马尼拉市（Manila）、奎松市（Quezon）、马卡迪市（Makati）、巴赛市（Pasay）、加洛干市（Caloocan）、巴石市（Pasig）、巴拉那戈（Paranaque）及曼达鲁永市（Mandaluyong）等16个市及1个镇；人口约1 200万。

其他主要城市有宿雾（Cebu）、纳卯（Davao）、怡朗（Iloilo）、碧瑶（Baguio）及三宝颜（Zamboanga）等。由于人口增长就业压力日增，已严重影响经济发展。

（七）投资吸引力

1. 竞争优势

菲律宾最大的优势是拥有数量众多、廉价、受过教育、懂英语的劳动力，吸引了大量西方公司把业务转移到菲律宾。据联合国最新统计，菲律宾居民识字率达到97.75%，居东南亚国家首位，在亚洲地区名列前茅。

2. 竞争劣势

菲律宾社会治安不稳定、基础设施有待改善、法制改革进展缓慢。经济发展急需的各项改革，常在国会争论不休；基础设施建设滞后，特别是电力短缺、价格高昂，成为潜在的外国投资者关注的主要问题。

二、政治环境

（一）政治体制

1. 政体

1946 年菲律宾独立后颁行宪法，其后历经变革，目前菲国宪法系 1987 年所制定。菲律宾实行行政、立法、司法三权分立之总统制，总统、副总统直接由民选产生；总统为国家元首、行政首长及三军统帅，任期 6 年，不得连任。立法部门系设有参议院与众议院之两院制国会。

2. 宪法

菲律宾独立后共颁布过三部宪法。现行宪法于 1987 年 2 月由全民投票通过。该宪法规定国家为行政、立法、司法三权分立政体；实行总统制，总统是国家元首、政府首脑兼武装部队总司令。总统拥有行政权，由选民直接选举产生，任期 6 年，不得连任，总统无权实施《戒严法》，无权解散国会，不得任意拘捕反对派；但禁止军人干预政治，保障人权，取缔个人独裁统治，进行土地改革。

3. 总统

2016 年 5 月 30 日，菲律宾国会参众两院召开联席会议，宣布罗德里戈·杜特尔特当选为菲律宾新一届总统，罗德里戈·杜特尔特于 6 月 30 日宣誓就职，成为菲律宾第 16 任总统。2022 年 6 月 30 日费迪南德·罗慕尔德兹·马科斯（Ferdinand Romualdez Marcos Jr）宣誓就职菲律宾第 17 任总统，其曾任菲律宾参议院议员、菲律宾众议院议员、北伊罗戈省省长等职务。莎拉·杜特尔特—卡皮奥（Sara Duterte-Carpio）为现任菲律宾副总统（第 17 任）兼教育部部长，是菲律宾史上第三位女副总统，曾两次担任达沃市市长，是菲律宾第 16 任总统罗德里戈·杜特尔特之长女。

（二）立法部门

菲律宾国会为最高立法机构，由参、众两院组成。参议院由 24 名议员组成，由全国直接选举产生，每届任期 6 年，每 3 年改选 1/2 的议员，参议员可连任两届。众议院由 250 名议员组成，其中 200 名由各省、市按人口比例分配，从全国各选区选出；25 名由参选获胜政党委派，另外 25 名由总统任命。众议员每届任期 3 年，可连任 3 届。最高司法机关为高等法院，下设 14 个分院，首席大法官及院长均由总统根据法律委员会提名任命，但独立行使司法权。本届国会于 2022 年 7 月选举产生。现任参议长埃斯库德罗，众议长罗穆尔德兹。

（三）司法机构

最高法院和依法设立的上诉法院、地方法院、廉政法院及伊斯兰教法院为具有司法权的国家司法机构。最高法院由 1 位首席法官及 14 位大法官组成，由总统委任。在最高法院指导下，另设有"司法及律师理事会"，以首席法官为主席，理事会成员任期 4 年，由总统委任。现任首席大法官亚历山大·詹斯蒙多（Alexander G. Gesmundo）。检察工作由司法部检察长办公室负责，总检察长梅纳多·格瓦拉（Menardo Guevarra）。

（四）政党

菲律宾有 100 余个政党。

1. 菲律宾民主人民力量党

简称 PDP-Laban，执政党。1982 年成立。主张以民族民主主义为基础，推动建立公正、民主、民生的理想社会。在 2019 年中期选举后在参议院有 5 席，在众议院有 82 席。党主席是杜特尔特总统，总裁是参议员皮门特尔三世。2024 年 4 月，改名为菲律宾民主党。

2. 国民党

简称 NP，1907 年成立。信奉民族主义和新自由主义，主张市场经济和自由贸易。目前是执政联盟成员。党中央理事会主席是参议员辛西娅·维拉，党总裁是曼尼·维拉。

3. 民族主义人民联盟

简称 NPC，1991 年成立。该党支持修改宪法，主张实行议会制政体，倾向于实行两党制，支持加快国有企业私有化。目前是执政联盟成员。党总裁是阿格鲍。

4. 基督教穆斯林民主力量党

简称 LAKAS-CMD，1991 年成立。主张修宪改革选举制度，重视农业发展，奉行开放政策。目前是执政联盟成员。党主席是参议员里维拉，党总裁是众议院多数派领袖罗穆尔德兹。

5. 菲律宾联邦党

简称 PFP，成立于 2018 年，主要成员来自支持杜特尔特参加 2016 年总统竞选的组织。2022 年大选中，该党宣布支持马科斯和莎拉组合。目前党主席为现任总统马科斯。

（五）外交关系

1. 对外政策

奉行独立自主的外交政策，已同 126 个国家建交。对外政策目标是：确保国家安全、主权和领土完整；推动社会发展，保持菲律宾在全球的竞争力；保障菲律宾海外公民权益；提升菲律宾国际形象；与各国发展互利关系。

2. 同美国的关系

出于历史原因和美国的地位，菲律宾将美国视为经济、军事、政治上最密切的盟国。两国于 1951 年签订了共同防御条约和共同防御援助协议。在越南战争、海湾战争、科索沃战争、阿富汗战争、伊拉克战争等一系列战争中，菲律宾政府全力支持美国军事行动。

3. 同日本的关系

1956 年 7 月两国建交。菲律宾重视与日本的关系，积极与日本开展经济合作，支持日本在国际事务中发挥与其经济影响相称的政治作用。日本是菲律宾最大援助来源国和最大出口目的地。

第二节 经济发展现况

世界经济论坛《2019 年全球竞争力报告》显示，菲律宾在 141 个国家和地区排名中居第 64 位。世界银行《2020 年营商环境报告》显示，在 190 个经济体中，菲律宾营商环境便利度排名第 95 位，分值为 62.8。

一、经济概况

1. 经济增长率

近年来，菲律宾宏观经济发展较为稳定，经济增长率基本保持在 6% 以上。2020年，受新冠疫情影响，经济实际增长率大幅下降到-9.6%，人均 GDP 增长率大幅下降到-10.8%。2021 年，随着服务业的全面复苏，菲律宾经济总量（GDP）为 3 936 亿美元，经济实际增长率恢复至 5.6%，人均 GDP 为 3 570 美元。（见表 12-2）。

表 12-2 2017—2021 年菲律宾经济增长情况

年份	经济总量（GDP）（现价，亿美元）	经济增长率（%）	人均 GDP（美元）
2017	3 285	6.7	2 989
2018	3 468	6.2	3 104
2019	3 768	5.9	3 319
2020	3 615	-9.6	3 323
2021	3 936	5.6	3 570

资料来源：菲律宾统计署（PSA）、菲律宾中央银行（BSP）、世界银行（WB）。

2. GDP 构成

近年来，菲律宾第一、第二、第三产业占 GDP 比重较为稳定。2017—2021 年，菲律宾第一产业占 GDP 比重约为 10%，第二产业约占 30%，第三产业约占 60%。其中，

2021 年第一、第二、第三产业占 GDP 比重分别为 10.1%、28.9%和 61.0%。2021 年全年，第一产业在非洲猪瘟和超强台风的影响下小幅下降 0.3%，第二、第三产业强劲反弹，分别增长 8.2%和 5.3%。

3. 财政收支

2021 年，菲律宾财政收入同比增长 5.24%至 3.01 万亿比绍，支出同比上升 10.06%至 4.68 万亿比绍；赤字 1.67 万亿比绍，赤字率达 8.61%，比 2020 年 1.37 万亿比绍的财政赤字扩大 21.78%，绝对值增加 2 987 亿比绍。截至 2023 年底，外汇储备为 1 025 亿美元。截至 2023 年 9 月，外债总额为 1 188 亿美元。

4. 外债

截至 2021 年 12 月 31 日，菲国家政府债务余额为 11.73 万亿比绍，相对 GDP 比率约 60.5%，较 2020 年提高 5.9 个百分点。

5. 通货膨胀

2021 年通胀率平均为 4.5%。2022 年 1—2 月，菲律宾通胀率降至 3%左右，但自 3 月起从 4.0%一路升至 9 月 6.9%的高位。

6. 失业率

2021 年，菲律宾经济逐渐复苏，失业情况有所好转，但仍不及疫情前水平，全年平均失业率为 7.8%，较 2020 年低 2.5 个百分点，失业人数达到 371 万；劳动参与率为 63.3%，较上年高 3.8 个百分点；总就业人数约 4 400 万；未完全就业（即现有工作但仍在寻找其他工作的人）率达 15.9%，较上年低 0.3 个百分点。

7. 主权债务评级

2021 年 4 月，国际评级机构标普对菲律宾主权信用评级从"BBB+"提升为"A-2"，展望稳定。2022 年 3 月，国际评级机构穆迪对菲律宾主权信用评级为"Baa2"，展望稳定。2022 年 2 月，国际评级机构惠誉对菲律宾主权信用评级为"BBB/F2"，展望稳定。

二、天然资源

根据菲律宾矿业和地质科学局数据，全国 30%的土地具有地质意义，但截至目前仅有 1.5%的土地获得采矿许可证。尽管菲律宾拥有丰富的自然资源，但政府正在限制开采。据估计，菲律宾金属矿产储量约为 215 亿吨，非金属矿产储量约为 193 亿吨。菲律宾主要矿藏有铜、金、银、铁、铬、镍等 20 余种，其中铜蕴藏量约 48 亿吨、镍 10.9 亿吨、金 1.36 亿吨。

全球约 11%的镍产量来自菲律宾，主要产自苏里高北部、达沃、巴拉望、隆布隆和萨马尔等地。在非金属矿床中，最丰富的是水泥、石灰和大理石等。

菲律宾拥有丰富的海洋资源。在该国发现的 2 400 种鱼类中，有 65 种具有良好的商业价值。其他海产品有珊瑚、珍珠、螃蟹和海藻等。

菲律宾地热资源丰富，预计有 20.9 亿桶原油标准的地热能源。巴拉望岛西北部海域初步探测的石油储量约为 3.5 亿桶。森林面积为 1 585 万公顷，覆盖率达 53%，有乌木、紫檀等名贵木材。境内野生植物有近万种，其中高等植物有 2 500 余种。

三、基础设施现况

菲律宾靠近东亚地理中心，是唯一能在 4 小时之内抵达东亚主要首都城市的国家。历史上，菲律宾一直是东南亚地区与全球贸易的枢纽之一。在西班牙统治时期，其与亚洲邻邦的易货贸易就已经十分活跃。与其他老东盟成员相比，菲律宾的基础设施比较落后。

（一）公路

据菲律宾公造部统计，截至 2021 年 10 月，菲律宾国家公路通行里程约 3.32 万公里。其中，混凝土公路占 65.24%，沥青公路占 33.42%，砂石路占 1.25%，土路占 0.09%。其中，路况良好的占 40.70%，路况一般的占 35.91%，路况不佳、较差的占 17.83%，另有 5.56% 的公路路况未作评估。菲律宾现运行中的高速公路有 16 条，总长度为 509.19 公里，占国道总里程比重为 1.5%。全国共有桥梁 8 496 座，总长 38.8 万延米，其中混凝土桥 6 988 座，总长 29.7 万延米，钢桥 1 532 座，总长 9 万延米，另有临时桥梁 26 座。

（二）铁路

菲律宾铁路主要集中于吕宋岛，现有运营铁路线约 76.9 公里。由于铁路设施远远无法满足交通需要，菲政府开始大力发展铁路建设，计划在吕宋岛和棉兰老岛新建南北铁路、棉兰老铁路等，以改善居民出行条件和满足货运需求。

（三）空运

菲律宾主要机场有首都马尼拉的尼诺·阿基诺国际机场、宿务市的麦克坦国际机场和达沃机场等。菲律宾与 30 多个国家（地区）签订了国际航运协议，每天或每周都有多个航班从马尼拉飞往亚洲国家和地区以及美国、欧洲与中东地区的主要城市。

（四）水运

菲律宾水运航线总长为 3 219 公里，共有 400 多个主要港口。大多数港口需要扩建和升级，以容纳大吨位轮船和货物。菲律宾的集装箱码头设施完善，能高速有效地处理货运。

（五）通信

菲律宾目前主要的固话运营商为菲律宾长途电话公司（PLDT）和环球电信公司（Globe）；移动通信运营商为 Globe、Smart（属于 PLDT）、DITO 电信公司（中国电信与本地电信公司共同投资设立）以及 NOW Telecom；宽带服务提供商除 PLDT 和 Globe 以外，还有 Converge ICT Solutions、Sky Cable 和 DITO 等。

（六）电力

2021 年，菲律宾全国电力总装机容量为 2 688 万千瓦。其中，煤电装机容量为 1 166.9 万千瓦，地热、风电等清洁能源发电装机容量为 791.2 万千瓦，以原油为基础的装机容量为 384.7 万千瓦，天然气发电装机容量为 345.2 万千瓦。可再生能源中，水电装机容量为 375.2 万千瓦，地热装机容量为 192.8 万千瓦，太阳能装机容量为 131.7 万千瓦，风能装机容量为 48.9 万千瓦。

四、产业概况

（一）产业结构

菲律宾三大产业分别为农林渔猎业、工业和服务业。2021 年，菲律宾三大产业增加值占 GDP 的比重分别为 10.1%、28.9% 和 61.0%。2022 年，农林渔猎业增长 0.5%、工业增长 6.7% 以及服务业增长 9.2%。需求面而言，家计单位消费增长 8.3%、政府支出增长 5%、资本形成（投资）增长 16.8%、出口增长 10.7% 及进口增长 13.1%。

（二）重点/特色产业

1. 农业

2021 年，菲律宾农林渔猎业产业增加值为 1.95 万亿比绍（现价），约占 GDP 的 10.1%。2021 年农业产量增长 2.2%，高于 2020 年 1.6% 的增幅。农作物中，稻谷和玉米产量分别增长 3.3% 和 2.2%，甘蔗、咖啡、橡胶、可可和烟草等产量继续保持增长，椰干、香蕉、杜果和菠萝等产量从 2020 年的下降趋势中恢复，但木薯、蕉麻和其他农作物（如洋葱、茄子）产量在 2021 年持续下跌，尚未从 2020 年的低迷中恢复。

2. 工业

2021 年，菲律宾工业增加值为 5.61 万亿比绍（现价），约占 GDP 的 28.9%。其中，制造业增加值为 3.42 万亿比绍（现价），约占 GDP 的 17.6%。菲制造业主要包括电子元器件生产、食品加工、化工产品制造等。

3. 旅游业

2021 年，菲律宾服务业增加值为 11.9 万亿比绍（现价），约占 GDP 的 61%。其中，批发零售和汽车修理行业增加值为 35 万亿比绍（现价），约占 GDP 的 18%。2021 年，菲律宾旅游业直接增加值为 1 万亿比绍，比 2020 年的 9 172 亿比绍增长 9.2%，对菲律宾经济的贡献约为 5.2%；旅游业就业人数约为 490 万，比 2020 年的 468 万人增长 4.6%。

第三节　贸易投资现况

　　菲律宾是 WTO、APEC 和东盟成员国，承诺推进区域自由贸易和到 2020 年消除贸易壁垒。与其他国家签署的主要有《东盟货物贸易协定》《菲律宾—日本经济伙伴协定》《菲律宾—欧洲自由贸易联盟自由贸易协定》，此外，菲律宾目前正与欧盟、韩国进行自由贸易协定谈判。

一、对外贸易投资现况

（一）贸易进出口总量

　　2021 年，菲律宾对外货物贸易总额为 1 924.2 亿美元，同比增长 24.1%。其中，出口额为 746.4 亿美元，同比增长 14.4%；进口额为 1 177.8 亿美元，同比增长 31.1%。2021 年，菲律宾服务贸易占 GDP 百分比为 13.47%。主要包括旅游及通信、电脑和信息服务、其他商业服务等产业。菲律宾与 150 个国家有贸易关系。据菲贸工部统计，2023 年菲律宾对外贸易额为 1 998.3 亿美元，其中出口 736.2 亿美元，进口 1 262.1 亿美元。

（二）贸易结构

　　主要出口商品为电子产品、机械及运输设备、交通工具零配件、医药产品、工业机器和设备、钢铁、杂项制成品等。主要进口商品为电子产品、矿物燃料和润滑油、运输设备、工业机械和设备、钢铁、混合制成品等。

（三）主要贸易伙伴

　　2021 年，菲律宾前十大贸易伙伴分别是中国大陆（内地）、美国、日本、韩国、中国香港、新加坡、印度尼西亚、泰国、中国台湾、马来西亚。除美国和中国香港以外，菲律宾对其他八个主要贸易伙伴均呈现贸易逆差。中国和菲律宾贸易额占菲对外贸易总额的 17.3%；中国是菲律宾最大逆差来源国，菲律宾对华贸易逆差占其逆差总额的 23.4%。

（四）吸引外资

　　根据菲律宾中央银行公布的数据，2021 年，菲律宾净吸收外国直接投资 105.2 亿美元，同比上升 54.2%；其股权投资主要来自新加坡、日本和美国。联合国贸发会议发布的《世界投资报告》（2022 版）显示，2021 年菲律宾吸收外国直接投资流量为 105.2 亿美元，截至 2021 年底，菲律宾吸收外国直接投资存量为 1 137.1 亿美元。

（五）双多边贸易现况

迄今，菲律宾已同近 40 个国家和地区签订了各类双边经贸协定。2008 年 10 月 8 日，菲律宾批准了《日菲经济伙伴关系协议》；2010 年 10 月 7 日，菲律宾与哈萨克斯坦签订双边《自由贸易协定》和《保护投资协定》；2012 年 7 月 11 日，菲律宾与欧盟签署《伙伴与合作协议》（PCA）。菲律宾已与 36 个国家签署了税务条约。这些条约旨在促进国际贸易和投资，避免双重征税，打击逃税。此外，作为东盟成员国，菲律宾除享受东盟国家间贸易优惠安排以外，还享受其他国家与东盟签订的有关贸易协定，例如《中国—东盟自由贸易协定》（最新升级版已于 2019 年起开始实施）等，享受大部分商品进出口的免关税待遇。

目前，欧盟给予菲律宾进口产品普惠制+（GSP+）待遇，超过 6000 种菲律宾进口商品可享受零关税待遇。此外，美国于 2018 年 3 月将对菲普惠制（GSP）关税优惠政策延长至 2020 年 12 月 31 日，涵盖 5 057 种商品。菲律宾优越的地理位置成为增强其辐射能力的重要因素。菲律宾地处亚太地理中心位置；作为群岛国家，菲律宾的海岸线较长，依港建设了数个出口导向的经济开发区，集装箱码头设施完善，能高速有效地处理货运，马尼拉港、宿务港贸易往来量均在亚洲地区名列前茅。

二、对外贸易的法规和政策

（一）贸易主管部门

贸工部（DTI）是菲律宾的外贸政策制定及管理部门，其前身为菲律宾商务部。贸工部的职责是，制定综合的工业发展战略和进出口政策；创造有利于产业发展和投资的环境；促进竞争和公平贸易；负责双边和多边投资贸易合作协定的谈判；支持中小企业发展，保护消费者权益。

（二）贸易法规体系

菲律宾是东盟的成员国，实行多边的、自由的、外向型的贸易政策，同时对国内幼稚产业进行适当保护。菲律宾政府对其贸易政策不断进行调整，并出台了一系列出口鼓励措施。

菲律宾管理进出口贸易的法律主要有《海关法》《出口发展法》《反倾销法》《反补贴法》和《保障措施法》等。

（三）贸易管理的相关规定

1. 进口商品管理

《菲律宾海关现代化和关税法》（CMTA）将进口商品分为四类：自由进口商品；管制进口商品；限制进口商品；禁止进口商品。

（1）禁止进口商品（CMTA 第 3 章第 118 节）：包含颠覆国家政权内容或违反菲律宾法律的印刷制品；用于非法堕胎的商品、工具、药物、广告印刷品等；包含不道德内容的印刷品或媒体制品；包含金、银等贵金属且未标明质量纯度的商品；违反本地法规的食品、药品；侵犯知识产权的商品；其他主管部门发布法律法规禁止进口的商品。

（2）限制进口商品（《CMTA》第 3 章第 119 节）：除非法律或法规授权，否则禁止进口的商品包含枪支弹药、爆炸物等武器；赌博用具；彩票和奖券；菲律宾总统宣布禁止的毒品、成瘾性药物及其衍生物；有毒有害危险品；其他受到限制的商品。

（3）管制进口商品（《CMTA》第 3 章第 117 节）：管制进口商品必须获得相应主管部门的许可证或授权才可进口，受管制的进口商品清单可以在菲律宾国家贸易资料库中查看。

（4）自由进口商品（《CMTA》第 3 章第 116 节）：除禁止进口商品、限制进口商品、管制进口商品以外的商品，除非法律法规另有规定，否则可自由进出菲律宾。

2. 出口商品管理

出口商品同样按照《菲律宾海关现代化和关税法》进行管理，菲律宾政府一般对出口贸易采取鼓励政策，主要包括简化出口手续并免征出口附加税，进口商品再出口可享受增值税退税、外汇资助和使用出口加工区的低成本设施等。出口产品可分为禁止出口商品、限制出口商品、管制出口商品、自由出口商品。

（四）进出口商品检验检疫

菲律宾是《关税与贸易总协议》东京回合中《技术贸易壁垒协议》的签约国。该技术协议要求政府机构在采用标准程序和建立争端解决审议程序时要公开，目的是确保政府机构遵守这些规定。菲律宾产品质量局是负责产品质量标准的机构，它通过质量管理认证来促进产品质量的提高，通过对进口商品粘贴合格标志来管理进口商品。适用的标准是 ISO9000 和 ISO14000。

（五）海关管理规章制度

2016 年 5 月 3 日，菲律宾颁布进出口管理法律《菲律宾海关现代化与关税法》（CMTA），进口关税税率由菲律宾关税委员会确定公布，出口关税的税率由海关总署确定，并由海关通过菲律宾中央银行征收。

（六）投资主管部门

贸工部是主管投资的职能部门，负责投资政策实施和协调、促进投资便利化。贸工部下设的投资署（BOI）、经济特区管理委员会（PEZA）负责投资政策包括外资政策的实施和管理。此外，菲律宾在苏比克、克拉克等地设立了自由港区或经济特区，并成立了相应的政府机构进行管理。

（七）经济特区

1. 法规

根据 7727 号共和国令（1992 年基地转化和发展法）等法令设有克拉克自由港、苏比克湾自由港、弗德克工业区、卡加延、三宝颜等独立经营的经济区。根据 7916 号共和国令（1995 年特殊经济区法），菲律宾建设了一系列单独关税区——特殊经济区（Special Economic Zone，SEZ），以改善投资环境、提供优惠政策，从而吸引本地和外国投资并创造就业机会。经济区管理署（PEZA）为此类经济区的监管机构。

2. 经济区种类

根据 PEZA 最新数据，菲律宾目前共有 379 个经济区，分为以下几类：

（1）工业园区。工业园区指为工业发展所设立的专门区域，拥有一定的基础设施，如道路、供水、排水系统、厂房和住宅。

（2）出口加工区。出口加工区是区域内出口导向型的工业园区。出口加工区的优惠政策包括进口设备、原材料和零部件的关税减免等。

（3）自由贸易区。自由贸易区设在交通枢纽附近，如海港或空港周边。进口的货物可以免交进口关税，并在此进行卸货、分类、重新包装等。如果这些货物进入菲律宾自由贸易区，则仍需缴纳关税。

（4）旅游经济区。旅游经济区指专门为旅游业发展而设立的经济特区，区域内适合建立旅游休闲设施，比如体育休闲中心、宾馆、文化和会议设施、餐饮中心等以及相应的基础设施。

（5）IT 园区或中心。IT 园区或中心指专门为 IT 项目或服务设立的区域，可以是一片区域或一栋建筑，其整体或部分具备为 IT 企业提供相应设施和服务的条件。

第四节　中菲经贸发展进程

一、中菲政经关系

中国和菲律宾于 1975 年 6 月 9 日建交。阿基诺执政期间，中菲关系跌入低谷。2016 年 10 月 18—21 日，菲律宾总统杜特尔特对中国进行国事访问，双方签署了《中华人民共和国与菲律宾共和国联合声明》，标志着中菲关系实现全面转圜，两国关系和各领域合作进入全新的发展阶段。2017 年 3 月 16—19 日，时任国务院副总理汪洋对菲律宾进行正式访问。

2017 年 5 月 15 日，杜特尔特总统来华出席"一带一路"国际合作高峰论坛，中国国家主席习近平和时任国务院总理李克强分别与杜特尔特会谈。5 月 19 日，时任国务院总理李克强会见菲律宾众议长阿尔瓦雷兹。2017 年 7 月 25 日，菲律宾总统杜特尔特在马尼拉会见外交部部长王毅。2017 年 11 月 11 日，国家主席习近平在越南岘港会见菲律宾总统杜特尔特。2017 年 11 月 13—16 日，时任国务院总理李克强赴马尼拉出席东亚合作领导人系列会议，并对菲律宾进行正式访问。

2018 年 4 月 10 日，中国国家主席习近平在海南省会见了参加"博鳌亚洲论坛"的菲律宾总统杜特尔特。2018 年 11 月 20—21 日，中国国家主席习近平对菲律宾进行国事访问。2019 年 4 月 25 日，中国国家主席习近平在第二届"一带一路"国际合作高峰论坛期间会见杜特尔特总统。2019 年 8 月 29 日，杜特尔特总统访华，中国国家主席习近平在钓鱼台国宾馆会见杜特尔特总统。2019 年 10 月，时任国务院副总理胡春华访问菲律宾并与杜特尔特总统会见。2020 年 3 月，国务委员兼外长王毅同菲律宾外长洛钦通话，就抗疫合作交换意见。应中华人民共和国主席习近平邀请，菲律宾共和国总统费迪南德·罗慕尔德兹·马科斯于 2023 年 1 月 3 日至 5 日对中国进行国事访问。在新年伊始，此次访问展示了马科斯总统对中国和中国人民的真挚友好情谊，以及对中菲关系未来发展的坚定信心。

二、中菲经贸分析

1975 年 6 月 9 日，中菲两国在建立正式外交关系之际，签署了第一个政府间贸易协议，之后又签署了双边投资保护协议和避免双重征税协议。2005 年 4 月两国政府签署了《促进贸易和投资合作的谅解备忘录》。2006 年 6 月签署了《关于扩大和深化双边经济贸易合作的框架协议》。2017 年 3 月双方签署《中菲经贸合作六年发展规划》。

（一）双边贸易

中菲经贸合作发展较快，1975 年中菲建交时双边贸易额只有 7 200 万美元。近年来，两国贸易保持了快速增长势头。据中国海关数据统计，2022 年中国与菲律宾双边货物进出口额为 877.26 亿美元，相比 2021 年增长了 56.74 亿美元，增长 7.1%。2022 年中国对菲律宾出口商品总值为 646.79 亿美元，相比 2021 年增长了 73.65 亿美元，增长 13.2%；中国自菲律宾进口商品总值为 230.46 亿美元，相比 2021 年减少了 16.92 亿美元，下降 6.9%。2015—2021 年情况见表 12-3。2023 年，中菲双边贸易额 719 亿美元。其中中国出口额 524.1 亿美元，进口额 194.9 亿美元。2023 年，中国对菲全行业投资 1.7 亿美元。中国是菲律宾第一大贸易伙伴、第一大进口来源地、第二大出口市场。

表 12-3 2015—2021 年中菲贸易统计

（单位：亿美元）

年份	进出口总额	中国出口额	中国进口额	中方贸易差
2015	456.5	266.7	7189.8	76.9
2016	472.1	298.4	173.7	124.6
2017	512.7	320.4	192.3	128.1
2018	556.7	350.6	206.1	144.5
2019	609.5	407.5	202.0	205.5
2020	611.5	418.4	193.1	225.3
2021	820.5	573.1	247.4	325.7

资料来源：中国海关统计。

据中国海关统计，近年来，中国对菲律宾出口商品主要包括：电机、电气设备及其零件；声音的录制和重放设备及其零件、附件；锅炉、机器、机械器具及其零件；矿物燃料、矿物油及其蒸馏产品；沥青物质；矿物蜡；钢铁；针织或钩编的服装及衣着附件。据中国海关统计，近年来，中国从菲律宾进口商品主要包括：电机、电气设备及其零件；声音的录制和重放设备及其零件、附件；锅炉、机器、机械器具及其零件；锅炉、机器、机械器具及其零件；食用水果及坚果；柑橘属水果或甜瓜的果皮；铜及其制品。

（二）双向投资

世界银行《2020 年营商环境报告》显示，在 190 个经济体中，菲律宾营商环境便利度排名第 95 位，分值为 62.8/100。根据瑞士洛桑国际管理发展学院（IMD）发布的《2021 年世界竞争力报告》，菲律宾基础设施全球排名第 59 位，低于其第 52 位的综合排名。世界知识产权组织发布的《2022 年度全球创新指数》显示，在 132 个国家和地区中，菲律宾综合指数排名第 59 位。

1. 中国对菲投资

据中国商务部统计，2021 年中国对菲直接投资流量为 1.5 亿美元，截至 2021 年底，中国对菲直接投资存量为 8.8 亿美元。目前，中国在菲投资规模较大的项目包括国网公司参与菲律宾国家电网特许经营权（中外方股比 40%：60%）、中国电信参与菲第三家电信运营商（中外方股比 40%：60%）、攀华集团投资综合性钢厂项目（中方独资）等。

2. 菲律宾对华投资

2021 年菲律宾对华实际投资 941 万美元；截至 2021 年底，菲律宾累计在华投资 34.1 亿美元。菲律宾在华投资规模较大的企业包括 SM 集团、上好佳集团、快乐蜂集团、GT 集团等。

3. 承包劳务

据中国商务部统计，2021 年中国企业在菲律宾新签承包工程合同 545 份，新签承包工程合同额 111.1 亿美元，同比增长 15.7%；完成营业额 32.5 亿美元，同比增长 15.7%；期末各类在外劳务人员 2 974 人。

本章小结

菲律宾共和国（他加禄语：Republika ng Pilipinas），简称菲律宾，是东南亚一个多民族群岛国家，面积 29.97 万平方公里，人口 1.17 亿。菲律宾人的祖先是亚洲大陆的移民，14 世纪前后建立了海上强国苏禄王国。1565 年，西班牙侵占并统治菲律宾 300 多年。1898 年被美国占领。1942 年被日本占领。"二战"后重新沦为美国殖民地。1946 年，菲律宾独立。主要分为吕宋、米沙鄢和棉兰老三大岛群，共有大小岛屿 7 000 多个。

2019 年，菲律宾总统杜特尔特两次访华，胡春华副总理正式访问菲律宾，中菲关系保持稳步向好发展态势，双边经贸合作再上新台阶。中菲在教育、科技、文化、军事等领域签有合作协定或备忘录。2023 年 1 月，中国将菲律宾列入首批恢复中国公民出境团队旅游试点国家名单。新华社在马尼拉设有分社，中央广播电视总台国际频道在菲落地。

关键名词或概念

1. 国家经济发展署（NEDA）"2017—2022 菲律宾发展计划"

2. 2017 年投资优先计划（IPP）

3. 社会经济议程

思考题

1. 菲律宾的国家环境特色是什么？

2. 菲律宾贸易投资环境的有利因素和不利因素是什么？

3. 菲律宾与中国经贸合作现况与成果是什么？

4. 菲律宾的经济特区建设主要成果体现在哪些方面？有何影响？

第十三章

文 莱

◀◀◀

本章导读

本章首先简单介绍文莱的基本情况，然后介绍文莱的经济发展现况、贸易投资现况以及中文经贸发展进程，使读者在学习的过程中，能广泛地、由浅到深地了解文莱总体的发展情况。

学习目标

1. 了解文莱的政治经济情况。
2. 基本了解文莱的人文、社会、政治环境。
3. 了解文莱的经济发展情况：①最新的经济概况；②天然资源；③基础设施现况；④产业概况。
4. 了解文莱贸易投资现况：①对外贸易投资现况；②对外贸易的法规和政策。
5. 了解中文经贸发展进程：①中文政经关系；②中文经贸分析。

第一节　国家基本概况

文莱全称文莱达鲁萨兰国，意为"生活在和平之邦的海上贸易者"，自古由土著人酋长统治。14 世纪中叶伊斯兰教传入，建立苏丹国。16 世纪初期国力鼎盛，成为东南亚地区商贸和伊斯兰教中心。从 16 世纪中叶起，葡萄牙、西班牙、荷兰、英国等西方殖民主义国家相继侵入，文莱逐步衰落。1888 年文莱沦为英国的"保护国"。1941 年被日本占领。1959 年，文莱与英国签订协定，规定国防、治安和外交事务由英国管理，其他事务由文莱苏丹政府管理。1971年，文莱与英国重新签约，规定除外交事务和部分国防事务以外，文莱恢复行使其他所有内部自治权。1978年，文莱苏丹（即"文莱国家元首"）赴伦敦就主权独立问题同英国政府谈判，并缔结了友好合作条约。根据条约，英国于1984年1月1日放弃了其掌握的文莱外交和国防权力，文莱宣布完全独立。同年2月23日，文莱在斯里巴加湾市举行独立庆典，并将这一天定为国庆日。

独立以后，苏丹政府大力推行"马来伊斯兰君主制"（MIB），巩固王室统治，重点扶持马来族经济，在进行现代化建设的同时严格维护伊斯兰教义。

文莱基本情况见表13-1。

表13-1　文莱的基本概况

自然人文	
地理环境	位于马来群岛中最大岛屿婆罗洲（Borneo）西北角，加里曼丹岛西北部，北邻南海，余与马来西亚沙捞越州接壤
国土面积	5 765平方公里
气候	热带雨林气候，平均温度23~32℃
种族	马来人、华人及其他
人口结构	45万人（2023年）
教育普及程度	各级教育免费制度
语言	马来文、中文
宗教	伊斯兰教（官方）、佛教及天主教
首都及重要城市	斯里巴加湾市（Bandar Seri Begawan）
政治体制	君主政治
投资主管机关	文莱经济发展局（Brunei Economic Development Board）
经济概况	
币制	文莱元（和新加坡元币值相同，1美元≈1.33文莱元）
GDP	约173.4亿美元（2022年）
人均国民总收入	38 935美元（2022年）
外汇存底	58.63亿美元（2022年）
贸易总额	168.43亿文莱元（约125.16亿美元）（2022年）
出口总金额	144.15亿美元（2022年）
主要出口产品	矿物燃料（79.85%）、化学制品（17.75%）、机械及运输设备（1.03%）（2022年）
主要出口国家	日本（占总出口额30%），其他依次为澳大利亚（22.3%）、新加坡（13.6%）、中国（9.6%）、韩国（4.9%）及马来西亚（4.9%）（2022年）
进口总金额	96.15亿美元（2022年）

续表

经济概况	
主要进口产品	矿物燃料（68.15%）、机械及运输设备（10.83%）、工业制成品（4.47%）、食品（6.16%）及化学品（5.36%）（2022年）
主要进口国家	马来西亚（22.7%）、中国（17.3%）、阿拉伯联合酋长国（14.5%）、沙特阿拉伯（14%）、澳大利亚（9.4%）、新加坡（4.4%）及美国（3.9%）（2022年）

资料来源：根据外交部、商务部和文莱国家网站相关材料自行整理。

一、人文及社会环境

（一）人口数及结构

根据文莱经济规划统计局数据，2021年文莱总人口为43万。其中，男性22.61万人，女性20.34万人；文莱人及永久居民35.33万人，暂住居民7.67万人；0～14岁8.81万人，15～64岁31.47万人，65岁及以上人员2.72万人。2021年文莱人口主要集中在文莱—摩拉区（Brunei-Muara），有31.08万人，占总人口的72.28%；马来奕区（Belait）6.22万人，占14.48%；都东区（Tutong）4.76万人，占11.07%；淡布隆区（Temburong）0.94万人，占2.18%。

（二）民族

文莱主要民族为马来人，2020年文莱马来人为29.84万，占65.7%。文莱马来人（Brunei Malay）、都东人（Tutong）、克达岩人（Kedayan）、马来奕人（Balait）、比沙雅人（Bisaya）、姆鲁人（Murut）、杜顺人（Dusun），亦称七大土著。其他土著人包括伊班族（Iban）、达雅族（Dayak）、格拉比族（Kelabit）。华人有4.64万，占总人口的10.2%，为文莱第二大民族。其他土著人和外籍人口为10.88万，占24.0%。

（三）语言

文莱国语是马来语，通用语为英语。同时，还使用在加威文（用阿拉伯文书写的马来文）。文莱华人除用英文和马来语以外，还讲闽南语、广东话，绝大多数华人能讲普通话（当地人称为华语）。

（四）宗教

伊斯兰教是其国教。文莱马来人皆信仰伊斯兰教，属逊尼派。伊斯兰教徒占人口的67%，佛教徒占10%，基督教徒占9%，其他信仰还有道教等。文莱为伊斯兰教国家，具有较独特的宗教文化和风俗习惯。

（四）国民教育水平

文莱政府重视教育，政府向 5 岁以上的公民提供免费教育直至大学，无公民权的文莱常住居民的子女上政府学校也只需象征性付费。2020 年，文莱 10 周岁及以上人口识字率为 97.3%，其中男性识字率 98.2%，女性 96.2%。文莱学校分为政府学校和非政府学校。政府学校除宗教学校、阿拉伯文学校、农业培训中心、艺术与手工艺培训中心等专门学校以外，均由教育部管理，包括幼儿园、小学、中学、高等学校、成人教育和职业技术学校。非政府学校由民间团体管理，受教育部监督。2020 年，文莱拥有 257 所学校，14.07 万名在校学生，1.13 万名教师。全国共有 18 个公共图书馆，分布在 4 个区。文化青年体育部计划在 2024 年建成国家图书馆。

（五）首都及重要城市概况

文莱分为 4 个区：文莱—穆阿拉（Brunei-Muara）、马来奕（Belait）、都东（Tutong）、淡布隆（Temburong）。区长和乡长由政府任命，村长由村民民主选举产生。各区设区长分别负责区内的日常行政事务，由内政部办公室统筹管理。文莱—穆阿拉区（Brunei-Muara District）面积 570 平方公里，人口 22.41 万，占总人口的 66.2%。此区由文莱首都斯里巴加湾市和穆阿拉区组成。该区是文莱人口最多的行政区，也是文莱政治、文化和商业中心。

二、政治环境

文莱实行"马来伊斯兰君主制"（MIB）三位一体的政治制度。其内涵为：国家维护马来语言、文化和风俗主体地位，在全国推行伊斯兰法律和价值观，王室地位至高无上。该制度将伊斯兰教确认为文莱国教，反对政教分离。

（一）政治体制

1. 宪法

1959 年 9 月 29 日，文莱颁布第一部宪法。国家独立后，宪法的基本条款继续生效，并于 1971 年、1984 年、2004 年和 2021 年进行重要修改。修宪后，"马来伊斯兰君主制"三位一体的政治制度进一步加强。2004 年通过的宪法修正案，内容涉及司法、宗教、民俗等多个方面，共 13 项内容，包括赋予苏丹无须经立法会同意而自行颁布紧急法令等权利；制定选举法令，让人民参选从政；增加立法会议员人数；伊斯兰教仍为国教，但人民有宗教信仰自由；仍以马来语作为官方语言，英语可作为法庭办案语言等。2021 年 9 月通过的宪法修正案对苏丹、代理苏丹的释义作出修改，明确皇室血脉的认定以父系为准，修订苏丹不在本国期间委任代理苏丹的条件以及苏丹不干涉法院裁决等。

2. 元首

文莱宪法规定，苏丹为国家元首，拥有最高行政权力和颁布法律的权力，同时也是宗教领袖。现任二十九世苏丹哈吉·哈桑纳尔·博尔基亚·穆伊扎丁·瓦达乌拉（Sultan Haji Hassanal Bolkianh Mu'izzaddin Waddaulah）1946 年 7 月出生，1961 年被封为王储，1967 年 10 月 5 日继位，兼任国防部长、财政与经济部长、外交部长、皇家武装部队最高统帅和皇家警察部队总督察，主导国内一切政治、经济、社会、文化及宗教事务，握有极大权力。

3. 政府

1988 年 12 月 1 日，苏丹宣布组成政府。按照宪法和三位一体政治制度的理念，由内阁部长会议和宗教、枢密、继承三个委员会组成，人员皆由苏丹任命，协助苏丹理政。1989 年 1 月、2005 年 5 月、2010 年 5 月、2015 年 10 月、2018 年 1 月、2022 年 6 月，苏丹多次对内阁进行改组。

（二）立法部门

1962 年曾举行选举。1970 年取消选举，议员改由苏丹任命。1984 年 2 月，苏丹宣布终止立法会，立法以苏丹圣训方式颁布。2004 年，苏丹宣布恢复立法会。2023 年 1 月，苏丹任命本届立法会议员。议长拉赫曼连任，议员包括苏丹、王储比拉等内阁成员、各区县代表及社会贤达共 34 人。

（三）司法机构

文莱司法机构以英国习惯法为基础建立起来，享有独立权。根据文莱与英国新的司法安排，从 1995 年 1 月 31 日起，文莱上诉庭取代英国枢密院成为刑事案件最终上诉庭，但民事案件仍可上诉到英国枢密院。文莱设有伊斯兰教法庭，专门审理穆斯林的宗教案件。现任伊斯兰法庭首席法官为哈吉·萨里姆。一般刑事案件在推事庭或中级法院审理，较严重的案件由高级法院审理。最高法院由上诉法院和高级法院组成，现任首席大法官为张惠安。文莱仍有死刑，但苏丹拥有赦免权。现任总检察长艾哈迈德（Haji Ahmad Pehin Dato Haji Isa）。

（四）政党

1985 年 5 月 30 日，苏丹宣布允许政党注册，随后出现了文莱国家民主党和文莱国家团结党。国家民主党是文莱独立后出现的第一个政党，因政见主张不同，于 1988 年 1 月被政府取缔。

文莱国家团结党（Brunei United National Party）于 1986 年 2 月从国家民主党脱离

而成，自称是多元民族政党，支持君主制，主张建立一个民主的马来伊斯兰君主国，要求恢复议会选举。现任党主席穆罕默德·哈塔。该党忠于苏丹王室统治，配合政府政策，必要时作为民间力量支持政府。该党是目前文莱唯一合法的政党，但它在社会上的影响不大，活动不多。严格来说文莱没有形成政党制度。

（五）外交关系

1. 对外关系

文莱外交政策的宗旨和目标是维护和促进文莱的国家利益，捍卫国家主权、独立和领土完整；促进国家繁荣和经济、社会发展；维护文莱的政治、文化和宗教认同；促进地区和世界和平、安全、稳定和繁荣。文莱对外奉行相互尊重国家领土完整、主权独立和尊严、大小国家一律平等、互不干涉内政、和平解决争端以及互利合作的原则。

截至2019年12月，文莱与170个国家建交，共设立对外派驻机构（大使馆、高级专员署和总领馆）44个，驻文莱外交使团30个。在沙特的吉达，马来西亚的沙巴、沙捞越及中国香港设有总领馆，在纽约联合国总部、日内瓦设有常驻代表团，在布鲁塞尔欧盟总部设有代表团，并向日内瓦世贸组织派有常驻代表。

2. 同东盟关系

文莱把与东盟国家的关系放在首位，视东盟为文莱外交政策的基石。文莱在1984年1月1日独立，于1月7日加入东盟，成为其第六个成员国。文莱认为东盟对文莱及本地区和平、稳定、繁荣发挥着重要作用。

3. 同亚太地区国家的关系

文莱重视发展同亚太地区国家，包括亚太经合组织各成员的合作。2005年，文莱以创始成员国身份加入"跨太平洋战略经济伙伴关系协定（TPP）"；2012年，作为创始成员国之一加入RCEP；2014年，作为创始成员国之一加入亚洲基础设施投资银行（AIIB）；2017年成为CPTPP的11个创始成员之一。

第二节　经济发展现况

文莱在本地市场规模、劳动力资源供应、产业配套能力以及社会工作效率等方面仍存在诸多不足，总体营商环境仍有待提高。在世界银行发布的《2020年全球营商环境报告》排名中，文莱在全球190个经济体中营商环境便利度排名第66位。

世界经济论坛《2019年全球竞争力报告》显示，文莱在全球最具竞争力的141个国家和地区中，排第56位。根据美国传统基金会和《华尔街日报》发布的2020年经济自由度指数，在全球186个经济体中，文莱的经济自由度排第61位，比上一年上升2位。

一、经济概况

1. 经济增长

2021 年，文莱 GDP 按不变价格计算为 190 亿文莱元（约合 146.2 亿美元），同比下降 1.6%。其中，农林渔猎业产值同比增长 16.9%，工业产值同比下降 4.2%，服务业产值同比增长 2.4%。此前，文莱经济连续 4 年正增长（见表 13-2）。

表 13-2　2015—2021 年文莱宏观经济数据

项目	2015	2016	2017	2018	2019	2020	2021
名义 GDP（按不变价格计算）（亿文莱元）	185.90	181.40	183.80	183.87	190.98	193.20	190.00
实际经济增速（%）	-0.5	-2.4	1.3	0.1	3.9	1.2	-1.6
人口（万人）	41.70	42.30	42.95	44.24	45.95	45.40	43.00
人均 GDP（万文莱元）	4.31	3.77	3.90	4.14	3.98	4.3	4.4
进出口总额（亿文莱元）	128.98	104.26	119.66	144.94	168.43	164.60	263.74

资料来源：文莱经济规划统计局。

2. 产业结构

2021 年，文莱农林渔猎业、工业和服务业占 GDP 比重分别为 1.0%、61.4%、37.6%。油气产业是文莱经济支柱，2021 年其在 GDP 中的比重占比为 50.9%。非油气产业主要有政府服务、金融、批发与零售、房地产、教育等服务业以及建筑业，2021 年非油气产业在 GDP 中占比为 49.1%，较上年下降 3.5 个百分点。

3. 储备

根据文莱战略政策研究中心数据，2021 年文莱总储备（包括黄金）为 58.6 亿文莱元。

4. 债务情况

文莱无外债。文莱政府自 2006 年 4 月 6 日首次发行短期伊斯兰债券，已累计发行 153.3 亿文莱元。截至 2022 年 4 月 14 日，债券余额约为 2.8 亿文莱元。

5. 财政收支

文莱曾长期保持财政盈余。但从 2014/2015 财年开始，受原油价格波动影响，财政收入大幅缩减，连年出现财政赤字。根据 2022 年 2 月通过的财政预算，2022/2023 财年，文莱财政预算收入 31.7 亿文莱元，预算支出 57 亿文莱元，财政赤字为 25.3 亿文莱元。

二、天然资源

文莱位于加里曼丹岛西北部，北濒南海，东南西三面与马来西亚的沙捞越州接壤，两国陆地边界线长 381 公里，被沙捞越州的林梦地区分隔为不相连的东西两部分。文莱国土面积为 5 769 平方公里。海岸线长约为 162 公里，共有 33 个岛屿，东部地势较高，西部多沼泽地。文莱最高山峰是巴贡山，海拔 1 841 米。四大河流为文莱河、都东河、马来奕河和淡布隆河，其中文莱河、淡布隆河交汇入文莱湾，与南海汇成一体。

文莱油气资源丰富。根据 2019 年《BP 世界能源统计年鉴》，截至 2018 年底，文莱已探明石油储量为 11 亿桶，占全球总储量的 0.1%，2018 年文莱石油日产量为 11.2 万桶；天然气储量为 3000 亿立方米，占全球总储量的 0.1%。除石油以外，其他矿产资源较少。文莱林业资源丰富，森林覆盖率达 70% 以上，86% 的森林保护区为原始森林；有 11 个森林保护区，面积为 2277 平方公里，占国土面积的 39%。

三、基础设施现况

（一）公路

截至 2020 年底，文莱公路总长 3 713.6 公里。2016 年 6 月，中国公司在文莱承建的特里塞—鲁木高速公路建成通车，全长 18.6 公里。贯穿文莱 2/3 的陆地，长 135 公里的摩拉—都东—马来奕高速公路联结首都斯里巴加湾市、石油城诗里亚和马来奕区。2018 年 5 月，由中国公司承建的大摩拉岛大桥通车。2019 年 11 月，由中韩公司合作建设的淡布隆大桥竣工，2020 年 3 月 17 日正式通车。该桥总长约 30 公里，为东南亚最长的跨海大桥，将淡布隆区和文莱摩拉区的车程由 2 小时缩短至约 15 分钟。2020 年 7 月正式命名为苏丹赛福鼎大桥。文莱主要居民点之间都有现代化道路网连通，是世界上拥有私车比例较高国家之一。文莱公共交通不发达。文莱和马来西亚沙巴和沙捞越均有公路连接，但尚未建成跨国高速公路。

（二）空运

文莱国际机场于 1974 年建成，有 2 条跑道，新冠疫情前每周有多个航班直达东盟、澳大利亚、中东、欧洲、中国等国家和地区的 17 个城市。此外，还与其他国家的航空公司开通了代码共享航线。文莱皇家航空公司（Royal Brunei Airlines，RBA）创建于 1974 年，截至 2021 年 3 月，RBA 拥有 5 架波音 787、7 架空客 A320Neo 和 2 架空客 A320。

（三）铁路

文莱国内目前并未铺设铁路。

（四）水运

水运是文莱重要的交通方式。文莱的海港包括：（1）摩拉港。占地 24 公顷，码头长 861 米，泊位 4 个，吃水深度 12.5 米。其中，通用码头长 611 米，3 个泊位；集装箱码头长 250 米，1 个泊位。2021 年，摩拉港到港船只 942 艘，集装箱吞吐量为 11 万标准箱，通用码头货物吞吐量为 39.6 万吨，完成营业额折合人民币 1.2 亿元。（2）马来奕港。可停靠 2 条船，有 744 平方米的货仓，1 837 平方米的露天存货场。（3）油气专用港口。分别位于诗里亚和卢穆特，主要用于石油与天然气出口。（4）斯里巴加湾市有 93 米长的商业码头、141 米长的海军和政府船舶使用泊位和 40 米长的旅客码头。

文莱海运主要目的地有新加坡、中国香港、吉隆坡和马尼拉等周边港口。2021 年海运货物吞吐量为 129.76 万吨，其中到港货物 111.55 万吨，离港货物 18.21 万吨。文莱境内还有 4 条内河，发挥一定的货运与客运作用。

（五）通信

文莱已基本完成对全国固定电话网络的改造，全面使用由中国华为公司提供的"下一代网络（NGN）"服务，可与 160 多个国家和地区进行直通电话和数据交换服务。据 Ookla 统计，文莱无线网络下载速率于 2021 年底超越新加坡，位列东盟国家第一；2022 年 5 月全球排名跃居前 20 位，平均下载速率约 70M 每秒。2022 年，文莱政府计划建设商用 5G 网络，其大带宽、低时延以及高密度连接的特性将促进工业互联网、物联网（IoT）、AR/VR、云计算以及无人驾驶等技术的快速发展，加快数字化转型和智慧城市建设。在不久的将来，持续改善的 ICT 基础设施建设将对文莱的数字经济发展和社会进步作出重要贡献。

（六）电力

截至 2021 年底，文莱共有 8 个发电厂，用电普及率为 99.9%，电力装机容量为 917.2 兆瓦。基本满足目前工农业生产要求。

四、产业概况

（一）产业结构

20 世纪 90 年代文莱政府认为，过度依赖石油与天然气的经济模式极易受到世界经济衰退影响，因此开始鼓励设立私营中小企业，希望通过扩大民间经济活动，多元化发展文莱经济。

由于石油与天然气终将采尽，文莱为摆脱单一化的经济困境，近年来大力推动"经济多元化"。除了发展油气下游石化产业，推动伊斯兰金融及清真产业，投资物流与通信科技产业，发展观光旅游业等，还增加对农、林、渔业及基础设施建设的投资，并积极吸引外资以加速落实"经济多元化"的目标。

根据"经济多元化"架构，文莱未来发展的产业主要有食品医药、通信产业中心及各产业周边服务体系等，并着重于能源、环保、健康、ICT、食品安全等新技术的开发。潜力产业包括汽车及零配件、电器与电子产品、食品、钢铁制品及药妆产品等。

（二）重点/特色产业

1. 油气产业

文莱油气资源丰富，截至2020年底，文莱已探明石油储量为11亿桶，占全球总储量的0.1%；天然气储量为2 000亿立方米，占全球总量的0.1%。文莱政府一方面积极勘探新油气区，另一方面对油气开采采取节制政策。根据2022年3月发布的《BP世界能源统计年鉴》，2021年文莱石油日产量为10.7万桶，天然气年产量为115亿立方米。除陆地油田以外，文莱现有冠军（Champion）、西南艾姆巴（Southwest Amba）、费尔里（Fairly）、费尔里—巴拉姆（Fairly－Baram）（与马来西亚共管）、迈格帕（Magpei）、甘纳特（Gannet）、铁公爵（Iron Duke）7个海上油田。文莱90%的石油和商用天然气出自上述7个海上油田。海上油田共有46个钻井平台，490多口油井，1 300公里海底输油与输气管道。

2. 工业

文莱工业基础薄弱，经济结构单一，多年来以石油和天然气开采与生产为主。政府鼓励发展进口替代和出口导向型产业。

3. 农业

随着20世纪70年代油气和公共服务业的发展，文莱传统农业受到冲击，现仅种植少量水稻、橡胶、胡椒和椰子、木瓜等，约90%的食品依靠进口。政府大力扶持家禽饲养业，鸡肉与鸡蛋已实现自给自足，牛肉85.0%、蔬菜66.5%、水果41.9%、稻米9.1%可自给。2019年文莱引入高产品种杂交水稻，本地稻谷产量大幅增长，从2019年的2 308吨增加到2021年的4 115吨，增长78%；大米自给率也从2019年的4.8%提高到2021年的9.1%。文莱初级资源与旅游部计划到2025年将大米年产量提高到3 900~5 200吨，自给率达到11.0%~15.0%。2022/2023财年，文莱初级资源与旅游部预算为9 613万文莱元，较上一财年提升40.1%，其中1 230万文莱元将用于水稻种植。

4. 林业

文莱森林覆盖率为72%，其中14个森林保护区总面积达2 355.19平方公里，占国土面积的41%，近90%的森林保护区为原始森林。森林保护区分为五类：保护林、主要保护区、次要保护区、再生林区和森林生产区。文莱计划将森林保护区面积扩大到土地面积的55%。文莱限制森林砍伐和原木出口，实行以保护为主的森林管理政策。

5. 渔业

文莱有162公里的海岸线，200海里渔业区内有丰富的渔业资源，水域没有污染，且无台风袭击，适宜养殖鱼虾，但目前国内50%的渔产品消费依赖进口。文莱政府推行经济多元化发展战略，渔业被列为重点发展产业。政府有关渔业发展的政策包括港口设施现代化、设立新渔业设施、提升港口内外设施、提供奖励和培训等。

6. 清真产业

作为推动经济多元化战略的重要举措之一，文莱政府近年来积极打造"文莱清真"品牌，并将其作为首个国家清真品牌推向世界。文莱已成立清真产业创新中心（HIIC），2015年10月政府机构重组时又将其更名为"环球清真产业处"（GHID），划归于能源与工业部管理，统筹推动文莱清真产业发展。目前，文莱清真产业园区包括农业科技园（Agro-Technology Park）和生物创新走廊（Bio-Innovation Corridor），正大力招商引资。

第三节　贸易投资现况

一、对外贸易投资现况

（一）贸易进出口总量

文莱对外贸易受国际市场原油价格影响较大，2021年文莱货物进出口贸易总额为263.74亿文莱元，较上年提升60.2%。其中出口额为148.55亿文莱元，进口额为115.19亿文莱元（见表13-3）。据文莱官方统计，2023年文莱进出口贸易总额251.5亿文莱元，同比下降22.1%。其中出口151.0亿文莱元，进口100.5亿文莱元。

表13-3　2015—2021年文莱对外贸易情况

（单位：亿文莱元）

年份	贸易总额	出口额	进口额	贸易差额
2015	131.62	87.15	44.48	42.67
2016	104.25	67.36	36.89	30.47
2017	119.66	77.09	42.57	34.53
2018	144.94	88.72	56.22	32.50
2019	168.43	98.86	69.57	29.29
2020	164.60	91.22	73.39	17.83
2021	263.74	148.55	115.19	33.36

资料来源：文莱经济规划统计局。

（二）贸易结构

文莱主要出口商品是原油和天然气，2021 年，原油和液化天然气出口比例由 2020 年的 51.40% 下降至 42.90%。出口产品中，矿物燃料出口额为 116.86 亿文莱元，同比增长 57.17%，占出口总额的 78.67%；化学品出口额为 26.81 亿文莱元，同比增长 75.84%，占比 18.05%；机械运输设备出口额为 2.89 亿文莱元，同比增长 319.31%。进口产品中，矿物燃料进口额为 76.5 亿文莱元，同比增长 185.50%，占进口总额的 66.40%；机械运输设备进口总额为 14.2 亿文莱元，同比下降 26.90%，占比 12.40%；食品进口总额为 7.3 亿文莱元，同比增长 3.60%，占比 6.40%。

（三）主要贸易伙伴

据文方统计，2021 年文莱主要贸易伙伴依次为新加坡、中国、日本、马来西亚、澳大利亚。文莱主要出口市场依次为新加坡、日本、中国、澳大利亚和马来西亚；主要进口市场依次为马来西亚、俄罗斯、沙特阿拉伯、新加坡和中国。文莱大宗出口产品为原油和天然气。前五大原油出口市场分别为澳大利亚、印度、泰国、新加坡、日本；液化天然气主要出口市场为日本、中国、马来西亚、泰国、韩国（见表 13-4）。

表 13-4　2021 年文莱主要贸易伙伴

（单位：亿美元）

贸易伙伴	双边贸易额	占比（%）
新加坡	31.07	15.31
中国	28.91	14.25
日本	26.57	13.10
马来西亚	25.28	12.46
澳大利亚	18.74	9.24

资料来源：文莱经济规划统计局。

（四）吸引外资

文莱经济规划统计局数据显示，2021 年，文莱吸收外资流量为 2.12 亿美元，同比下降 65.5%；截至 2021 年底，文莱吸收外资存量为 99.41 亿美元。联合国贸发会议发布的《世界投资报告》（2022 年）显示，2021 年文莱吸收外资流量为 2.1 亿美元，截至 2021 年底，文莱吸收外资存量为 73 亿美元。在文莱投资的国际跨国公司包括浙江恒逸集团、壳牌公司、法国道达尔、日本三菱煤气、日本尹藤忠商社等。近年来，中国对文莱的直接投资不断增加，主要投资商有浙江恒逸集团、广西北部湾国际港务集团、中国银行（香港）有限公司、北京同仁堂、葫芦岛七星集团、广西海世通、医渡云（北京）技术有限公司等。

（五）多双边贸易

文莱作为东盟成员国，享有东盟经济共同体所有优惠政策。企业在文莱投资，其产品可便捷地出口到整个东盟市场。

1. 全球贸易协定

文莱于 1993 年 12 月 9 日加入关贸总协定，1995 年 1 月 1 日成为 WTO 成员。

2. 东盟经济共同体

文莱于 1984 年 1 月 7 日加入东盟，成为东盟第六个成员国。1996 年以来，文莱苏丹出席了历届东盟国家领导人会议。2002 年，东盟提出建设"东盟经济共同体"（ASEAN Economic Community，AEC）的构想。2015 年底，东盟经济共同体正式建成，标志着一个人口 6.3 亿、经济总量排名全球第七的经济体初具雏形。另外，根据东盟秘书处 2022 年发布的《东盟重要数据》，2021 年区内贸易仅占东盟对外贸易总额的 21.27%，意味着成员间贸易紧密度仍有待提高。

3. 其他区域贸易协定

作为东盟成员，文莱可享受东盟—中国、东盟—日本、东盟—韩国、东盟—印度、东盟—澳新自贸区、文莱—日本经济合作伙伴等自由贸易协定的优惠待遇。2021 年 11 月，东盟与加拿大自贸协定谈判正式启动。此外，作为伊斯兰国家，文莱重视与其他伊斯兰国家的合作，近年来大力推动在清真食品、穆斯林用品以及伊斯兰金融领域的发展，"文莱清真"品牌在伊斯兰世界认可度较高。

4. 区域全面经济伙伴关系协定

文莱积极参与 RCEP，2019 年 11 月完成 RCEP 文本谈判，2020 年 11 月中国、日本、韩国、澳大利亚、新西兰和东盟 10 国正式签署了 RCEP 协定，于 2022 年 1 月 1 日起对完成国内审批程序的国家生效实施，成为当前世界上人口最多、经贸规模最大、最具发展潜力的自由贸易区。

5. 印太经济框架

2022 年 5 月 23 日，文莱以创始国成员身份加入美国总统拜登在日本东京宣布的《印太经济框架》（IPEF），并于 6 月参与了框架中贸易部分的非正式部长级讨论。

二、对外贸易的法规和政策

（一）贸易主管部门

文莱财政与经济部是文莱对外贸易归口管理部门，牵头参与对外贸易谈判、商签自由贸易区协定、负责对外贸易促进等。

（二）贸易法规体系

文莱与贸易相关的法律包括海关法、消费法以及一系列涉及食品安全和清真要求的法规。2001年和2006年分别颁布证券法和银行法，2010年出台全球首个清真药品、保健品生产认证标准，2015年颁布《竞争法》，2016年颁布《破产法》和《公司法修正案》。

（三）贸易管理的相关规定

文莱实行自由贸易政策，除少数商品受许可证、配额等限制以外，其余商品均放开经营。

1. 进口管理

出于环境、健康、安全和宗教方面的考虑，文莱海关对少数商品实行进口许可管理。抵押金，如果样品在3个月内出境，可退还抵押金。禁止进口商品包括鸦片、海洛因、吗啡、淫秽品、印有钞票式样的印刷品等；酒精饮料进口受到严格限制。

文莱政府宣布从2017年1月1日起，废除执行多年的水泥进口配额制度，不再对进口水泥实行总量控制。文莱政府宣布废除水泥进口配额有利于提高国内市场活跃度，促使水泥价格下降，降低基础设施建设成本。

2. 出口限制

文莱除了对石油天然气出口控制，对动物、植物、木材、大米、食糖、食盐、文物、军火等少数物品实行出口许可证管理，其他商品出口管制很少。

（四）进出口商品检验检疫

文莱公共卫生（食品）条例规定所有食品，无论是进口产品还是本地产品，都要安全可靠，具有良好品质，符合伊斯兰教清真食品的要求，尤其对肉类的进口实行严格的清真检验。对于某些动植物产品，如牛肉、家禽，需提交卫生检疫证书。进口食用油不能有异味、不含任何矿物油，动物脂肪须来自在屠宰时身体健康的牲畜并适合人类食用，动物脂肪和食用油须是单一形式，不能将两种或多种脂肪和食用油混合。脂肪和食用油的包装标签上不得有"多不饱和的"字眼或相似字眼。非食用的动物脂肪必须出具消毒证明。进口活体动物必须有兽医证明。

（五）海关管理规章制度

2006年新《海关条例》对特别关税、关税返还、处罚方式等做了规定，2017年3月16日，文莱财政部正式发布《2012年海关进口税和消费税法令》修正法案。该法案旨在通过调整部分日常消费品的进口关税和消费税，改变民众的消费习惯，提高民众的安全、健康、幸福指数。其中包括大幅降低汽车零配件、新轮胎进口关税，以减轻民众养车成本并提高汽车安全性；对含高量糖分、味精的食品饮料新征收消费税，同时调高塑料商品的消费税，引导民众选择更加健康的生活方式。该修正案已于 2017 年 4 月 1 日正式实施。

（六）投资主管部门

2015 年 10 月，文莱苏丹改组内阁，随后对投资管理部门进行重大调整，新设"利用外资及下游产业投资指导委员会"（FDI and Downstream Industry Investment Steering Committee）及其常设办事机构"外资行动与支持中心"（FDI Action and Support Center, FAST），负责外资项目审批及协调落实工作；新设法定机构"达鲁萨兰企业"（Darussalam Enterprise，DARE），负责提供外资项目用地及落地后的管理服务工作；文莱经济发展局（Brunei Economic Development Board，BEDB）职能简化，仅负责对外招商引资。

（七）经济特区介绍

文莱政府在国内共划出 8 个工业区以吸引外国投资。其中大摩拉岛化工产业园区、双溪岭工业区（Sungai Liang Industrial Site）为主要的工业区，发展油气下游和高科技产业。最大的外来投资项目分别是：浙江恒逸集团的石油炼化项目，总投资 34.5 亿美元，原油年加工能力 800 万吨；日本投资的甲醇厂项目，总投资 6 亿美元，设计年产能 85 万吨（见表 13-5）。

表 13-5 文莱八个工业园区

编号	工业区名称	规划面积（公顷）	产业规划
1	大摩拉岛 PMB Island	955	化工产业园区、大型造船维修厂和综合型海洋供给基地
2	双溪岭 Sungai Liang	271	打造石化产业中心
3	萨兰碧加 Salambigar	137	主要培育食品、药品和化妆品等轻加工业，以及水产品养殖和加工
4	林巴 Rimba	15	高新电子产业，主要用于发展数据集灾难防范中心的建设，以及配套的区域外包型企业后台操作中心
5	蓬加山 Bukit Panggal	50	高能耗产业，主要发展能源密集型的制造业，比如铝坯压铸等
6	特里塞 Telisai	3 000	种养殖业，以混合型产业为主
7	生物创新走廊 BIC	500	清真食品药品加工
8	安格列克 Anggerek Desa	50	科技园，主要面向计算机产业，用于计算机技术创新与产业孵化等高技术性产业

资料来源：文莱经济发展局。

2017 年 8 月，文莱成立了特伦京自由贸易区（Terunjing Free Trade Zone），2018 年 6 月，文莱政府指定达鲁萨兰企业为运营管理单位。

第四节　中文经贸发展进程

一、中文政经关系

中国和文莱于 1991 年 9 月 30 日建立外交关系，双边关系发展顺利，各领域友好交流与合作逐步展开。1999 年，两国签署联合公报，进一步发展在相互信任和相互支持基础上的睦邻友好合作关系。2013 年，两国建立战略合作关系。2018 年，两国关系提升为战略合作伙伴关系。

2018 年 11 月，习近平主席对文莱进行国事访问。2022 年 11 月，习近平主席在曼谷出席亚太经合组织领导人非正式会议期间会见文莱苏丹哈桑纳尔。2023 年 11 月，习近平主席在旧金山出席亚太经合组织领导人非正式会议期间会见文莱苏丹哈桑纳尔。文莱苏丹哈桑纳尔先后 12 次访华或来华出席国际会议，最近一次是 2019 年 4 月来华出席第二届"一带一路"国际合作高峰论坛。

2024 年 5 月，文莱外交主管部长艾瑞万访华。10 月，文莱公主、文莱外交部无任所大使玛斯娜访华；国家副主席韩正访问文莱。

二、中文经贸分析

1. 双边贸易

2023 年，中文贸易额 28.1 亿美元，同比下降 8.0%。其中，中国对文莱出口 8.6 亿美元，同比增长 6.9%；自文莱进口 19.5 亿美元，同比下降 13.3%。中方从文方进口的商品主要是原油，向文方出口的商品主要为纺织品、建材和塑料制品等。2021 年中文双边货物贸易额达 28.5 亿美元，同比增长 46.6%。其中，中国对文出口 6.3 亿美元，同比增长 35.2%；自文进口 22.2 亿美元，同比增长 50.1%（见表 13-6）。

表 13-6　2015—2021 年中国和文莱贸易统计

（单位：亿美元）

年份	进出口额	中国出口额	中国进口额	累计比上年同期增减（%）		
				进出口额	中国出口额	中国进口额
2015	15.06	14.09	0.97	-22.20	-19.35	-48.76
2016	7.19	5.11	2.08	-52.40	-63.70	105.50
2017	10.00	6.50	3.50	36.50	26.80	58.80

年份	进出口额	中国出口额	中国进口额	累计比上年同期增减（%）		
				进出口额	中国出口额	中国进口额
2018	18.40	15.90	2.50	86.00	−29.50	−29.50
2019	11.00	6.50	4.50	−40.20	−59.20	81.70
2020	19.10	4.70	14.40	72.50	−28.30	217.40
2021	28.50	6.30	22.20	46.60	35.20	50.10

资料来源：中国海关统计。

2．双向投资

据中国商务部统计，2021年，中国对文莱直接投资375万美元；截至2021年末，中国对文莱直接投资存量为9628万美元。2021年，中国吸收文莱直接投资658万美元，截至2021年末，中国吸收文莱直接投资存量为28.3亿美元（见表13-7）。

表13-7　2017—2021年中国对印度尼西亚直接投资统计

（单位：万美元）

年份	2017	2018	2019	2020	2021
年度流量	7 136	−1 509	−405	1 658	375
年末存量	22 067	22 045	42 696	38 812	9 628 *

资料来源：商务部、国家统计局和国家外汇管理局《2021年度中国对外直接投资统计公报》。注："＊"表示2021年末存量数据中包含对以往历史数据的调整。

（三）承包劳务

据中国商务部统计，2021年中国企业在文莱新签承包工程合同401份，新签承包工程合同额5 251万美元，完成营业额7 455万美元。累计派出各类劳务人员59人，年末在文莱劳务人员354人。

（四）恒逸文莱PMB石化园区

恒逸文莱PMB石化园区是中国浙江恒逸集团与文莱政府共同建设的千万吨级炼化一体园区。园区位于文莱大摩拉岛，占地1 057公顷。一期已建成，投资34.5亿美元，占地370公顷，年原油加工能力800万吨；二期已与文莱政府完成实施协议洽谈，计划提升原油加工能力并延伸至下游产业链，实现"油品、芳烃、烯烃、聚酯"全产业链生产和经营。

（五）广西—文莱经济走廊

"广西—文莱经济走廊"是文莱政府与中国广西壮族自治区政府共同建立的合作机

制，2014 年 9 月正式签署合作备忘录，随后组建了副部级双边合作工作委员会，全面规划、协调和推动双方合作，于 2016 年 8 月、2017 年 9 月成功召开了两次广西—文莱经济走廊联合工作委员会会议。该机制旨在利用各自优势资源，推动双方在种养殖业、食品与药品生产加工、交通物流、旅游等领域的务实合作，加强两地互联互通建设。据统计，截至 2022 年 5 月，广西备案或核准的对文莱投资企业及机构共 8 家，协议投资总额累计 3.2 亿美元，中方协议投资额累计 1.8 亿美元；广西无企业在文莱开展对外承包工程业务。1998 年 1 月至 2022 年 5 月，文莱在广西共设立 38 家企业，合同投资额为 3 505 万美元，实际投资额为 1 110 万美元。

本章小结

文莱位于加里曼丹岛西北部，北邻南海，东、西、南三面与东马来西亚沙巴、沙捞越相邻，国土面积 5 765 平方公里；人口 44.54 万，其中，马来族占 65.7%，华人占 10.2%。文莱属于伊斯兰教君主制国家，苏丹为国家元首、政府首脑和宗教领袖，拥有崇高威望，深受民众爱戴。文莱社会和谐，民风淳朴，政局长期保持稳定。

文莱经济以石油天然气产业为支柱，非油气产业均不发达，主要有制造业、建筑业、金融业及农、林、渔业等。最近几年，文经济增长逐步恢复。2023 年文莱国内生产总值按不变价格计算为 189.6 亿文莱元，同比增长 1.4%。

为摆脱单一经济束缚，近年来文莱政府大力发展油气下游产业、伊斯兰金融及清真产业、物流与通讯科技产业、旅游业等，加大对农、林、渔业以及基础设施建设投入，积极吸引外资，推动经济向多元化方向发展。

文莱大力推进经济多元化。为降低对油气资源的依赖，实现经济可持续发展，文莱政府于 2008 年发布了文莱中长期发展规划"2035"宏愿，制定了经济、本地企业发展、基础设施发展等八大战略。

中文经贸合作快速发展。2018 年 11 月，国家主席习近平访问文莱，两国元首决定将两国关系提升为战略合作伙伴关系，中文关系步入历史最好时期。2019 年 4 月，文莱苏丹出席在北京举行的第二届"一带一路"国际合作高峰论坛，两国元首就加强各领域合作达成重要共识。

关键名词或概念

1. "2035" 宏愿
2. 特伦京自由贸易区（Terunjing Free Trade Zone）

思考题 ■■■

1. 文莱的国家环境特色是什么？

2. 文莱贸易投资环境的有利因素和不利因素是什么？

3. 文莱与中国经贸合作现况与成果是什么？

4. 文莱的经济特区建设主要成果体现在哪些方面？有何影响？

参考文献

［1］ 中华人民共和国外交部. 东南亚国家联盟［EB/OL］. https://www.mfa.gov.cn/web/gjhdq_676201/gjhdqzz_681964/lhg_682518/jbqk_682520/(2024.1).

［2］ 中华人民共和国外交部. 东盟地区论坛［EB/OL］. https://www.mfa.gov.cn/web/gjhdq_676201/gjhdqzz_681964/lhg_682518/jbqk_682520/(2024.1).

［3］ 中华人民共和国外交部. 东亚峰会［EB/OL］. https://www.mfa.gov.cn/web/gjhdq_676201/gjhdqzz_681964/lhg_682518/jbqk_682520/(2024.1).

［4］ 中华人民共和国商务部. 对外投资合作国别（地区）指南（东盟）［EB/OL］. http://www.mofcom.gov.cn/dl/gbdqzn/upload/dongmeng.pdf(2023.12.1).

［5］ 世界银行. 东盟 GDP 及增长率［DB/OL］. https://www.shihang.org/zh/home(2023.12.1).

［6］ 东盟秘书处. 东盟国际贸易统计［EB/OL］. https://asean.org/(2023.12.1).

［7］ 中国海关. 中国与东盟贸易统计［EB/OL］. http://www.customs.gov.cn/(2023.12.1).

［8］ 国家统计局. 中国对东盟直接投资［DB/OL］. https://www.stats.gov.cn/(2023.12.2).

［9］ 中华人民共和国商务部. 对外投资合作国别（越南）指南［EB/OL］. http://www.mofcom.gov.cn/dl/gbdqzn/upload/yuenan.pdf(2023.12.2).

［10］ 中华人民共和国商务部. 对外投资合作国别（老挝）指南［EB/OL］. http://www.mofcom.gov.cn/dl/gbdqzn/upload/laowo.pdf(2023.12.2).

［11］ 中华人民共和国商务部. 对外投资合作国别（柬埔寨）指南［EB/OL］. http://www.mofcom.gov.cn/dl/gbdqzn/upload/jianpuzhai.pdf(2023.12.2).

［12］ 中华人民共和国商务部. 对外投资合作国别（缅甸）指南［EB/OL］. http://www.mofcom.gov.cn/dl/gbdqzn/upload/miandian.pdf(2023.12.2).

［13］ 中华人民共和国商务部. 对外投资合作国别（泰国）指南［EB/OL］. http://www.mofcom.gov.cn/dl/gbdqzn/upload/taiguo.pdf(2023.12.2).

［14］ 中华人民共和国商务部. 对外投资合作国别（马来西亚）指南［EB/OL］.

http：//www.mofcom.gov.cn/dl/gbdqzn/upload/malaixiya.pdf(2023.12.2).

［15］中华人民共和国商务部. 对外投资合作国别（新加坡）指南［EB/OL］. http：// www.mofcom.gov.cn/dl/gbdqzn/upload/xinjiapo.pdf(2023.12.2).

［16］中华人民共和国商务部. 对外投资合作国别（印度尼西亚）指南［EB/OL］. ht-tp：//www.mofcom.gov.cn/dl/gbdqzn/upload/yindunixiya.pdf(2023.12.2).

［17］中华人民共和国商务部. 对外投资合作国别（菲律宾）指南［EB/OL］. http：// www.mofcom.gov.cn/dl/gbdqzn/upload/feilvbin.pdf(2023.12.2).

［18］中华人民共和国商务部. 对外投资合作国别（文莱）指南［EB/OL］. http：// www.mofcom.gov.cn/dl/gbdqzn/upload/wenlai.pdf(2023.12.2).

［19］高歌，廖万红. 东南亚经济与贸易［M］. 长沙：中南大学出版社，2021.

［20］邹忠全，谢涛. 东南亚经济与贸易［M］. 大连：东北财经大学出版社，2016.

［21］李永全. 大欧亚伙伴关系与"一带一路"［J］. 俄罗斯学刊，2018（4）：7.

［22］赵华胜. 印太战略与大欧亚：认知与应对［J］. 俄罗斯东欧中亚研究，2019（2）：32.